河南省“十二五”普通高等教育规划教材

总主编 杨紫元

小企业会计实务

XIAOQIYE KUAIJI SHIWU

主　编　杨紫元　梁冠华　杨春景
副主编　姚新荣　刘治国　任　慧

河南大学出版社
HENAN UNIVERSITY PRESS
·郑州·

图书在版编目(CIP)数据

小企业会计实务 / 杨紫元,梁冠华,杨春景主编. --郑州:河南大学出版社, 2022.12(2025.8 重印))

ISBN 978-7-5649-5397-3

Ⅰ.①小… Ⅱ.①杨…②梁…③杨… Ⅲ.①中小企业—会计实务 Ⅳ.①F276.3

中国版本图书馆 CIP 数据核字(2022)第 255466 号

责任编辑 李亚涛
责任校对 郑 鑫
封面设计 陈盛杰

出 版 河南大学出版社
地址:郑州市郑东新区商务外环中华大厦 2401 号 邮编:450046
电话:0371-86059715(高等教育与职业教育分公司) 网址:hupress.henu.edu.cn
0371-86059701(营销部)

排 版 郑州市今日文教印制有限公司
印 刷 郑州尚品数码快印有限公司
版 次 2022 年 12 月第 1 版 **印 次** 2025 年 8 月第 2 次印刷
开 本 787 mm×1092 mm 1/16 **印 张** 17.75
字 数 421 千字 **定 价** 42.00 元

前　言

随着我国社会主义市场经济的发展，各类中小企业迅速发展起来，小企业在国民经济中的地位随着经济的发展愈来愈突出，并成为我国新的经济增长点之一，我国小企业的作用越来越重要。

《小企业会计准则》由财政部于 2011 年 10 月 18 日以规范性文件形式发布(财会[2011]17 号)，并要求自 2013 年 1 月 1 日起在小企业范围内施行，鼓励小企业提前执行，2004 年 4 月 27 日发布并于 2005 年 1 月 1 日起施行的小企业会计制度同时废止。对小企业来说，特别对小微企业占绝大多数的地区来说更具重要的现实意义。有别于《企业会计准则》，小企业会计准则以规则导向为主，以原则导向为辅，规范了小企业(含微型企业，下同)的会计确认、计量和报告行为，为小企业会计核算增添了很多亮点。同时，我国自 2016 年 5 月 1 日起全面推行营业税改增值税。在实际工作中，大部分小型企业会计机构不是很健全，管理制度不够规范，会计人员素质相对较低，经济业务相对简单，小企业会计信息质量有待进一步提高。为了规范小企业的会计核算，我们以《小企业会计准则》为依据，以介绍小企业会计核算实务为主要内容，在全面营改增的大背景下编写了《小企业会计实务》一书。

本书共分三篇：第一篇介绍小企业会计核算基础知识；第二篇介绍小企业基本的业务核算(包括流动资产、非流动资产、负债、所有者权益、收入、费用和利润等小企业的共同业务)；第三篇介绍小企业会计核算实务(包括小规模商品批发企业会计实务、小规模商品零售企业会计实务、小规模餐饮经营业务会计实务、小规模旅游经营业务会计实务、小规模服务业会计实务)。本书的特色在于小企业基本业务核算中把《小企业会计准则》和《企业会计准则》作了对比，使读者能够更加明确两准则的区别，从而避免实务中核算的失误。

本书由全国商业职业教育教学指导委员会委员、民进商丘市委副主任委员、河南省高等学校财经类行业指导委员会委员、河南省高等学校经管类专业系主任(院长)联席会副秘书长、河南省文明教师、河南省高等教育教学工作先进个人、高级电子商务师、高级物流师、会计师、审计师、经济师、商丘市科技专家、商丘市审计学会理事、商丘市内部审计学会常务理事、商丘市统计学会常务理事、商丘市物流研究所副所长，省级精品课程主持人，省级优秀教学团队带头人，省级特色专业负责人杨紫元教授等编著。本书项目一、三、四、八由任慧老师编写，项目二由杨紫元老师编写，项目十由杨春景老师编写，项目五、六由姚新荣老师编写，项目七、九、十一、十六由梁冠华老师编写，项目十二、十三、十四、十五由刘治国老师编写。全书由杨紫元教授审定。

本书是编者老师集体智慧的结晶。虽然编者已经尽了最大努力，但由于能力所限，仍难免有错漏之处，敬请专家、读者批评指正。

编　者

目　录

第一篇　小企业会计核算基础

第二篇　小企业会计实务

第一篇　小企业会计核算基础

项目一　了解小企业会计准则

【案例导入】

小李是一名刚刚大学毕业参加工作的公司新员工，他工作努力，钻研业务，积极提出合理化建议，但是做会计的他和会计主管因为企业会计业务处理到底按哪个准则进行发生了争执，会计主管认为无论公司是小企业或大中型企业都需要按企业会计准则处理，小李认为既然公司是小企业，那业务应该按小企业会计准则处理。

试分析回答下列问题：

(1) 企业如何选择会计准则？

(2) 小李和会计主管谁对？

【技能目标】

1. 能够通过课堂学习、网络搜索、社会调研等方式，了解小企业会计准则应用的相关背景知识，对小企业会计核算有一定的认识。

2. 能够根据企业实际情况选择会计准则。

【知识目标】

1. 了解小企业会计准则的基本内容。

2. 理解小企业会计准则和企业会计准则的区别。

3. 熟悉小企业会计准则的应用。

任务一　小企业会计准则概述

一、简单介绍小企业会计准则

(一) 国际会计准则理事会制定中小企业会计准则的历史背景

国际会计准则及各国制定的会计准则大部分是针对大中型企业和上市公司，很少会考虑到中小企业的会计需要及特殊问题。国际会计准则理事会(IASB)的前身——国际会计准则委员会(IASC)并没有声明其制定的国际会计准则(IAS)仅适用于或者主要适用于在公开资本市场上交易的上市公司,因此许多发达国家和某些较小的新兴经济发展中国家在所有企业均使用国际会计准则。

虽然实践证明并不是所有中小企业在执行上存在着困难,但也有一部分中小企业由于实施国际会计准则的成本太高,以至于出现背离国际会计准则、执行不严、实施质量不高等迹象。

最初,只有英国、加拿大等几个国家同时具有两套会计准则(分别针对一般企业和中小企业)。在以欧盟为代表的一些国家和地区陆续要求上市公司采用国际财务报告准则以后,联合国国际会计和报告标准政府间专家工作组于2000年7月在日内瓦召开的第17次会议上,联合国贸易和发展会议秘书处向大会提交了题为《中小企业会计》的讨论稿。2001年9月,专家工作组在日内瓦召开的第18次会议上,各国专家围绕制定中小企业会计指南的指导思想、必要性基本框架、中小企业的分层标准、国际会计准则的取舍等问题进行了深入探讨。2002年10月,专家工作组在日内瓦召开的第19次会议上,主要讨论了中小企业会计准则的制定问题,工作组针对现有国际财务报告准则并综合考虑其他国家关于中小企业的会计标准的基础,制定了一套适用于普遍意义的经济业务的报告模型。国际会计准则理事会于2009年7月制定发布了《中小主体国际财务报告准则》。

小企业会计准则的特征有:简单、便于使用;能够提供管理信息;尽可能地标准化;足够灵活,能适应企业的成长,并且具有提高中小企业随着其业务的扩张适用国际会计准则要求的潜能;兼顾纳税目的;适应中小企业的经营环境。

我国作为国际会计准则理事会成员,需要制定一套具有"本国特色"的中小企业会计准则,尽快实现与国际会计准则的"接轨"。

(二)我国制定小企业会计准则的背景和意义

为贯彻落实《中小企业促进法》和《国务院关于进一步促进中小企业发展的若干意见》(国发[2009]36号)精神,结合我国大量小企业和国家有关部门的客观需求,财政部会计司2010年初将制定发布《小企业会计准则》列入了工作计划。在广泛调查研究的基础上,起草了《小企业会计准则(征求意见稿)》(以下简称本稿),有关情况如下:

1. 制定小企业会计准则是加强小企业管理、促进小企业发展的重要制度安排

小企业是我国国民经济和社会发展的重要力量,加强小企业管理、促进小企业发展是保持国民经济平稳较快发展的重要基础,是关系民生和社会稳定的重大战略任务。据有关资料统计,在所有477万户企业中,小企业数量占97.11%、从业人员占52.95%、主营业务收入占39.34%、资产总额占41.97%。为此,中央高度重视支持小企业发展,先后于2003年出台《中小企业促进法》、2005年出台《鼓励支持和引导个体私营等非公有制经济发展的若干意见》(国发[2005]3号),特别是2009年9月,国务院印发《国务院关于进一步促进中小企业发展的若干意见》(国发[2009]36号),提出了进一步扶持中小企业发展的综合性政策措施。当前,各部门在积极采取措施落实国发36号文件等精神,小企业会计准则是落实国发36号文件精神、加强小企业管理、促进小企业发展的重要制度安排。

2. 制定小企业会计准则是加强税收征管、防范金融风险的重要制度保障

按税法要求,税务部门对企业应采用查账方式征收企业所得税,但据调查,当前有相当一部分的企业实行核定征收方式,其中小企业占大头,会计信息质量不高是重要原因之

一。同时,银行在对小企业贷款管理中,更多依赖的不是小企业的财务报表,会计信息质量不高也是重要原因之一。税务部门认为,小企业会计准则有助于查账征税、提高税收征管质量、实现公平税负,同时规范小企业的会计工作。银行监管部门认为,小企业的财务报表应当成为商业银行贷款的重要依据,小企业会计准则是保证小企业会计信息质量、加强银行对小企业贷款风险管理的重要制度保障。因此他们一致提出要加快小企业会计准则制定步伐。

3. 制定小企业会计准则是健全企业会计标准体系、规范小企业会计行为的重要制度基础

我国于2005年建成的企业会计准则体系自2007年1月1日起在我国上市公司和非上市大中型企业有效实施,得到了国内、国际社会的普遍认可,但这套准则体系的实施范围不包括小企业。现行小企业会计制度是2004年制定的,相关内容早已过时,实际工作中无所适从。同时,国际会计准则理事会于2009年7月制定发布了《中小主体国际财务报告准则》,引起了国际社会的广泛关注。为此,我国应当加快小企业会计改革步伐,抓紧制定小企业会计准则。

二、小企业会计准则制定依据

为了规范小企业会计确认、计量和报告行为,促进小企业可持续发展,发挥小企业在国民经济和社会发展中的重要作用,根据《中华人民共和国会计法》及其他有关法律和法规,制定本准则。自2013年1月1日起在小企业范围内施行,鼓励小企业提前执行。2004年4月27日发布的《小企业会计制度》(财会[2004]2号)同时废止。《小企业会计准则》的出台,完善了我国的企业会计准则体系,是落实《小企业促进法》,加强小企业管理,促进小企业发展的重要制度。

(一)《中华人民共和国会计法》

《中华人民共和国会计法》(以下统称《会计法》)第八条规定:“国家实行统一的会计制度。国家统一的会计制度由国务院财政部门根据本法制定并公布。”《小企业会计准则》作为国家统一的会计制度的重要组成部分,其制定必须依据会计法。

(二)《中华人民共和国企业所得税法》和《中华人民共和国企业所得税法实施条例》

小企业在企业规模、管理方式、管理要求和承担的社会受托责任等诸多方面不同于大中型企业和上市公司。因此,小企业会计信息的主要外部使用者也有别于其他企业,主要是税务机关和提供贷款的商业银行,而不是投资者。基于此,制定本准则还依据了《中华人民共和国企业所得税法》(以下统称“企业所得税法”)和《中华人民共和国企业所得税法实施条例》(以下统称“企业所得税法实施条例”)。

(三)《中华人民共和国公司法》

小企业的组织形式多种多样,既有国有、集体、民营、外商投资小企业,又有公司制、非公司制的小企业等。考虑到公司制是现代企业制度的主要形式以及小企业将来可能走向

上市。因此，制定本准则在涉及企业组织形式方面主要考虑了《中华人民共和国公司法》（以下统称《公司法》）的要求。

（四）《企业会计准则——基本准则》

本准则作为小企业会计确认、计量和报告行为的规范，按照我国企业会计标准体系总体框架的要求，还应当遵循《企业会计准则——基本准则》（以下统称“基本准则”）的要求，主要包括资产、负债、所有者权益、收入、费用、利润等会计要素以及会计计量和财务会计报告等方面，同时考虑到小企业在企业规模、管理方式、管理要求和承担的社会受托责任等诸多方面不同于大中型企业和上市公司，因此，在原则上遵循了基本准则，并进行了适当简化，较好地维护基本准则在整个企业会计标准体系中的统驭地位，又兼顾了小企业的实际情况这一政策效果。

三、小、微企业的划分标准

参看《中小企业划型标准规定》（工信部联企业【2011】300号），该文件将中小企业划分为中型、小型和微型。区分不同行业：农林牧渔业、工业制造业、建筑业、批发业、零售业、交通运输业等16个行业。如表1-1所示。

表1-1 小型微型企业划型标准

行业	类型划分	营业收入	从业人员	资产总额
1.农林牧渔业	小型	500万＞营业收入＞＝50万		
	微型	营业收入＜50万		
2.工业	小型	2 000万＞营业收入＞＝300万	300人＞从业人员＞＝20人	
	微型	营业收入＜300万	从业人员＜20人	
3.建筑业	小型	6 000万＞营业收入＞＝300万		5 000万＞资产总额＞＝300万
	微型	营业收入＜300万		资产总额＜300万
4.批发业	小型	5 000万＞营业收入＞＝1 000万	20人＞从业人员＞＝5人	
	微型	营业收入＜1 000万	从业人员＜5人	
5.零售业	小型	500万＞营业收入＞＝100万	50人＞从业人员＞＝10人	
	微型	营业收入＜100万	从业人员＜10人	
6.交通运输业	小型	3 000万＞营业收入＞＝200万	300人＞从业人员＞＝20人	
	微型	营业收入＜200万	从业人员＜20人	

表 1-1 续表

行业	类型划分	营业收入	从业人员	资产总额
7. 仓储业	小型	1 000 万>营业收入>=100 万	160 人>从业人员>=20 人	
	微型	营业收入<100 万	从业人员<20 人	
8. 邮政业	小型	2 000 万>营业收入>=100 万	300 人>从业人员>=20 人	
	微型	营业收入<100 万	从业人员<20 人	
9. 住宿业	小型	2 000 万>营业收入>=100 万	100 人>从业人员>=10 人	
	微型	营业收入<100 万	从业人员<10 人	
10. 餐饮业	小型	2 000 万>营业收入>=100 万	100 人>从业人员>=10 人	
	微型	营业收入<100 万	从业人员<10 人	
11. 信息传输业	小型	1 000 万>营业收入>=100 万	100 人>从业人员>=10 人	
	微型	营业收入<100 万	从业人员<10 人	
12. 软件和信息服务业	小型	1 000 万>营业收入>=50 万	100 人>从业人员>=10 人	
	微型	营业收入<50 万	从业人员<10 人	
13. 房地产开发经营	小型	1 000 万>营业收入>=100 万		5 000 万>资产总额>=2 000 万
	微型	营业收入<100 万		资产总额<2 000 万
14. 物业管理	小型	1 000 万>营业收入>=500 万	300 人>从业人员>=100 人	
	微型	营业收入<500 万	从业人员<100 人	
15. 租赁和商业服务信息	小型		100 人>从业人员>=10 人	8 000 万>资产总额>=100 万
	微型		从业人员<10 人	资产总额<100 万
16. 其他未列明行业	小型		100 人>从业人员>=10 人	
	微型		从业人员<10 人	
注：划分企业类型时其下限必须同时满足两个条件，上限至少满足一个条件，农林牧渔业与其他未列明行业除外。				

四、小企业会计准则适用范围

小企业会计准则适用于在中华人民共和国境内依法设立的、符合《中小企业划型标准规定》（工信部联企业【2011】300 号）中规定的小型企业标准的企业，微型企业参照执行。

但需要注意以下两点：

1. 下列三类小企业除外

（1）股票或债券在市场上公开交易的小企业。执行本准则的小企业公开发行股票或债券的，应当转为执行《企业会计准则》；因经营规模或企业性质变化导致不符合本准则第二条规定而成为大中型企业或金融企业的，应当从次年1月1日起转为执行《企业会计准则》。

（2）金融机构或其他具有金融性质的小企业。

（3）企业集团内的母公司和子公司。

2.《小企业会计准则》适用的特殊规定

（1）按规定需要建账的个体工商户参照执行《小企业会计准则》。

（2）发生的交易或者事项，《小企业会计准则》未作规范的，可以参照《企业会计准则》相关规定进行处理。

（3）执行《小企业会计准则》的小企业，公开发行股票或债券的，应当转为执行《企业会计准则》；因经营规模或企业性质变化导致不符合小企业标准第二条规定而成为大中型企业或金融企业的，应当从次年1月1日起转为执行《企业会计准则》。

（4）已执行《企业会计准则》的上市公司、大中型企业和小企业，不得转为执行《小企业会计准则》。

执行本准则的小企业，转为执行《企业会计准则》时，应当按照《企业会计准则第38号——首次执行企业会计准则》等相关规定进行会计处理。

任务二　掌握小企业会计准则主要亮点

一、简化会计核算要求

小企业存在规模较小、业务较为简单、会计基础工作较为薄弱、会计信息使用者的信息需求相对单一等实际情况，对小企业的会计确认、计量和报告进行了简化处理，减少了会计人员职业判断的内容与空间。

按照我国企业会计改革的总体框架，《企业会计准则——基本准则》是纲，是会计准则制定的出发点，也是制定《企业会计准则》和《小企业会计准则》的基础，在整个会计准则体系中处于统驭地位，因此基本准则适用于在中华人民共和国境内设立的所有企业，小企业也应当遵循基本准则的基本规定。

《企业会计准则》和《小企业会计准则》是基本准则框架下的两个子系统，分别适用于大中型企业和小企业。《小企业会计准则》是在遵循基本准则的大前提下，在借鉴《中小主体国际财务报告准则》简化处理的核心理念基础上，充分考虑了我国小企业规模较小、业务较为简单、会计基础工作较为薄弱、会计信息使用者的信息需求相对单一等实际情况，对小企业的会计确认、计量和报告进行了简化处理，减少了会计人员职业判断的内容与空间。

(一) 统一采用直线法摊销债券的折价或者溢价

在长期债券投资(或持有至到期投资)中的债券折价或者溢价的摊销方面，《企业会计准则》规定，债券的折价或者溢价在债券存续期间内于确认相关债券利息收入时采用实际利率法进行摊销。而《小企业会计准则》规定，债券的折价或者溢价在债券存续期间内于确认相关债券利息收入时采用直线法进行摊销。

(二) 统一采用成本法核算长期股权投资

在长期股权投资的后续计量方面，《企业会计准则》规定，长期股权投资在持有期间，根据投资企业对被投资单位的影响程度及是否存在活跃市场、公允价值能否可靠取得等情况，分别采用成本法和权益法进行会计处理。而《小企业会计准则》第二十四条规定"长期股权投资应当采用成本法进行会计处理。"不再区分不同情况，分别采用成本法和权益法，《小企业会计准则》则要求小企业统一采用成本法对长期股权投资进行会计处理。

(三) 固定资产折旧年限和无形资产摊销期限的确定应当考虑税法的规定

《企业会计准则》规定，企业应当根据固定资产的性质和使用情况，合理确定固定资产的使用寿命和预计净残值，而不必考虑税法的规定。而《小企业会计准则》规定，小企业应当根据固定资产的性质和使用情况，并考虑税法的规定，合理确定固定资产的使用寿命和预计净残值。

《企业会计准则》规定，企业应当于取得无形资产时分析判断其使用寿命；使用寿命有限的无形资产，其应摊销金额应当在使用寿命内系统合理摊销；企业摊销无形资产，应当自无形资产可供使用时起，至不再作为无形资产确认时止。而《小企业会计准则》规定，无形资产的摊销期自其可供使用时开始至停止使用或出售时止；有关法律规定或合同约定了使用年限的，可以按照规定或约定的使用年限分期摊销；小企业不能可靠估计无形资产使用寿命的，摊销期不得低于10年。

(四) 长期待摊费用的核算内容和摊销期限与税法保持一致

《企业会计准则》规定，"长期待摊费用"科目核算企业已经发生但应由本期和以后各期负担的分摊期限在一年以上的各项费用，如以经营租赁方式租入的固定资产发生的改良支出等，其核算内容、摊销期限与企业所得税法及其实施条例存在较大的差异。而《小企业会计准则》对长期待摊费用的核算内容、摊销期限均与企业所得税法及其实施条例的规定完全一致。《小企业会计准则》规定，小企业的长期待摊费用包括已提足折旧的固定资产的改建支出、经营租入固定资产的改建支出、固定资产的大修理支出和其他长期待摊费用等；长期待摊费用应当在其摊销期限内采用年限平均法进行摊销。

(五) 资本公积仅核算资本溢价(或股本溢价)

《企业会计准则》规定，资本公积包括资本溢价(或股本溢价)和其他资本公积。而《小企业会计准则》规定，资本公积仅包括资本溢价(或股本溢价)，是指小企业收到的投资者出资额超过其在注册资本或股本中所占份额的部分。

（六）采用应付税款法核算所得税

《企业会计准则》要求企业采用资产负债表债务法核算所得税，在计算应交所得税和递延所得税的基础上，确认所得税费用。而《小企业会计准则》要求企业采用应付税款法核算所得税，将计算的应交所得税确认为所得税费用，这大大简化了所得税的会计处理。

（七）取消了外币财务报表折算差额

《企业会计准则》规定，企业对境外经营的财务报表进行折算时，应当遵循下列规定：(1)资产负债表中的资产和负债项目，采用资产负债表日的即期汇率折算，所有者权益项目除“未分配利润”项目外，其他项目采用发生时的即期汇率折算；(2)利润表中的收入和费用项目，采用交易发生日的即期汇率折算，也可以采用按照系统合理的方法确定的、与交易发生日即期汇率近似的汇率折算。按照上述(1)、(2)折算产生的外币财务报表折算差额，在资产负债表中所有者权益项目下单独列示。而《小企业会计准则》要求小企业对外币财务报表进行折算时，应当采用资产负债表日的即期汇率对外币资产负债表、利润表和现金流量表的所有项目进行折算。这样，小企业既不会产生外币财务报表折算差额，也减少了外币财务报表折算的工作量。

（八）简化了财务报表的列报和披露

小企业的财务报表至少应当包括资产负债表、利润表、现金流量表和附注四个组成部分，小企业不必编制所有者权益(或股东权益)变动表。考虑到小企业会计信息使用者的需求，《小企业会计准则》对现金流量表也进行了适当简化，无需披露将净利润调节为经营活动现金流量、当期取得或处置子公司及其他营业单位等信息。此外，小企业财务报表附注的披露内容大为减少、披露要求也有所降低。

（九）统一采用未来适用法对会计政策变更和会计差错更正进行会计处理

《企业会计准则》要求企业根据具体情况对会计政策变更采用追溯调整法或未来适用法进行会计处理，对前期差错更正采用追溯重述法或未来适用法进行会计处理；对会计估计变更采用未来适用法进行会计处理。而《小企业会计准则》要求小企业对会计政策变更、会计估计变更和会计差错更正均应当采用未来适用法进行会计处理，这大大简化了会计政策变更和会计差错更正的会计处理方法。

二、采用历史成本计量

在会计计量方面，《企业会计准则》规定，企业可以根据实际需要选用历史成本、重置成本、可变现净值、现值或公允价值等会计计量属性对会计要素进行计量。而《小企业会计准则》仅要求小企业采用历史成本对会计要素进行计量。

(1) 对小企业的资产要求按照成本计量，不再要求计提资产减值准备，资产实际损失的参照《企业所得税法》中的有关认定标准。

(2) 对小企业的长期债券投资不再要求按照公允价值入账，而是要求按照成本(购买价款加上相关税费减去实际支付价款中包含的已到付息期但尚未领取的债券利息)入账；对长期债券投资的利息收入不再要求在债务人应付利息日按照其摊余成本和实际利率计算，而是要求在债务人应付利息日按照债券本金和票面利率计算。

(3) 对小企业融资租入固定资产的入账价值不再要求按照租赁开始日租赁资产公允价值与最低租赁付款额现值两者中较低者作为会计计量基础，而是要求按照租赁合同约定的付款总额和在签订租赁合同过程中发生的相关税费等确定。

(4) 对小企业的负债不再要求按照公允价值入账，而是要求按照实际发生额入账；对小企业借款利息不再要求按照借款摊余成本和借款实际利率计算，而是要求按照借款本金和借款合同利率计算。

(5) 在收入确认方面，不再要求遵循实质重于形式的原则，而是要求小企业采用发出商品或者提供劳务交易完成和收到货款或取得收款权利作为标准，减少关于风险与报酬转移的职业判断，同时就几种常见的销售方式明确规定了收入确认的时点。在收入计量方面，不再要求小企业按照从购买方已收或应收的合同或协议价款或者应收的合同或协议价款的公允价值确定收入的金额，而是要求按照从购买方已收或应收的合同或协议价款确定收入的金额。

(6) 特殊情况下使用评估价值。

①投资者投入存货、无形资产、固定资产。

②通过非货币性资产交换取得的长期股权投资。

③盘盈固定资产的成本。

④盘盈存货的成本。

⑤采取产品分成方式取得的收入。

⑥政府补助为非货币性资产的。

三、资产盈亏需“待处理财产损溢”科目

小企业应当设置“待处理财产损溢”(1901)科目核算在清查财产过程中查明的各种财产盘盈、盘亏和毁损的价值。小企业所采购物资在运输途中因自然灾害等发生的损失或尚待查明的损耗，也通过本科目核算。通过“待处理财产损溢”科目核算的内容包括：现金短缺或溢余；原材料盘盈、盘亏、毁损；固定资产盘盈；固定资产盘亏。具体如下：

(1) 盘盈的各种材料、产成品、商品、现金等，应当按照同类或类似存货的市场价格或评估价值，借记“原材料”、“库存商品”、“库存现金”等科目，贷记本科目(待处理流动资产损溢)。盘亏、毁损、短缺的各种材料、产成品、商品、现金等，应当按照其账面余额，借记本科目(待处理流动资产损溢)，贷记“材料采购”或“在途物资”、“原材料”、“库存商品”、“库存现金”等科目。涉及增值税进项税额的，还应进行相应的账务处理。

盘盈的固定资产，按照同类或类似固定资产的市场价格或评估价值扣除按照该项固定资产新旧程度估计的折旧后的余额，借记“固定资产”科目，贷记本科目(待处理非流动资产损溢)。盘亏的固定资产，按照该项固定资产的账面价值，借记本科目(待处理非流动资产损溢)，按照已计提的累计折旧，借记“累计折旧”科目，按照其原价，贷记“固定资产”科目。

(2) 盘亏、毁损、报废的各项资产，按照管理权限经批准后处理时，按照残料价值，借

记“原材料”等科目，按照可收回的保险赔偿或过失人赔偿，借记“其他应收款”科目，按照本科目余额，贷记本科目（待处理流动资产损溢、待处理非流动资产损溢），按照其借方差额，借记“营业外支出”科目。盘盈的各种材料、产成品、商品、固定资产、现金等，按照管理权限经批准后处理时，按照本科目余额，借记本科目（待处理流动资产损溢、待处理非流动资产损溢），贷记“营业外收入”科目。

（3）小企业的财产损溢，应当查明原因，在年末结账前处理完毕，处理后本科目应无余额。

四、更多使用“营业外收支”科目

营业外支出，是指小企业非日常生产经营活动发生的、应当计入当期损益、会导致所有者权益减少、与向所有者分配利润无关的经济利益的净流出。

小企业的营业外支出包括：存货的盘亏、毁损、报废损失，非流动资产处置净损失，坏账损失，无法收回的长期债券投资损失，无法收回的长期股权投资损失，自然灾害等不可抗力因素造成的损失，小企业收到的政府补助，小企业确实无法偿付的应付账款，小企业实际收到返还的企业所得税，税收滞纳金，罚金，罚款，被没收财物的损失，捐赠支出，赞助支出等。

五、减少税会差异与税法高度一致

税务部门是小企业最主要的外部会计信息使用者。税务部门主要利用小企业会计信息作出税收决策，包括是否给予税收优惠政策、采取何种税收征管方式、应征税额等，他们更多希望减少小企业会计与税法的差异。为满足这些税收征管信息需求，《小企业会计准则》大大减少了职业判断的内容，基本消除了小企业会计与税法的差异。《小企业会计准则》第四十一条规定“无形资产应当在其使用寿命内采用年限平均法进行摊销，根据其受益对象计入相关资产成本或者当期损溢。”小企业不能可靠估计无形资产使用寿命的，摊销期不得低于10年。在实施《小企业会计准则》后，小企业除会计与税法之间不可能消除的永久性差异以外，只有在少数情况下才可能产生暂时性差异。例如，小企业在收到与资产相关的政府补助、收到用于补偿小企业以后期间相关费用或亏损的其他政府补助时，《小企业会计准则》要求确认为递延收益，而税法要求在收到政府补助时一次性计入当期收入或者在符合条件的情况下作为不征税收入，导致小企业会计与税法存在差异。

由于《小企业会计准则》基本消除了小企业会计与税法的差异，需要小企业进行纳税调整的交易或事项较少，因此《小企业会计准则》要求小企业在财务报表附注中增加纳税调整的说明，披露“对已在资产负债表和利润表中列示项目与企业所得税法规定存在差异的纳税调整过程”。

任务三　了解小企业会计核算的基本前提和一般原则

一、企业会计核算的基本前提

会计核算与监督的内容是企业的资金运动。一个正常经营的企业，它的供应、生产、销售的活动是连续、重复进行的，资金随着生产经营活动的进行不断地变化，会计面对的是一个复杂的、变化的环境，要使会计核算工作具有一定的稳定性和规律性，必须对会计工作提出一定的前提条件，即作出某些假设，从而使会计工作处于一个相对稳定的、比较理想的环境中。这种为了保证会计工作的正常进行和会计信息的质量，对会计核算的空间范围、时间范围、内容和方法所作的限定，就是会计核算的基本前提，也称为会计假设。《企业会计准则——基本准则》规定会计核算的基本前提包括会计主体、持续经营、会计分期和货币计量。会计基本假设又称为会计假定或会计核算的基本前提，是会计确认、计量和报告的前提，是对会计核算所处空间、时间等所作的合理设定。会计基本假设包括会计主体假设、持续经营假设、会计分期假设和货币计量假设。

1. 会计主体假设

会计主体是指会计工作为其服务的特定单位或组织。它界定了会计确认、计量和报告的空间范围。在会计主体假设下，企业应当对其本身发生的交易或者事项进行会计确认、计量和报告，反映企业本身所从事的各项生产经营活动。会计主体可以是在经济上具有独立性或相对独立性的企业、组织、行政事业单位，也可以是某个企、事业单位的一个独立部分，如分厂、分所、分公司等。这里的经济独立性具体可理解为财务会计上的独立性。

会计主体假设的主要意义在于：(1)可以将特定主体的经济活动与该主体所有者及职工个人的经济活动区别开来；(2)可以将该主体的经济活动与其他单位的经济活动区别开来，从而界定了从事会计工作和提供会计信息的空间范围，同时也说明了某会计主体的会计信息仅与该主体的经营活动和经营成果有关。

【例 1-1】张某以现金 10 万元、李某以价值 20 万元的一套生产线出资成立 *A* 公司。张某的资金来源是：自有存款 8 万元，向父母借款 2 万元；李某对其出资的生产线拥有所有权但尚欠供应商丙 5 万元。公司成立后，向 *B* 公司赊购原材料，货款 8 万元；招收工人组织生产，共支付工人工资 2 万元；向 *C* 公司销售产品 50 件，预收 1 万元定金；为补充流动资金，以 *A* 公司的名义向中国银行借款 10 万元。

在本例中，会计核算的主体为 *A* 公司，那么只有以 *A* 公司的名义发生的有关经济活动，如成立公司收到资金、购进原材料、支付工资、销售产品、向银行借款等，属于 *A* 公司会计核算的范围。而作为 *A* 公司之外的其他主体的活动，如投资者张某的借款、李某的欠款，债权人 *B* 公司的赊销，债务人 *C* 公司的欠款则和 *A* 公司没有关系，因此这些活动不属于 *A* 公司会计核算的内容。这样，作为 *A* 公司的会计，其核算的空间范围就界定为

A 公司，即只核算以 A 公司名义发生的各项经济活动，从而就严格地把 A 公司与其他企业和个人区别开来。

会计主体有别于法律主体。法律主体是指由出资人出资组建，在政府指定部门注册登记，拥有法人财产权，具有独立民事行为能力的单位。一般来说，法律主体必然是会计主体。如一个企业作为一个法律主体，应当建立财务会计系统，独立反映其财务状况、经营成果和现金流量。但会计主体不一定是法律主体。如某企业集团中母公司与子公司属于不同的法律主体，但是母公司对子公司拥有控制权，为了全面反映企业集团的财务状况、经营成果和现金流量，有必要将企业集团作为一个会计主体，编制合并财务报表，在这种情况下，尽管企业集团不属于法律主体，但它却是会计主体。再如，私有独资企业和合伙企业是会计主体，但因其不能独立承担民事责任，故不是法律主体。

2. 持续经营假设

持续经营是指会计主体在可以预见的未来，将会按当前的规模和状态继续经营下去，不会停业，也不会大规模削减业务。在持续经营假设前提下，会计确认、计量和报告应当以企业持续、正常的生产经营活动为前提。这一假设的含义是：尽管市场经济条件下竞争异常激烈，停业、破产不可能完全避免，但为了划定会计核算的时间范围，同时也给日常的会计处理提供一个稳定的基础，会计上假定在可以预见的未来，企业将以目前的形式和既定目标继续经营下去而不会破产清算。有了持续经营假设，会计主体将按照既定的用途使用资产，按照既定的合约条件清偿债务，为资产计价和收益确认提供了基础。

在例 1-1 中，A 公司之所以能赊销产品，之所以能从银行借款，之所以能预收货款，正是建立在持续经营假设的基础之上，如果没有这一前提条件，公司将会存在债权债务。

如果企业的财务状况已经恶化到必须清算的程度，即企业破产的法律条件已经成立且即将进入清算状态，持续经营假设严重背离了该特定企业的现实，就需要借助于一些特殊方法来处理清算过程中的会计业务，此时，不应该再恪守持续经营这一假设。

3. 会计分期假设

会计分期是指将一个会计主体持续经营的生产经营活动过程划分为若干连续的、长短相等的期间，以便分期结算账目和编制财务报告。会计核算应当划分会计期间，分期结算账目和编制财务会计报告。会计期间分为年度和中期。中期是指短于一个完整的会计年度的报告期间，包括半年、季度和月份等；年度、季度和月份的起讫日期采用公历日期。我国以公历年度作为一个会计年度即从 1 月 1 日至 12 月 31 日。会计主体在持续经营过程中，其生产经营活动是连续的，在时间上具有不间断性，但为了及时发现企业经营中的问题，不断改善经营管理，更为了及时满足会计信息使用者的需要，就有必要将企业连续不断的经济活动过程人为划分为一定等长的时间段落（年、季、月），分阶段考核、报告其经营活动成果，这是会计分期假设的重要性所在。

例 1-1 中，A 公司股东乙以价值 20 万元的一条生产线出资，该设备预计可用 5 年，每年可为企业带来收入 6 万元。按持续经营假设，企业正常的生产经营活动能长期进行下去，即在可以预见的 5 年内不会破产。如果没有会计分期假设，将设备成本全部计入当年费用，则经营将发生亏损 14 万元（不考虑设备之外的其他支出）。这显然有悖常理，因为设备可以使用 5 年，将其成本在 5 年内分摊更为合理。在持续经营和会计分期前提下，设备的价值分期转为费用就有了依据。现假设设备价值在5年内平均转为费用,即每年转化4万元,则每年的盈利为2万元。这样,才能合理的反映企业的经营情况。

会计分期是对会计对象时间范围的进一步限定,为分期结算账目和编制财务会计报告,贯彻权责发生制、可比性、及时性等会计核算要求奠定了理论和实务基础。

4. 货币计量假设

货币计量是指会计主体在会计确认、计量和报告时以货币计量,反映会计主体的生产经营活动。该假设的基本含义是:在会计核算中,必须假定以货币作为基本计量单位且假定货币本身的价值是稳定不变的。市场经济条件下,要实现对会计主体的经济活动的综合反映,以货币为计量单位是恰当的选择也是必需的选择。假定货币本身价值不变,为会计核算中对不同时期的经济业务作出一致记录并进行比较提供理论依据。

《会计法》规定,会计核算以人民币为记账本位币。业务收支以人民币以外的货币为主的单位,可以选定其中一种货币作为记账本位币,但是编制的财务会计报告应当折算为人民币。

上述会计核算的四项基本前提具有相互依存、相互补充的关系。会计主体确定了会计核算的空间范围,持续经营与会计分期确立了会计核算的时间长度,而货币计量则为会计核算提供了必要手段。没有会计主体,就不会有持续经营;没有持续经营,就不会有会计分期;没有货币计量,就不会有现代会计。

二、会计核算的一般原则

会计信息质量要求是对企业财务报告中所提供会计信息质量的基本要求,是使财务报告所提供的会计信息对投资者等使用者决策有用应具备的基本特征,根据基本准则规定,包括真实性、相关性、可理解性、可比性、实质重于形式、重要性、谨慎性、及时性等。其中,可靠性、相关性、可理解性和可比性是企业财务报告中所提供会计信息应具备的基本质量特征;实质重于形式、重要性、谨慎性和及时性是会计信息的次级质量要求,是对可靠性、相关性、可理解性和可比性等首要质量要求的补充和完善。

1. 真实性

真实性要求企业应当以实际发生的交易或事项为依据进行会计确认、计量和报告,如实反映符合确认和计量要求的各项会计要素及其他相关信息,保证会计信息真实可靠、内容完整。

真实性具体应当包括以下要求:首先,会计应当以实际发生的交易或事项为依据进行确认、计量和报告,即信息来源的依据可靠;其次,会计应当如实反映其所应反映的交易或事项,不得粉饰和歪曲,即提供的信息可靠;再次,企业应当在符合重要性和成本效益原则的前提下,保证会计信息的完整性,包括应当编报的报表及其附注内容等应当保持完整,不能随意遗漏或者减少应该披露的信息,与使用者决策相关的有用信息都应当充分披露,即信息应当完整、可靠。

2. 相关性

相关性要求企业提供的会计信息应当与财务会计报告使用者的经济决策需要相关,

有助于财务会计报告使用者对企业过去、现在或者未来的情况作出评价或者预测。

会计信息是否有用，是否具有价值，关键是看其与使用者的决策需要是否相关，是否有助于决策或者提高决策水平。相关的会计信息不仅有助于使用者评价企业过去的决策，证实或者修正过去的有关预测，具有反馈价值，而且有助于使用者根据财务报告所提供的会计信息预测企业的未来，具有预测价值。

会计信息的使用者包括投资者、债权人、政府、职工、其他利益主体以及社会公众，不同的使用者使用会计信息的目的不同。会计信息在可靠性前提下，尽可能地做到相关性，以满足投资者等财务报告使用者的决策需要。

3. 可理解性

可理解性要求企业提供的会计信息应当清晰明了，便于财务会计报告使用者理解和使用。

会计主体编制财务报告，提供会计信息的目的在于使用，而要使使用者有效使用会计信息，应当能让其了解会计信息的内涵，明确会计信息的内容，这就要求财务报告所提供的会计信息应当清晰明了，易于理解。只有这样，才能提高会计信息的有用性，实现财务报告的目标，满足向投资者等财务报告使用者提供决策有用信息的要求。

会计信息是一种专业性较强的信息资料，在强调会计信息可理解性的同时，还应假定使用者具有一定的相关经营活动和会计方面的知识，并且愿意付出努力去研究这些信息。对于某些复杂的信息，如交易本身较为复杂或者会计处理较为复杂，但其与使用者的经济决策相关，会计主体应当在财务报告中予以充分披露。

4. 可比性

可比性要求企业提供的会计信息应当相互可比。主要包括两层含义：

同一企业不同时期可比（纵向可比）。同一企业不同时期发生的相同或者相似的交易或事项，应当采用一致的会计政策，不得随意变更。确需变更的，应当在附注中说明。

不同企业可比（横向可比）。不同企业发生的相同或者相似的交易或事项，应当采用规定的会计政策，确保会计信息口径一致，相互可比。

5. 实质重于形式

实质重于形式要求企业应当按照交易或事项的经济实质进行会计确认、计量和报告，不应仅以交易或事项的法律形式为依据。

企业发生的交易或事项在多数情况下其经济实质和法律形式是一致的，但在有些情况下也会出现不一致。例如，融资租入的固定资产，在租期未满以前，从法律形式上讲，所有权并没有转移给承租人，但承租人实际上能行使对该项固定资产的控制，因此，承租人应该将其视同自有的固定资产进行管理。

遵循实质重于形式，体现了对经济实质的尊重，能够保证会计信息与客观经济事实相符。

6. 重要性

重要性要求企业提供的会计信息应当反映与企业财务状况、经营成果和现金流量等有关的所有重要交易或事项。

在会计核算中对交易或事项应当区别其重要程度，采用不同的核算方式。对资产、负债、损益等有较大影响，并进而影响财务会计报告使用者据以作出合理判断的重要会计事项，必须按照规定的会计方法和程序进行处理，并在财务会计报告中予以充分、准确地披露；对于次要的会计事项，在不影响会计信息真实性和不至于误导财务会计报告使用者作出正确判断的前提下，可适当简化处理。

重要性是会计核算本身进行成本效益权衡的体现。这里需要强调的是，对于某一会计事项是否重要，除了严格参照有关会计法规的规定之外，更重要的是依赖于会计人员结合本企业具体情况所作出的职业判断。

7. 谨慎性

谨慎性要求企业对交易或事项进行会计确认、计量和变更应当保持应有的谨慎，不应高估资产或者收益，低估负债或者费用。

谨慎性突出表现在计量各项财产减值准备、关注和反映或有负债、固定资产的加速折旧法等方面。

谨慎性的目的在于避免虚夸资产和收益，抑制由此给企业生产经营带来的风险。但是谨慎性并不能与蓄意隐瞒利润、逃避纳税等画上等号，因而会计制度中明令禁止提取各项不符合规定的秘密准备。

8. 及时性

及时性要求企业对于已经发生的交易或事项，应当及时进行会计确认、计量和报告，不得提前或延后。

会计信息的价值在于帮助使用者作出经济决策，具有时效性。即使是可靠、相关的会计信息，如果不及时提供，对于使用者的效用就大大降低，甚至不再具有实际意义。

在会计确认、计量和报告过程中要满足及时性要求需做到以下三方面：一是及时收集会计信息，即在经济交易或事项发生后，及时收集整理各种原始单据或者凭证；二是及时处理会计信息，即按照会计准则的规定，及时对经济交易或事项进行确认、计量，并编制财务报告；三是及时传递会计信息，即按照国家规定的有关时限，及时将财务报告传递给财务报告使用者，便于其及时使用。

任务四　了解小企业会计核算方法及常用会计科目

一、小企业会计核算方法

会计方法是用来核算和监督会计对象的技术手段。会计的方法通常由三部分构成，即会计核算方法、会计分析方法和会计检查方法。会计核算是基础和核心，会计分析是会计核算的继续和深化，会计检查则是会计核算和会计分析的质量保证。本章仅介绍会计核算方法。

会计核算方法是对会计对象进行连续、系统、全面、综合地确认、计量、记录和报告的方法。具体包括：设置会计科目与账户、复式记账、填制和审核会计凭证、登记账簿、成本计算、财产清查和编制会计报表等方法。本章只对上述方法进行简单介绍，以后有关章节将详细阐述。

1. 设置会计科目与账户

会计科目和账户是对会计对象的具体内容进行的分类，是记录会计对象的工具。通过会计科目和账户，可以有序、系统、分类地将会计对象各项经济业务增减变动的数据记入账户，从而分门别类地提供各种会计信息，供投资者、债权人、政府有关部门等使用。所以，设置会计科目和账户是会计核算最基本的方法。

2. 复式记账

复式记账是指对每一项经济业务都要在两个或两个以上相互联系的账户中进行记录。采用复式记账不仅能够全面、系统地反映各项交易或事项资金增减变化的情况，而且能够检查会计记录是否正确。所以，复式记账法是一种科学的记账方法。

3. 填制和审核会计凭证

会计凭证是记录经济业务，明确经济责任的书面证明，是登记账簿的依据。填制和审核会计凭证，是指经济业务发生后，借助设置的会计科目和账户及复式记账方法，按照有关要求，填制会计凭证，并由有关机构和人员进行审核，以保证会计记录真实、正确、合理、合法的一种专门方法。

4. 登记账簿

账簿是指由具有专门格式的账页所组成的簿记。登记账簿，是运用复式记账原理，根据审核无误的会计凭证，在账簿上连续、完整、系统地记录经济业务的一种专门方法。填制会计凭证并审核无误后，登记账簿，为特定主体的经营管理和编制会计报表提供连续、系统的数据资料。账簿登记后，要定期进行账目核对、结账，使得账证相符、账账相符、账实相符。

5. 成本计算

成本计算是把企业在生产经营过程中发生的各种费用，按照各种不同的产品进行归集和分配，据以确定各种产品总成本和单位成本的一种专门方法。通过成本计算，不仅为产品或劳务定价、生产耗费补偿提供依据，而且可为成本管理提供核算资料。

6. 财产清查

财产清查是指通过实地盘点、核对账目等方法，在查明各项财产物资的实有数后，与账面数进行核对，以确定账实是否相符的一种专门方法。账实如有不符，则需对账簿记录进行调整。所以，财产清查是会计核算过程中不可缺少的一个环节，相应地，财产清查方法也是一种重要的会计核算方法。

7. 编制会计报表

会计报表是反映特定主体的财务状况和经营成果等的书面文件。编制会计报表是将账簿中的数据资料进行加工整理和综合汇总，并填入相关报表中的一系列工作。会计报表的格式、编制要求、表内各项目的填制方法等都有统一的规定，使提供的会计信息具有相关性、可比性，满足有关各方对会计信息的需求。

上述各种会计核算方法相辅相成、密切相关，构成完整的会计核算方法体系。设置会计科目和账户是前提、基础。具体核算程序为：借助于复式记账方法进行会计凭证的填制和审核；根据审核无误的会计凭证登记账簿；将成本计算和财产清查的结果填制在凭证、登记在账簿中；根据核对无误的会计账簿进行会计报表的编制。在实际工作中会计核算的各种方法有些是交叉重复进行的，但基本是按照以上顺序，相互配合地加以运用，以实现会计目标。

二、常用会计科目

顺序号	编号	会计科目名称
		一、资产类
1	1001	库存现金
2	1002	银行存款
3	1012	其他货币资金
4	1101	短期投资
5	1121	应收票据
6	1122	应收账款
7	1123	预付账款
8	1131	应收股利
9	1132	应收利息
10	1221	其他应收款
11	1401	材料采购
12	1402	在途物资
13	1403	原材料
14	1404	材料成本差异
15	1405	库存商品
16	1407	商品进销差价
17	1408	委托加工物资
18	1411	周转材料
19	1421	消耗性生物资产
20	1501	长期债券投资
21	1511	长期股权投资
22	1601	固定资产
23	1602	累计折旧
24	1604	在建工程
25	1605	工程物资

续表

顺序号	编号	会计科目名称
26	1606	固定资产清理
27	1621	生产性生物资产
28	1622	生产性生物资产累计折旧
29	1701	无形资产
30	1702	累计摊销
31	1801	长期待摊费用
32	1901	待处理财产损溢
		二、负债类
33	2001	短期借款
34	2201	应付票据
35	2202	应付账款
36	2203	预收账款
37	2211	应付职工薪酬
38	2221	应交税费
39	2231	应付利息
40	2232	应付利润
41	2241	其他应付款
42	2401	递延收益
43	2501	长期借款
44	2701	长期应付款
		三、所有者权益类
45	3001	实收资本
46	3002	资本公积
47	3101	盈余公积
48	3103	本年利润
49	3104	利润分配
		四、成本类
50	4001	生产成本
51	4101	制造费用
52	4301	研发支出
53	4401	工程施工

续表

顺序号	编号	会计科目名称
54	4403	机械作业
		五、损益类
55	5001	主营业务收入
56	5051	其他业务收入
57	5111	投资收益
58	5301	营业外收入
59	5401	主营业务成本
60	5402	其他业务成本
61	5403	营业税金及附加
62	5601	销售费用
63	5602	管理费用
64	5603	财务费用
65	5711	营业外支出
66	5801	所得税费用

任务五　小企业会计准则与企业会计准则对比分析

一、框架体系对比分析

<table>
<tr><td colspan="2">企业会计准则</td><td colspan="2">小企业会计准则</td></tr>
<tr><td colspan="2">基本准则</td><td colspan="2">小企业会计准则</td></tr>
<tr><td colspan="2">38 项具体准则</td><td colspan="2"></td></tr>
<tr><td rowspan="3">准则指南</td><td rowspan="2">会计准则解释</td><td rowspan="3">应用指南</td><td>会计科目设置</td></tr>
<tr><td>主要账务处理</td></tr>
<tr><td>会计科目和主要账务处理</td><td>财务报表格式</td></tr>
</table>

二、会计科目设置对比分析

企业会计准则(共160多个会计科目)	小企业会计准则(共60多个会计科目)
资产类	资产类
负债类	负债类
共同类	
所有者权益类	所有者权益类
成本类	成本类
损益类	损益类

三、财务报表对比分析

企业会计准则	小企业会计准则
资产负债表	资产负债表
利润表	利润表
现金流量表	现金流量表
所有者权益变动表	
附注	附注

【课后习题】

一、单项选择题

1. 小企业会计准则的适用范围是(　　)。

A. 在我国境内依法设立、经济规模较小的企业

B. 在我国境内依法设立、经济规模较大的企业

C. 在境外依法设立、经济规模较小的企业

D. 在境外依法设立、经济规模较小的企业

2. 我国小企业的会计年度采用(　　)。

A. 企业自定　　B. 公历制　　C. 农历制　　D. 阴历制

3. 小企业的会计期间是(　　)。

A. 人为划分的　　B. 自然形成的　　C. 营业周期　　D. 可长可短

4. 将企业的经济活动和其所有者的经济活动区分开的是(　　)。

A. 会计分期假设　B. 持续经营假设C. 货币计量假设D. 会计主体假设

5. 小企业在进行会计核算时,应以实际发生的经济业务为依据,如实反映企业的财务状况和经营成果,这符合(　　)原则。

A. 可比性　　B. 可理解性　　C. 可靠性　　D. 相关性

6. 小企业资产以历史成本计价，而不以清算价格计价，依据的是(　　)。

A. 会计主体假设　B. 持续经营假设C. 会计分期假设D. 货币计量假设

7. 不同企业发生的相同或相似的经济业务，应采用会计准则规定的会计政策，体现了(　　)原则。

A. 重要性　B. 可比性　C. 实质重于形式D. 可理解性

8. 如果企业对所有的经济业务事项，不分轻重主次，采用完全相同的会计处理方法，这违背了(　　)原则。

A. 可理解性　B. 可比性　C. 及时性　D. 重要性

9. 小企业对应收账款计提坏账准备，是对(　　)原则的应用。

A. 谨慎性　B. 重要性　C. 可比性　D. 及时性

10. 小企业应采用的记账基础是(　　)。

A. 权责发生制　B. 收付实现制　C. 现金制　D. 现收现付制

二、多项选择题

1. 会计核算方法有(　　)。

A. 复式记账　B. 登记账簿　C. 成本计算　D. 财产清查

2. 按照权责发生制要求，下列属于本期收入和费用的有(　　)。

A. 本期销售，本期收到货款　B. 本期收到前期货款

C. 支付本期税费　D. 本期销售，本期未收到货款

E. 支付前期利息

3. 下列采用历史成本计量的说法正确的有(　　)。

A. 企业取得的资产，应以其购进或建造时发生的实际成本作为入账的基础

B. 有会计凭证为依据，便于事后查核和验证，具有可验证性

C. 实际成本的数据比较容易取得，因而也便于核算

D. 采用历史成本计量是建立在币值稳定假设基础之上的

E. 物价变动时，除国家另有规定者外，一律不能调整其账面价值

4. 小企业会计信息的使用者主要有(　　)。

A. 现有和潜在的投资者　B. 银行

C. 税务部门　D. 企业管理者

E. 企业员工

5. 小企业作为会计主体，必须具备的条件有(　　)。

A. 有独立的经济活动　B. 有独立的资产

C. 有独立的收入和费用　D. 必须是法律主体

E. 以上都是

三、判断题

1. 实质重于形式要求企业应当按照交易或事项的经济实质进行会计确认、计量和报告，不应仅以交易或事项的法律形式为依据。(　　)

2. 执行《小企业会计准则》的小企业，不得在执行《小企业会计准则》的同时，选择执行《企业会计准则》的相关规定。(　　)

3．符合《中小企业划型标准规定》所规定的微型企业标准的企业参照执行《小企业会计准则》。（ ）

4．符合《小企业会计准则》适用范围的小企业，必须执行《小企业会计准则》。（ ）

项目二　认识会计要素和会计等式

【案例导入】

你能用400元创办一个企业吗?

刘月娟是北京一所著名美术学院的学生。和其他大学生一样,她也常常为了补贴日常花销而不得不去挣一些零用。现在她正为欲购买一台具有特别设计功能的计算机而烦恼。尽管她目前手头仅有1 000元,可决心还是促使她决定于2017年12月开始创办一个美术培训部。

她支出了120元在一家餐厅请朋友坐一坐,帮她出出主意,又根据她曾经在一家美术培训班服务兼讲课的经验,她首先向她的一个师姐借款24 000元,以备租房等使用。她支出8 000元购置了一些讲课所必备的书籍、静物和装修画室,书籍、静物和画室装修后可使用10个月;支出5 000元买1台笔记本,笔记本可用50个月。她为她的美术培训部取名为"周围"。刘月娟支出500元印制了500份广告传单,用100元购置了信封、邮票等。学员每人每月学费1 800元,并且找到了一位较具能力的同学作股东。股东萍兼作"周围"的会计和讲课教师,并获取一定的报酬,萍也"周围"出资1 000元。2018年1月,她们共招收了50个学员,除了归还师姐的借款本金和利息计25 000元、支付房租20 000元,支付讲课和办公费30 000元。除书籍、静物和画室装修支出以及购买笔记本支出外,筹办期间的支出全部计入1月计算盈亏。

四个月下来,她们的"周围"平均每月共招收学员39位,获取收入计280 800元。她们还以每小时200元的讲课报酬雇佣了4位同学作兼职教师。至此,她们核算了一下,除去房租等各项费用共获利67 800元。这笔钱足够她们各自购买一台非常可心的计算机并且还有一笔不小的节余。

试分析回答下列问题:

(1) 将"周围"1月各项相关经营数据计入对应的会计要素。

(2) 列示出恒等式要素金额。

【技能目标】

1. 能够通过课堂学习认识小企业会计要素,会计等式。

2. 能够根据学习分清实务中的各个会计要素。

【知识目标】

1. 了解小企业会计要素的基本内容。

2. 理解小企业会计等式。

会计核算的过程是一个确认、计量、记录和报告经济业务的过程，为了全面、系统、综合地记录和反映经济活动状况，取得各项经济指标，需要按照会计准则的要求，对经济业务的具体内容进行科学分类。

任务一 识别会计要素

会计对象的构成要素，就是会计要素。会计要素是对会计对象按经济特征所作的基本分类，也是会计核算对象的具体化。会计要素是构成会计核算内容的主要因素，也是设置账户、会计确认和计量及编制会计报表的基本依据。在企业的会计核算中，凡是与价值运动有关的经济活动都属于会计要素的内容；与价值运动无关的经济活动，则不属于会计要素的内容。对会计要素的进一步分类，则称为账户，在财务报告中所列示的具体事项则称为项目。

企业会计要素分为六大类：即资产、负债、所有者权益、收入、费用和利润。其中，资产、负债和所有者权益三项会计要素表现资金运动的相对静止状态，即反映企业的财务状况，构成资产负债表；收入、费用和利润三项会计要素表现资金运动的显著变动状态，即反映企业的经营成果，构成利润表。

一、反映财务状况的会计要素

财务状况是指企业在一定日期的资产及权益情况，是资金运动相对静止状态的表现。反映财务状况的会计要素包括资产、负债、所有者权益三项。

（一）资产

资产是指由企业过去的交易或事项形成的，为企业拥有或控制的、预期会给企业带来经济利益的资源。包括各种财产、债权及其他权利，如货币资金、原材料、应收账款、固定资产等。

1. 资产应同时具备以下几个特征

（1）资产是由过去的交易或事项形成的。也就是说，资产是过去已经发生的交易或事项所产生的结果，资产必须是现实的资产，而不能是预期的资产。未来的交易或事项可能产生的结果不能作为资产确认。交易或事项是指企业与外单位、个人以及企业内部发生的经济业务。

（2）由企业拥有或者控制的资源。由企业拥有或者控制，是指企业享有某项资源的所有权，或者虽然不享有所有权，但该资源能被企业所控制。如融资租入的固定资产，虽然企业不拥有其所有权，但却能够控制，因而应将其作为企业的资产。

（3）预期会给企业带来经济利益。是指直接或间接导致现金或现金等价物流入企业的潜力。资产都应能够为企业带来经济利益，例如，企业通过收回应收账款，出售库存商品等直接获得经济利益，也可通过对外投资以获得股利或参与分配利润的方式间接获得经济利益。按照这一特征，那些已经没有经济价值，不能给企业带来经济利益的项目，就不能继续确认为企业的资产，如待处理财产损失，无法收回的应收账款等。

2. 企业的资产按其流动性不同，分为流动资产和非流动资产

(1) 流动资产是指预计在一个正常营业周期内变现、出售或耗用，主要为交易目的而持有，或者预计在资产负债表日起一年内(含一年)变现的资产，以及自资产负债表日起一年内交换其他资产或清偿负债能力不受限制的现金或现金等价物。流动资产主要包括货币资金、交易性金融资产、应收票据、应收账款、预付账款、应收利息、应收股利、其他应收款、存货等。

(2) 非流动资产是指流动资产以外的资产，主要包括长期投资、固定资产、无形资产等。

①长期投资是指企业可供出售金融资产、持有至到期投资和长期股权投资等。

②固定资产是指为生产商品、提供劳务、出租或经营管理而持有的，使用寿命超过一个会计年度的有形资产，如房屋建筑物、机器设备、运输设备等。

③无形资产是指企业拥有或控制的没有实物形态的可辨认非货币性资产。例如，专利权、非专利技术、商标权、著作权、土地使用权、特许权等。

(二) 负债

负债是指由企业过去的交易或者事项形成的现时义务，履行该义务预期会导致经济利益流出企业。

1. 负债的特征

负债具有以下特征：

(1) 负债是由过去的交易或事项形成的现时义务。也就是说，导致负债的交易或事项必须已经发生，例如，企业购买商品或接受劳务发生的应付账款，按照税法规定应上缴的税金。企业正在筹划的未来交易或事项不构成企业负债。现时义务是指企业在现行条件下已承担的义务。未来发生的交易或者事项形成的义务不属现时义务，不应当确认为负债。

(2) 负债的清偿预期会导致经济利益流出企业。负债通常是在未来某一时日通过交付资产或提供劳务来清偿。如支付现金，转让其他资产，以新债偿还旧债等。

2. 企业的负债按其流动性不同，分为流动负债和非流动负债

(1) 流动负债是指预计在一个正常营业周期内清偿，或者主要为交易目的而持有的，或者自资产负债表日起一年内(含一年)到期应予以清偿，或者企业无权自主地将清偿推迟至资产负债表日后一年以上的负债。它主要包括短期借款、应付票据、应付账款、预收账款、应付职工薪酬，应交税费，其他应付款等。

(2) 非流动负债是流动负债以外的负债，包括长期借款、应付债券、长期应付款等。

(三) 所有者权益(股东权益)

所有者权益是指企业资产扣除负债后由所有者享有的剩余权益。公司的所有者权益

又称为股东权益。任何一家企业，其资产来源于两个方面：一是债权人的投入，称为负债；二是投资人的投入，称为所有者权益。所有者权益的来源包括所有者投入的资本、直接计入所有者权益的利得和损失、留存收益等。所有者权益的内容包括实收资本，资本公积、盈余公积和未分配利润等部分。

(1) 实收资本是指投资者实际投入企业的各种财产物资。它是企业长期周转使用的主要经营资本。实收资本按照投资主体不同分为国家资本金、法人资本金、个人资本金和外商资本金。

(2) 资本公积是企业收到投资者超出其在企业注册资本中所占份额的投资，以及直接计入所有者权益的利得和损失等。投资者实际投入的财产物资如果超过其认缴的注册资本额，超过部分不能计入实收资本，而应作为资本溢价计入资本公积。资本公积包括资本溢价和直接计入所有者权益的利得和损失等。

(3) 盈余公积是指企业按规定从净利润中提取的企业积累资金。

(4) 未分配利润是指企业留待以后年度分配的利润或本年度已实现但尚未分配的利润。

盈余公积和未分配利润合称留存收益，是企业在生产经营过程中所实现的利润留存企业的部分。

二、反映经营成果的会计要素

经营成果是企业在一定时期内从事生产经营活动所取得的最终成果，是资金运动显著变动状态的主要体现。反映经营成果的会计要素有收入、费用、利润三项。

(一) 收入

收入是指企业在日常活动中形成的、会导致所有者权益增加、与投资者投入资本无关的经济利益的总流入。

1. 收入具有的特点

(1) 收入是企业在日常活动中形成的经济利益的总流入。

日常活动，是指企业为完成其经营目标所从事的经常性活动以及与之相关的活动，如销售商品、提供劳务及让渡资产使用权等。收入形成于企业日常活动的特征使其与产生于非日常活动的利得相区分。企业所从事或发生的某些非日常活动也能为企业带来经济利益，但不属于企业为完成其经营目标所从事的经常性活动，也不属于与经常性活动相关的活动。例如，工业企业处置固定资产，因其他企业违约收取的罚款等。这些活动形成的经济利益的总流入属于企业的利得而不是收入。利得通常不经过经营过程就能取得或属于企业不曾期望获得的利益。

(2) 收入会导致企业所有者权益的增加。

收入形成的经济利益总流入的形式多种多样，既可能表现为资产的增加，如增加银行存款、应收账款；也可能表现为负债的减少，如减少预收账款；还可能表现为两者的组合，如销售实现时，部分冲减预收账款，部分增加银行存款。收入形成的经济利益总流入能增加资产或减少负债或两者兼而有之，收入也一定能增加企业的所有者权益。

企业为第三方或客户代收的款项，如企业代国家收取的增值税等，一方面增加企业的资产，另一方面增加企业的负债，但不增加企业的所有者权益，因此不构成企业的收入。

(3) 收入与所有者投入资本无关。

所有者投入资本主要是为享有企业的剩余权益，由此形成的经济利益的总流入不构成收入，而应确认为企业所有者权益的组成部分。

2. 收入的分类

(1) 收入按企业从事日常活动的性质不同，分为销售商品收入、提供劳务收入和让渡资产使用权收入。

(2) 收入按企业经营业务的主次不同，分为主营业务收入和其他业务收入。主营业务收入，是指企业日常活动中主要经营活动获得的收入，通常可以通过营业执照上注明的主营业务范围来确定。其他业务收入，是指通过主营业务以外的其他经营活动获得的收入。

(二) 费用

1. 费用的概念

费用是指企业在日常活动中产生的、会导致所有者权益减少的、与向所有者分配利润无关的经济利益的总流出。以工业企业为例，一定时期的费用通常由产品生产成本和期间费用两部分构成。

2. 费用的特点

费用具有以下特点：

(1) 费用是企业在日常活动中发生的经济利益的总流出，如前所述，日常活动是指企业为完成其经营目标所从事的经常性活动以及与之相关的其他活动，如企业制造并销售商品发生的支出，企业对外出售不需用的原材料结转的材料成本，企业发生的行政管理费、广告费等都属于费用。费用形成于企业日常活动的特征使其与产生于非日常活动的损失相区分。不属于企业的日常活动，如企业处置固定资产、无形资产，对外捐赠等，这些活动或事项形成的经济利益的总流出属于企业的损失而不是费用。

(2) 费用会导致企业的所有者权益减少。费用的表现形式多种多样，既可能表现为资产的减少，如减少银行存款、库存商品等；也可能表现为负债的增加，如增加应付职工薪酬，应交税费等，并且一定会导致企业所有者权益减少。

(3) 费用与向所有者分配利润无关。向所有者分配利润或股利属于企业利润分配的内容，不构成企业的费用。

按照费用与收入的关系，费用可分为生产经营成本和期间费用。生产经营成本按照其所销售商品或提供劳务在企业日常经济活动中所处的地位可分为主营业务成本、其他业务成本和营业税金及附加。期间费用包括管理费用、销售费用和财务费用。

(三) 利润

利润是企业在一定会计期间的经营成果。利润包括收入减去费用后的净额，直接计入当期利润的利得和损失等。

直接计入当期利润的利得和损失，是指应当计入当期损益，会导致所有者权益发生增减变动的、与所有者投入资本或者向所有者分配利润无关的利得或者损失。

利润包括营业利润、利润总额和净利润。

(1) 营业利润=营业收入-营业成本-营业税金及附加-期间费用-资产减值损失+公允价值变动净收益+投资净收益。

(2) 利润总额=营业利润+营业外收入-营业外支出。

(3) 净利润=利润总额-所得税费用。

上述计算结果若为负值,则称为亏损。

任务二 认识会计等式

一、会计等式的概述

如前所述,会计的六大要素从静态和动态两个方面反映了资金运动具有紧密的相关性,它们在数量上存在着特定的平衡关系,这种平衡关系用公式表示,我们称之为会计等式。会计等式是反映会计要素之间平衡关系的计算公式,它是各种会计核算方法的理论基础。

(一) 资产=负债+所有者权益

这是最基本的会计等式。如前所述,资产是由于过去的交易或事项所引起,能为企业带来经济利益的资源。资产来源于所有者投资和债权人投资(统称为权益)。所有者投资属于所有者权益,债权人投资属于债权人权益(即企业的负债)。

资产和权益(包括所有者权益和债权人权益)实际上是企业所拥有的经济资源在同一时点上所表现的不同形式。资产表明了企业资源存在、分布的形态,而权益则表明了资源取得和形成的渠道。资产来源于权益,资产与权益必然相等。

资产与权益的恒等关系式,是资金运动的静态表现,是一定日期的静态关系式,也是复式记账法的理论基础和编制资产负债表的依据。

(二) 收入-费用=利润

企业经营的目的是为了获取收入,实现盈利。企业在取得收入的同时,也必然要发生相应的费用。通过收入与费用的比较,才能确定企业一定时期的盈利水平。这一等式可称为动态会计等式,它是资金运动的动态表现,是编制利润表的依据。

(三) 资产=负债+所有者权益+(收入- 费用)

这是将上述两个会计等式相结合形成的一个动态会计等式,表示企业资产在营运过程中增值的情况。它在会计期间内的任一时刻(未结账前)存在,体现企业在某一时刻内的资产、负债、所有者权益、收入、费用、利润各会计要素之间的恒等关系。收入是所有者权益增加的因素,费用是所有者权益减少的因素。在会计期末将收入与费用配比计算出利润，进行利润分配后转入所有者权益，会计等式又恢复为：资产＝负债＋所有者权益。

二、经济业务发生对会计等式的影响

企业在生产经营过程中，每天都会发生多种多样、错综复杂的经济业务，从而引起各会计要素的增减变动，但并不影响资产与权益的恒等关系。也就是说，无论企业的经济业务引起资产和权益发生怎样的变化，企业在任何时期资产总额总是等于它的权益总额。

经济业务的发生引起等式两边会计要素变动的方式可以总结归纳为以下四种类型：

(1) 经济业务的发生引起等式两边金额同时增加，且增加金额相等，变动后等式仍保持平衡。

【例 2-1】*A* 企业收到所有者追加的投资 100 000 元，款项存入银行。

这项业务使银行存款增加了 100 000 元，即等式左边的资产增加了 100 000 元，同时等式右边的所有者权益也增加了 100 000 元，因此没有改变等式的平衡关系。

(2) 经济业务的发生了引起了等式两边金额同时减少，且减少金额相等，变动后等式仍保持平衡。

【例 2-2】*A* 企业用银行存款归还所欠 *D* 企业的货款 30 000 元。

这项业务使企业的银行存款即资产减少了 30 000 元，同时使应付账款即负债也减少了 30 000 元，即等式两边同时减少 30 000 元，等式依然成立。

(3) 经济业务的发生引起等式左边即资产内部的项目此增彼减，增减的金额相同，变动后资产总额不变，等式仍保持平衡。

【例 2-3】*A* 企业从银行提取现金 5 000 元备用。

这项业务使企业的库存现金增加了 5 000 元，但同时银行存款减少了 5 000 元，也就是说企业的资产内部发生增减变动，但资产总额不变，等式依然成立。

(4) 经济业务的发生引起等式右边负债内部项目此增彼减，或所有者权益内部项目此增彼减，或负债与所有者权益项目之间的此增彼减，增减的金额相同，变动后等式右边总额不变，等式仍保持平衡。

【例 2-4】*A* 企业向银行借入 20 000 元直接用于归还拖欠的货款。

这笔业务使企业的应付账款减少了 20 000 元，同时短期借款增加了 20 000 元，即企业的负债内部发生增减变动，但负债总额不变，等式依然成立。

【例 2-5】*A* 企业经批准同意以资本公积 500 000 元转增实收资本。

这项业务使企业的资本公积减少了 500 000 元，同时实收资本增加了 500 000 元，即所有者权益内部发生增减变动，但所有者权益总额不变，等式依然成立。

在实际工作中，一个企业在经营过程中每天发生的经济业务多种多样，但无论其引起会计要素如何变动，都不会破坏资产与权益的恒等关系(即资产＝负债＋所有者权益)。

【课后习题】

一、单项选择题

1. 下列关于所有者权益的说法，不正确的是(　　)。

A. 所有者权益包括实收资本(或股本)、资本公积、盈余公积和未分配利润等

B. 所有者权益的金额等于资产减去负债后的余额

C. 盈余公积和未分配利润又统称为留存收益

D. 所有者权益包括实收资本(或股本)、资本公积、盈余公积和留存收益等

2. 下列不属于反映企业财务状况的会计要素是(　　)。

A. 资产　　B. 负债　　C. 所有者权益　　D. 利润

3. 投资人投入的资金和债权人投入的资金,投入企业后,形成企业的(　　)。

A. 成本　　B. 费用　　C. 资产　　D. 负债

4. 下列属于企业资产的是(　　)。

A. 应付账款　　B. 融资租入的设备　　C. 预收账款　　D. 即将购入的原材料

5. 下列属于企业流动资产的是(　　)。

A. 预收账款　　B. 累计折旧　　C. 预付账款　　D. 无形资产

6. 属于流动负债的是(　　)。

A. 预收账款　　B. 应收账款　　C. 应收票据　　D. 应付债券

7. 下列不属于流动负债的是(　　)。

A. 应付账　　B. 预付账款

C. 在1年内的一个营业周期内偿还的债务　　D. 1年内到期的长期借款

8. 下列不属于所有者权益的是(　　)。

A. 实收资本　　B. 资本公积　　C. 盈余公积　　D. 营业利润

9. 下列说法正确的是(　　)。

A. 收入是指企业销售商品、提供劳务及让渡资产使用权等活动中形成的经济利益的总流入

B. 所有者权益增加一定表明企业获得了收入

C. 狭义的收入包括营业外收入

D. 收入按照性质不同,分为销售商品收入、提供劳务收入和让渡资产使用权收入

10. 下列属于基本业务收入的是(　　)。

A. 原材料销售收入　　B. 产品销售收入

C. 固定资产出租收入　　D. 无形资产使用权转让收入

二、多项选择题

1. 下列反映资金运动静态表现的会计要素是(　　)。

A. 资产　　B. 负债　　C. 收入　　D. 利润

2. 下列各项反映企业经营成果的会计要素是(　　)。

A. 利润　　B. 费用　　C. 收入　　D. 所有者权益

3. 下列属于资产的特征的是(　　)。

A. 资产是由于过去或现在的交易或事项所形成的

B. 资产必须能够用货币计量其价值

C. 资产能够给企业带来未来经济利益

D. 资产一定具有具体的实物形态

4. 下列属于流动资产的是(　　)。

A. 预收账款　B. 预付账款　C. 应收账款　D. 应收票据

5. 下列说法正确的是(　　)。

A. 所有者权益是指企业所有者在企业资产中享有的经济利益

B. 所有者权益的金额等于资产减去负债后的余额

C. 所有者权益也称为净资产

D. 所有者权益包括实收资本(或股本)、资本公积、盈余公积和未分配利润等

三、判断题

1. 账户是根据会计科目设置的,具有一定的格式和结构。(　　)

2. 会计科目是账户的名称,是账户的载体和具体运用。(　　)

3. 目前企业的总分类账户一般是根据国家有关会计制度规定的会计科目设置的。(　　)

4. 会计科目与账户都是对会计对象具体内容的科学分类,两者口径一致,性质相同,具有相同的格式和结构。(　　)

5. 账户中上期的期末余额转入本期即为本期的期初余额。(　　)

项目三　设置小企业会计账户学习记账方法

【案例导入】

王先生和李先生共同组建了一家粮油加工总公司，总投资50万元，王先生出资30万元，李先生出资20万元。王先生任董事长，李先生任总经理并负责公司的日常业务。由于两人不懂财会知识，聘请了一位资深的老会计张先生。公司成立后不久，李先生到财务室查看工作，张先生拿给李先生一张填有“借：银行存款500000，贷：实收资本—王先生300000，—李先生200000”会计分录的记账凭证，后面还粘着两张单据。李先生不明白，张会计解释说：“公司注册成立，你们两个人共投入500000元资金，存入到公司的账户，所以公司的银行存款增加了500000元，同时你们俩每个人投入的资金就是你们俩在公司的权益，权益分别增加了300000元和200000元。至于是记在借方还是记在贷方，这是会计记账的方法规定的，是复式记账法的应用。为了证明这笔业务的发生，也为了让别人看清楚，将你们两个人的钱款存入银行后收到的两张银行进账单和你们投资时签订的协议也附在后面了。”李先生听得明白，心里叹服。

试分析回答下列问题：

(1) 会计的记账方法和我们日常所想有何区别？

(2) 你能理解复式记账法吗？

【技能目标】

1. 能够通过课堂学习等方式，了解小企业会计账户，对小企业记账方法有一定的认识。

2. 能够根据企业实际情况选择会计账户。

【知识目标】

1. 了解小企业会计账户的基本内容。
2. 掌握小企业记账方法。
3. 熟悉小企业会计记账方法的使用。

任务一　设置和使用会计科目

会计要素是对会计对象的基本分类，而资产、负债、所有者权益、收入、费用、利润这六项会计要素难以满足各有关方面对会计信息的需要。在会计实践中有必要对会计要素做进一步分类。

一、会计科目的概念

会计科目，是对会计要素的具体内容进行分类核算的项目名称。

企业为了全面、系统、分类地反映和监督各项经济业务的发生情况，以及由此引起的各会计要素增减变化的过程和结果，就必须按照会计要素的不同特点，根据经济管理的要求，通过设置会计科目进行分类别、分项目核算。只有这样，才能分别为企业内部经营管理和外部有关各方提供所需要的一系列完整的会计信息。

企业会计对象的具体内容是资产、负债、所有者权益、收入、费用、利润六要素。各种会计要素既有共同点，又有不同点。例如，企业的机器设备、房屋、建筑物、各种原材料、辅助材料、燃料等，都是企业的资产，但它们具有各自不同的特点，而且在生产中所起的作用也不同。因此，对它们的增减变动情况，应当分别加以反映和监督。对机器设备、房屋、建筑物等应设置“固定资产”科目进行反映和监督；对原材料、辅助材料、燃料等设置“原材料”科目进行反映和监督；对于负债，按照债权人和债务偿还期限的不同，分别设置“短期借款”、“应付账款”、“长期借款”等科目进行反映和监督；对于所有者权益，按照其形成或来源的性质不同，分别设置“实收资本”、“资本公积”、“本年利润”等科目进行反映和监督。这些对会计要素的具体内容进一步分类核算的项目名称就是会计科目。每一个会计科目都要有明确的含义和核算范围。通过设置会计科目，对会计要素的具体内容进行了科学分类，可以为会计信息的使用者提供科学的、详细的分类指标体系。

二、设置会计科目的原则

设置会计科目时，必须遵循以下原则：

1. 合法性原则

为了保证会计信息的可比性，各单位所设置的会计科目应当符合国家统一的相关规定。我国的会计科目及其核算内容是由财政部统一规定。

2. 相关性原则

会计科目的设置，应为提供有关各方所需要的会计信息服务，满足对外报告与对内管理的要求。例如，企业的盈亏情况是会计信息使用者非常关心的，为此，必须设置“主营业务收入”、“主营业务成本”、“管理费用”、“财务费用”、“本年利润”等科目，用于反映盈亏的成因，满足会计信息使用者的要求。再如，为了反映企业与银行的债务情况，就需要设置“短期借款”和“长期借款”等科目；为了反映利润的分配情况，就需要设置“利润分配”科目；为了反映企业投资者实际投入的资本金数额，就需要设置“实收资本”科目。

3. 实用性原则

企业的组织形式、所处行业、经营内容及业务种类等不同，在会计科目的设置上应有所区别。在合法性原则的基础上，应根据企业的规模和经济业务的特点，以及经营管理的要求等具体情况设置符合企业需要的会计科目。

三、会计科目简表

会计科目和主要账务处理依据小企业会计准则中确认和计量的规定制定，涵盖了各类小企业的交易和事项。参照我国《小企业会计准则》，小企业会计科目分为资产类、负债类、所有者权益类、成本类、损益类五大类。小企业会计科目的简表如表 3-1 所示。

表 3-1 小企业会计科目简表

顺序号	编号	会计科目名称
		一、资产类
1	1001	库存现金
2	1002	银行存款
3	1012	其他货币资金
4	1101	短期投资
5	1121	应收票据
6	1122	应收账款
7	1123	预付账款
8	1131	应收股利
9	1132	应收利息
10	1221	其他应收款
11	1401	材料采购
12	1402	在途物资
13	1403	原材料
14	1404	材料成本差异
15	1405	库存商品
16	1407	商品进销差价
17	1408	委托加工物资
18	1411	周转材料

表 3-1 续表

顺序号	编号	会计科目名称
19	1421	消耗性生物资产
20	1501	长期债券投资
21	1511	长期股权投资
22	1601	固定资产
23	1602	累计折旧
24	1604	在建工程
25	1605	工程物资
26	1606	固定资产清理
27	1621	生产性生物资产
28	1622	生产性生物资产累计折旧
29	1701	无形资产
30	1702	累计摊销
31	1801	长期待摊费用
32	1901	待处理财产损溢
		二、负债类
33	2001	短期借款
34	2201	应付票据
35	2202	应付账款
36	2203	预收账款
37	2211	应付职工薪酬
38	2221	应交税费
39	2231	应付利息
40	2232	应付利润
41	2241	其他应付款
42	2401	递延收益
43	2501	长期借款
44	2701	长期应付款
		三、所有者权益类
45	3001	实收资本
46	3002	资本公积
47	3101	盈余公积

表 3-1 续表

顺序号	编号	会计科目名称
48	3103	本年利润
49	3104	利润分配
		四、成本类
50	4001	生产成本
51	4101	制造费用
52	4301	研发支出
53	4401	工程施工
54	4403	机械作业
		五、损益类
55	5001	主营业务收入
56	5051	其他业务收入
57	5111	投资收益
58	5301	营业外收入
59	5401	主营业务成本
60	5402	其他业务成本
61	5403	营业税金及附加
62	5601	销售费用
63	5602	管理费用
64	5603	财务费用
65	5711	营业外支出
66	5801	所得税费用

小企业在不违反会计准则中确认、计量和报告规定的前提下，可以根据本企业的实际情况自行增设、分拆、合并会计科目。小企业不存在的交易或事项，可不设置相关会计科目。对于明细科目，小企业可以比照本附录中的规定自行设置。会计科目编号供小企业填制会计凭证、登记会计账簿、查阅会计账目、采用会计软件系统参考，小企业可结合本企业的实际情况自行确定其他会计科目的编号。

任务二　设置和使用会计账户

一、账户概述

账户是根据会计科目设置的，具有一定的格式和结构，用于分类反映会计要素增减变动情况及其结果的载体。

同会计科目的分类相对应，账户按其所提供信息的详细程度及统驭关系不同分为总分类账户（简称总账账户或总账）和明细分类账户（简称明细账）；按其所反映的经济内容不同分为资产类账户、负债类账户、共同类账户、所有者权益类账户、成本类账户和损益类账户。

会计科目与账户既有联系又有区别。会计科目和账户都是对会计对象具体内容的分类，两者口径一致，性质相同，会计科目是账户的名称，也是设置账户的依据，账户是会计科目的具体应用。没有会计科目，账户便失去了设置的依据；没有账户，就无法发挥会计科目的作用。两者的区别是：会计科目仅仅是账户的名称，不存在结构；而账户则具有一定的格式和结构。在会计实务中，一般可对会计科目与账户不加严格区别，互相通用。

二、账户的基本结构和内容

账户的结构是指在账户中如何记录经济业务，用以反映特定经济内容，以便取得各种必要的指标。即账户分为哪几部分，每部分应反映什么内容。

由于账户是用来反映经济业务引起的会计要素增减变动过程和结果的工具，而各项经济业务引起会计要素的变动不外乎增加和减少两种情况，因此，账户通常分为左右两方，一方登记增加额，另一方登记减少额，同时，还需要反映增减变动后的结果，即余额。账户的基本结构就是由增加数、减少数和结余数三部分构成的。至于账户哪一方登记增加，哪一方登记减少，余额在哪一方，则由账户的性质和所记录的内容决定。

账户的基本结构具体包括以下内容：

（1）账户的名称，即会计科目；

（2）日期和记账凭证编号，记录经济业务的日期和依据；

（3）摘要，简要说明所记录经济业务的内容；

（4）增加和减少金额；

（5）期末余额。

账户的结构是与记账方法联系在一起的。账户的一般格式如表 3-2 所示。

表 3-2 账户名称(会计科目)

<table>
<tr><th colspan="2">年</th><th rowspan="2">凭证编号</th><th rowspan="2">摘　要</th><th rowspan="2">左方</th><th rowspan="2">右方</th><th rowspan="2">余额</th></tr>
<tr><th>月</th><th>日</th></tr>
<tr><td></td><td></td><td></td><td></td><td></td><td></td><td></td></tr>
</table>

为了方便教学,通常采用"T"型账户来表示账户的基本结构。如表 3-3 所示。

表 3-3

左方	账户名称(会计科目)	右方

三、账户记录的内容及其相互关系

经济业务发生后,在账户中主要记录其发生额和余额。

(一) 发生额

发生额是指经济业务发生后,在账户中记录的增加金额或减少金额,会计上统称为本期发生额。本期发生额反映本会计期间会计要素的增减变动情况,又进一步分为本期增加额和本期减少额。就某个具体账户而言,其一方记录增加额,另一方记录减少额,不同性质的账户,记录增加和减少的方向不同。账户的发生额提供的是动态资料。

(二) 余额

余额是指本期增加额和本期减少额相抵后的差额。账户中记录的某会计期间的增加额和减少额是经济业务发生后记入账户的初始信息。为输出最终会计信息,期末都对其增减两方的发生额进行汇总比较,得出变动后的结果,即余额。会计上,按余额表示的时点不同,分为期初余额和期末余额,上一期的期末余额就是本期期初余额。不论期初余额还是期末余额一般都记在账户中记录增加额的一方。账户的余额提供的是静态资料。

理论上讲,每一天的每一时点都可以计算出账户的余额。但在会计实务中,一般到期末(一般是在月末、半年末和年末)才需要计算余额。

综上所述,账户记录的发生额、余额之间有着内在的联系,可以用公式表示如下:

本期期末余额=期初余额+本期增加发生额-本期减少发生额

四、账户的分类

(一) 账户按其经济内容分类

账户按其经济内容可以分为资产类账户、负债类账户、所有者权益类账户、成本类账户和损益类账户。

账户按其经济内容分类是账户最基本的分类方法。由于账户反映的经济内容是六大会计要素，所以，账户按其经济内容就可相应地分成六大类，分别是资产类账户、负债类账户、所有者权益类账户、收入类账户、费用类账户和利润类账户。

在会计实务中，企业在一定时间内实现的利润，除了分配给投资者退出企业以外，按一定比例提取的盈余公积和尚未分配的利润，最终归属于所有者。因此，用来计算确认本年实现的利润和反映本年利润分配情况的“本年利润”和“利润分配”账户，就其性质也应归属于所有者权益账户。

另外，设置收入类和费用类账户的目的是归集一定期间内发生的收入和费用，最终收入类账户和费用类账户的发生额都将结转到“本年利润”账户，以此计算确定一定时期内的损益。因此，习惯上将收入类账户和费用类账户合并为损益类账户。

在小型工业企业中，为了归集生产过程中发生的费用，计算产品成本，要设置成本类账户。

综上所述，账户按其经济内容主要可以分为资产类账户、负债类账户、所有者权益类账户、成本类账户和损益类账户五大类。

（二）账户按其统驭关系分类

账户按统驭关系可分为总分类账户（简称总账账户）和明细分类账户（简称明细账户）。总分类账户提供总括的核算资料，是所属明细账户的统驭账户和控制账户。明细分类账户提供明细的核算资料，是总分类账户的从属账户和被控制账户。明细分类账户可以设一个层次的，也可以设多个层次的，各层次之间也存在着统驭与被统驭、控制与被控制的关系。总账账户称为一级账户，总账账户以下的账户称为明细账户。

任务三　学习记账方法

记账方法是指依据一定的原理和记账规则，采用一定的计量单位，在账簿中登记经济业务活动的方法。自会计产生至今记账方法经过了一个由单式记账法到复式记账法的发展过程。

一、单式记账法

单式记账是指对发生的交易或事项一般只在一个账户中进行登记的记账方法。它是一种比较简单、不够完备的记账方法，不能反映出资金的来龙去脉，不便于检查账户的正确性，不能全面、完整地反映每项交易或事项。单式记账法已被复式记账法所取代。

二、复式记账法

复式记账法是从单式记账法发展起来的一种比较完善的记账方法。复式记账法是指对发生的每一项交易或事项,都要以相等的金额,在相互联系的两个或两个以上的账户中进行登记的一种记账方法。

复式记账法要求每一笔交易或事项都需要在至少两个账户中登记(即作双重记录,故称为"复式")。如以银行存款购买材料花费 1 000 元,一方面要在"银行存款"账户中记减少 1 000 元,另一方面要在"原材料"账户中记增加 1 000 元。若购入材料 1 000 元,支付货款 800 元,其余暂欠,该业务同时涉及"原材料"增加 1 000 元、"银行存款"减少 800 元、"应付账款"增加 200 元,三个账户的金额均发生变化。

采用复式记账法时,每一项交易或事项所涉及的两个或两个以上的账户之间存在相互联系的关系,这种关系称为账户的对应关系。存在对应关系的账户称为对应账户。由于交易或事项的发生,使账户之间建立了对应关系,形成了对应账户。对应账户与相关的交易或事项相对应。一笔交易或事项可以将两个或两个以上的账户联系在一起,一方面可以全面地反映该项交易或事项的来龙去脉,可以利用资金运动的来龙去脉再现交易或事项的全貌,另一方面有助于进行检查,以保证账簿记录结果的正确性。

正确理解复式记账法的内容至少应当把握以下两点:

(1) 对发生的每一项交易或事项都要在两个或两个以上的对应账户中进行登记。

(2) 登记时,如果是记入两个账户,那么这两个账户的金额必须相等;如果是记入两个以上的账户,则将这些账户划归到会计等式两方会计要素的有关项目内,其两方金额必须相等,如上述原材料 1 000—银行存款 800=应付账款 200。

复式记账法按记账符号不同又可分为借贷记账法、增减记账法和收付记账法。目前国际上普遍采用借贷记账法,我国会计核算亦要求采用借贷记账法。

三、借贷记账法

(一) 什么是借贷记账法

借贷记账法就是以"借"、"贷"为记账符号在账户中记录经济业务的一种复式记账方法。

借贷记账法以"借"、"贷"为记账符号,"借"、"贷"两字已失去原来的意义,纯粹是一种记账符号。每一个账户都固定地分为两个相互对立的部分,账户左方称为借方,右方称为贷方,但究竟是由"借方"还是"贷方"来表示增加,需要结合具体账户的性质才能确定。

(二) 借贷记账法下账户结构

账户按反映的经济内容不同分为:资产类账户、负债类账户、共同类账户、所有者权益类账户、费用(包含成本)类账户、收入类账户。其中共同类账户属于双重性质的账户。在编制资产负债表时,可根据共同类账户的余额方向确定其性质,如果余额在借方应归入资产项目,若余额在贷方则应归入负债项目。由于各账户之间客观存在着必然相等的关系,用会计等式表示:"资产=负债+所有者权益+(收入-费用)",或者"资产+费用=负债+所有者权益+收入"。所以,各类账户之间也存在着下列关系:

资产类账户余额合计 + 费用类账户余额合计(未转销前) = 负债类账户余额合计 + 所有者权益类账户余额合计 + 收入类账户余额合计(未转销前)

上述各类账户余额之间的平衡关系，是设计借贷记账法账户结构的依据。

借贷记账法"T"型账户的左边为借方，右边为贷方。由于习惯上把资产和费用类账户放在会计等式的左边，把负债、所有者权益、收入类账户放在会计等式的右边。所以，在设计各类账户结构时，也习惯上把资产类账户的余额和费用账户的余额（未转销前）安排在账户的左边，即借方。把负债、所有者权益类账户的余额和收入类账户的余额（未转销前）安排在账户的右边，即贷方。这样设计，主要是为了使各类账户的余额方向与会计等式保持一致，方便试算平衡。

确定了各类账户余额的方向，借、贷两方记录的增减内容也就确定了。凡是资产、费用类账户，借方记录其增加额，贷方记录其减少额；凡是负债、所有者权益、收入类账户，贷方记录其增加额，借方记录其减少额。各类账户的结构内容如表 3-4、3-5、3-6、3-7 所示。

表 3-4　资产类账户

（会计科目）

借方	贷方
期初余额　××× 本期增加额　×××	本期减少额　×××
本期发生额　××× 期末余额　×××	本期发生额　×××

资产类账户期末余额计算公式如下：

$$\text{借方期末余额}=\text{借方期初余额}+\text{借方本期发生额}-\text{贷方本期发生额}$$

表 3-5　费用(包含成本)类账户

（会计科目）

借方	贷方
本期增加额　×××	本期减少或转销额　×××
本期发生额　×××	本期发生额　×××

费用（包含成本）类账户未转销前有借方余额，转销后一般应无余额，若有余额一定是在借方，其余额计算公式同资产类账户。

表 3-6　负债、所有者权益类账户

（会计科目）

借方	贷方
本期减少额　×××	期初余额　××× 本期增加额　×××
本期发生额　×××	本期发生额　××× 期末余额　×××

负债、所有者权益类账户期末余额计算公式如下：

$$\text{贷方期末余额}=\text{贷方期初余额}+\text{贷方本期发生额}-\text{借方本期发生额}$$

表 3-7　收入类账户

借方	(会计科目)	贷方
本期减少或转销额 ×××		本期增加额 ×××
本期发生额 ×××		本期发生额 ×××

收入类账户未转销前有贷方余额,转销后一般应无余额。

借贷记账法下各类账户的结构如图表 3-8 所示。

表 3-8　各类账户结构

借方	贷方	余额
资产增加	资产减少	借方
负债减少	负债增加	贷方
所有者权益减少	所有者权益增加	贷方
费用增加	费用结转	无
收入结转	收入增加	无

(三) 借贷记账法的记账规则

1. 记账规则

记账规则即记账规律。以“借、贷”二字为记账符号在账户中记录经济业务的规律是什么呢? 从前述可知,企业所有的经济业务归纳起来不外乎四种类型。根据借贷记账法账户的结构原理,将这四种类型经济业务应记入表 3-9 标号账户的方向。

表 3-9

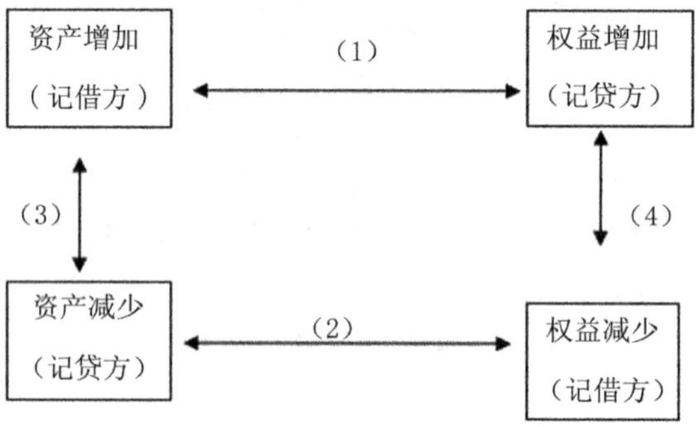

表 3-9 说明,不论是资产与权益账户同增的经济业务,还是资产与权益账户同减的经济业务;不论是资产账户之间此增彼减的经济业务,还是权益账户之间此增彼减的经济业务,采用借贷记账法记账时都是一方记借方,另一方必记贷方;一方记贷方,另一方必记借方,且记入借方和贷方的金额必然相等。概括起来就是“有借必有贷,借贷必相等”,这就是借贷记账法的记账规则。

在具体运用记账规则记录经济业务时,应按以下步骤思考:

①分析该项业务具体涉及哪几个账户,该账户的性质是属于资产类还是负债类或是所有者权益类,抑或是收入,费用类账户。

②根据该账户的性质及涉及经济业务的具体内容,确定该项经济业务应记入哪个账户的借方,哪个账户的贷方。

③验证应借应贷科目是否正确，借贷双方的金额是否相等。

【例 3-1】某公司 202×年 6 月发生下列经济业务：

(1) 收到投资者投资 1000 000 元，存入银行。

这项业务的发生使银行存款这一资产项目和实收资本这一所有者权益项目同时增加 1000 000 元。资产增加记借方，所有者权益增加记贷方，有借有贷，借贷金额相等。

(2) 向银行借入短期借款 50 000 元直接偿还应付账款。

这项业务的发生，使短期借款和应付账款两个负债项目一增一减，金额是 50 000 元，负债减少记借方，负债增加记贷方，有借有贷，借贷金额相等。

(3) 用银行存款 10 000 元购买甲材料。

这项业务的发生使银行存款和原材料两个资产项目一增一减，金额是 10 000 元，资产增加记借方，资产减少记贷方，有借有贷，借贷金额相等。

(4) 用银行存款 30 000 元，归还短期借款。

这项业务的发生，使银行存款这一资产项目和短期借款这一负债项目，同时减少 30 000 元，负债减少记借方，资产减少记贷方，有借有贷，借贷金额相等。

以上四种类型的业务都满足“有借必有贷，借贷必相等”的记账规则。

2. 会计分录

在实际工作中，由于企业设置的账户较多，经济业务的发生十分频繁，直接记入账户容易发生多记、少记或漏记的现象。因此，为保证账户记录的正确性，记账前应先将所发生的经济业务按照记账规则，根据复式记账法的要求编制特定形式的记录，即会计分录，然后再记入有关账户。

会计分录（简称分录），是指对每一项交易或事项，按照复式记账的要求，分别列示其应借和应贷的账户及其金额的一种记录。每一笔会计分录应包含记账符号、应记账户名称和应记金额三项基本要素。编制会计分录的一般格式要求是：在确定了应借及应贷的会计科目后，具体的记录应先借后贷。借项在上，先写借项记录；贷项在下，贷项记录写在借项记录的下面一行，向右留空一格或二格，不能将贷项记录和借项记录对齐，更不能在借项记录的左边突出。同时借方金额与贷方金额也要相应错开位置。

在实际工作中，根据各项经济业务的原始凭证编制记账凭证，然后再根据记账凭证登记账簿。而记账凭证的核心内容为经济业务涉及的账户名称、应借应贷的方向和金额即会计分录。在会计教学中，常以会计分录来表示账户之间的对应关系。

前面例 3-1 中的四笔经济业务用会计分录表示如下：

(1) 借：银行存款　　　1 000 000
　　　贷：实收资本　　　　　1 000 000

(2) 借：应付账款　　　50 000
　　　贷：短期借款　　　　50 000

(3) 借：原材料　　　　10 000
　　　贷：银行存款　　　　10 000

(4) 借：短期借款　　　30 000
　　　贷：银行存款　　　　30 000

以上四笔会计分录都只涉及两个账户，即一借一贷的会计分录，这样的会计分录又叫简单会计分录。

有时一笔会计分录会涉及两个以上的账户，即一借多贷或一贷多借，这样的会计分录又叫复合会计分录。也允许编制多借多贷的复合会计分录，但由于账户之间的对应关系不够明确，尽量少用。

【例 3-2】某企业销售一批商品，金额为 28 000 元，收到 20 000 元，已存入银行，剩余货款 8 000 元尚未收到。

编制会计分录如下：

借：银行存款　　　　20 000

　　应收账款　　　　 8 000

　　贷：主营业务收入　　　　28 000

编制复合会计分录，既可以集中反映经济业务的全面情况，又可以简化记账手续。但是不能把反映不同类型的经济业务合并编制会计分录。

综观上述几笔会计分录可以发现，每笔经济业务所涉及的账户之间总是存在着一定的相互对照的借贷关系，这种账户之间存在的相互对照的借贷关系叫作账户的对应关系。存在对应关系的账户，叫作对应账户。

3. 借贷记账法的试算平衡

运用借贷记账法的记账规则，来检查账户记录正确性的工作叫试算平衡。

借贷记账法的记账规则是：有借必有贷，借贷必相等。这一规则包含了以下四种平衡关系：

(1) 运用借贷记账法的账户结构原理，为每一笔经济业务编制会计分录。

借方金额＝贷方金额

(2) 将一定时期编制的所有会计分录登记入账后，应有：

$$\text{全部账户借方发生额合计} = \text{全部账户贷方发生额合计}$$

(3) 借贷记账法账户结构原理的理论依据是：“资产＝负债＋所有者权益”这一会计等式。由于资产类账户的期末余额一般在借方，负债和所有者权益账户的期末余额一般在贷方，所以

$$\text{全部账户的借方期末余额合计} = \text{全部账户的贷方期末余额合计}$$

(4) 由于本期的期末余额就是下期的期初余额，所以

$$\text{全部账户的借方期初余额合计} = \text{全部账户的贷方期初余额合计}$$

运用第一种平衡关系，可以检查每一笔经济业务账户记录的正确性。运用后三种平衡关系，可以检查全部账户记录的正确性。在实际工作中，通常是在月末结算出各账户的本期发生额和期末余额后，运用后三种平衡关系，采用编制试算平衡表的方法，来检查全部账户记录的正确性，即编制一张“总分类账户本期发生额试算平衡表”和一张“总分类账户余额试算平衡表”。也可以将两张表合并编制一张“总分类账户本期发生额及余额试算平衡表”。

下面以上述例 3-1 来说明试算平衡表的编制方法。

假设该公司 6 月 1 日总账各账户的期初余额如表 3-10 所示。

表 3-10　某公司 6 月 1 日总账期初余额

资产类科目	借方余额	负债及所有者权益类科目	贷方余额
库存现金	500		
银行存款	200 000	短期借款	4 500
应收账款	6 000	应付账款	100 000
原材料	3 000	应付票据	25 000
固定资产	500 000	实收资本	580 000
合计	709 500	合计	709 500

现将该公司 6 月 1 日期初余额及 6 月份发生的经济业务的会计分录过入到各有关总账，并结出各账户的本期发生额及期末余额，如表 3-11 所示。

表 3-11

借方　银行存款	贷方	借方　原材料	贷方
期初余额 200 000 ①1 000 000	③10 000 ④30 000	期初余额 3 000 ③10 000	
本期发生额 1 000 000 期末余额　1 160 000	本期发生额 40 000	本期发生额 10 000 期末余额　13 000	
期初余额 6 000		期初余额 500 000	
本期发生额 期末余额　6 000	本期发生额	本期发生额 期末余额 500 000	本期发生额

借方　短期借款	贷方	借方　应付账款	贷方
④30 000	期初金额 4 500 ②50 000	②50 000	期初余额 100 000
本期发生额　30 000	本期发生额 50 000 期末余额 24 500	本期发生额 50 000	本期发生额 期末金额 50 000

借方　实收资本	贷方	借方　应付票据	贷方
	期初金额 580 000 ①1 000 000		期初余额 25 000
本期发生额	本期发生额 1 000 000 期末余额 1 580 000	本期发生额	本期发生额 期末余额:25 000

根据以上资料编制总分类账户发生额及余额试算平衡表，如表 3-12 所示。

表 3-12 总分类账户本期发生额及余额试算平衡表

2008 年 6 月 30 日

账户名称	期初余额		本期发生额		期末余额	
	借方	贷方	借方	贷方	借方	贷方
库存现金	500				500	
银行存款	200 000		1 000 000	40 000	1 160 000	
应收账款	6 000				6 000	
原材料	3 000		10 000		13 000	
固定资产	500 000				500 000	
短期借款		4 500	30 000	50 000		24 500
应付账款		100 000	50 000			50 000
应付票据		25 000				25 000
实收资本		580 000		1 000 000		1 580 000
合计	709 500	709 500	1 090 000	1 090 000	1 679 500	1 679 500

从表 3-12 可以看出，不论是本期发生额或是期初、期末余额，借贷双方都平衡，这说明，账户记录是正确的。但必须指出，有些错误通过编制试算平衡表的方法是检查不出来的，如某些经济业务被漏记或重记，某些经济业务被错记了账户等，诸如此类的错误并不影响借贷双方的平衡关系。所以，要检查账户记录的正确性，还必须借助其他的方法。

【课后习题】

一、单项选择题

1. 一个账户的增加发生额与该账户的期末余额一般都应在该账户的(　　)。

A. 借方　　B. 贷方　　C. 相同方向　　D. 相反方向

2. 会计科目和账户之间的联系是(　　)。

A. 互不相关　　B. 内容相同　　C. 结构相同　　D. 格式相同

3. 某账户的期初余额为 900 元，期末余额为 5 000 元，本期减少发生额为 600 元，则本期增加发生额为(　　)元。

A. 3 500　　B. 300　　C. 4 700　　D. 5 300

4. 下列会计科目中，属于损益类科目的是(　　)。

A. 主营业务成本　　B. 生产成本　　C. 制造费用　　D. 其他应收款

5. 所设置的会计科目应符合单位自身特点，满足单位实际需要，这一点符合(　　)原则。

A. 实用性　　B. 合法性　　C. 谨慎性　　D. 相关性

6. 账户的左方和右方，哪一方登记增加，哪一方登记减少，取决于(　　)。

A. 所记经济业务的重要程度　　B. 开设账户时间的长短

C. 所记金额的大小　　D. 所记录的经济业务和账户的性质

7. 有关会计科目与账户的关系，下列说法中不正确的是(　　)。

A. 没有账户，就无法发挥会计科目的作用

B. 两者口径一致，性质相同

C. 账户是设置会计科目的依据

D. 会计科目不存在结构,而账户则具有一定的格式和结构

8. 关于会计科目,下列说法中不正确的是(　　)。

A. 会计科目的设置应该符合国家统一会计准则的规定

B. 会计科目是设置账户的依据

C. 企业不可以自行设置会计科目

D. 账户是会计科目的具体运用

9. 会计科目和会计账户的本质区别在于(　　)。

A. 反映的经济业务不同　B. 记录资产和权益的内容不同

C. 记录资产和权益的方法不同　D. 会计账户有结构,而会计科目无结构

10. “预付账款”科目按其所归属的会计要素不同,属于(　　)类科目。

A. 资产　B. 负债　C. 所有者权益　D. 成本

二、多项选择题

1. 下列项目中,属于会计科目设置原则的有(　　)。

A. 相关性原则　B. 实用性原则　C. 合法性原则　D. 真实性原则

2. 以下有关明细分类科目的表述中,正确的有(　　)。

A. 明细分类科目也称一级会计科目

B. 明细分类科目是对总分类科目作进一步分类的科目

C. 明细分类科目是对会计要素具体内容进行总括分类的科目

D. 明细分类科目是能提供更加详细更加具体会计信息的科目

3. 下列项目中,属于账户基本结构内容的有(　　)。

A. 账户的名称　B. 日期和摘要

C. 凭证号数　D. 增加方和减少方的金额及余额

4. 下列(　　)属于反映营业利润的账户。

A. 主营业务收入　B. 其他业务成本　C. 营业外支出　D. 税金及附加

5. 有关会计科目与账户间的关系,下列表述中正确的有(　　)。

A. 会计科目是账户设置的依据

B. 账户是会计科目的具体运用

C. 在实际工作中,会计科目和账户是相互通用的

D. 两者口径一致,性质相同

三、判断题

1. 为了满足管理的需要,企业的会计账户设置的越细越好。(　　)

2. 会计科目都是根据会计账户设置的。(　　)

3. 成本类科目包括制造费用、生产成本及主营业务成本等科目。(　　)

4. 账户的本期发生额是动态资料,而期末余额与期初余额是静态资料。(　　)

5. 二级科目(子目)不属于明细分类科目。(　　)

6. 总分类科目与其所属的明细分类科目的核算内容相同,所不同的是前者提供的信息比后者更加详细。(　　)

项目四　认识小企业会计凭证账簿和会计核算形式

【案例导入】

鑫达公司是一家小型加工企业，自创办以来一直请会计师事务所代理记帐。2021 年 1 月公司决定聘用某高职学院会计专业毕业的学生李刚做会计工作，公司老板将企业的情况向李刚进行了如下介绍：

1. 企业为一般纳税人，注册资本为 100 万元，2022 年准备追加投资 50 万元。公司管理人员 5 人，合同制生产人员 30 人。开户银行为工商银行，帐号为 02345678，库存现金限额为 5000 元。

2. 企业生产 A、B 两种产品，要求单独计算 A、B 产品成本。

3. 企业的购销活动，经常有往来账项。

4. 原材料、库存商品分品种按照实际成本核算。

5. 其他情况可以自己去看 2020 年的凭证、账簿等资料。

试分析回答下列问题：

请问假如你是李刚，您将如何办呢？

【技能目标】

1. 能够通过课堂学习等方式，了解小企业会计账簿相关知识，对小企业会计账簿有一定的认识。

2. 能够根据企业实际情况选择使用会计账簿。

3. 能够根据企业实际情况选择使用适合本企业的会计核算形式。

【知识目标】

1. 了解小企业会计账簿的基本内容、类别。

2. 理解小企业会计各种不同格式账簿的区别。

3. 了解小企业会计核算形式的基本内容、类别。

4. 理解掌握小企业会计各种不同会计核算形式的特点、优点、缺点、适用范围和它们的主要区别。

任务一　填制和审核会计凭证

一、会计凭证的意义和种类

（一）会计凭证的意义

会计凭证是会计工作中记录经济业务、明确经济责任，具有法律效力的书面证明，是登记账簿的依据。企业发生的各种经济业务都必须由经办人员填制或取得合法的会计凭证，并且需经有关人员严格审核，审核无误的会计凭证才能作为进一步账务处理的依据。因此，正确填制和审核会计凭证是会计工作中重要的环节。

会计凭证的填制和审核作为会计核算工作的起点，是会计核算的基础工作，也是会计核算的基本方法之一，对于保证会计信息的客观性、真实性、完整性，如实反映和有效监督企业的经济业务具有十分重要的作用，主要体现在以下方面：

（1）提供经济活动的原始资料及详细的会计信息。

（2）进行会计核算的依据。

（3）检查、监督经济活动。

（4）可以明确经济责任。

（二）会计凭证的种类

会计凭证按照填制程序和用途不同，分为原始凭证和记账凭证两种。

原始凭证又称单据，是在交易或事项发生或完成时取得或填制的，用以记录或证明交易或事项的发生或完成情况的凭据。原始凭证是会计核算的原始资料。

记账凭证是会计人员根据审核无误的原始凭证，按照经济业务的内容加以归类，并据以确定会计分录后所填制的会计凭证，它是登记账簿的直接依据。记账凭证又称为记账凭单，它是根据复式记账法的基本原理，确定了应借、应贷的会计科目及其金额，将原始凭证中的一般数据转化为会计语言，是介于原始凭证与账簿之间的中间环节，是登记明细分类账户和总分类账户的依据。

1．原始凭证的种类

（1）原始凭证按照来源不同，分为外来原始凭证和自制原始凭证。

外来原始凭证。它是指在交易或事项发生或完成时，从其他单位或个人取得的原始凭证。外来原始凭证的种类很多，结构和格式各式各样，如购买货物取得的增值税专用发票、对外单位支付款项时取得的收据、职工出差取得的飞机票、火车票等。

自制原始凭证。它是指由本单位内部经办业务的部门和人员，在执行或完成某项经济业务时填制的、仅供本单位内部使用的原始凭证，如收料单、领料单、限额领料单、产品入库单、产品出库单、借款单、工资发放明细表、折旧计算表等。

（2）原始凭证按照填制手续及内容不同，分为一次凭证、累计凭证和汇总凭证。

一次凭证是指一次填制完成、只记录一笔交易或事项的原始凭证，如收据、领料单、收料单、发货票、借款单、银行结算凭证等。一次性凭证是一次有效的凭证。

累计凭证是指一定时期内多次记录发生的同类型交易或事项的原始凭证。其特点是，在一张凭证内可以连续登记相同性质的经济业务，随时结出累计数及结余数，并按照费用限额进行费用控制，期末按实际发生额记账。累计凭证是多次有效的原始凭证。具有代表性的累计凭证是限额领料单。

汇总凭证指对一定时期内反映交易或事项内容相同的若干张原始凭证，按照一定标准汇总填制的原始凭证。汇总凭证合并了同类型经济业务，减少了记账工作量。常见的汇总原始凭证有：发出材料汇总表、工资结算汇总表、差旅费报销单等。

（3）原始凭证按照格式不同，分为通用凭证和专用凭证。

通用凭证指由有关部门统一印制、在一定范围内使用的具有统一格式和使用方法的原始凭证。通用凭证的使用范围，因制作部门不同而异。可以是某一个地区、某一个行业，也可以是全国通用。如某省（市）印制的发货票、收据等，在该省（市）通用；由人民银行印制的银行转账结算凭证，在全国通用等。

专用凭证是指由单位自行印制、仅在单位内部使用的原始凭证。如领料单、差旅费报销单、折旧计算表、工资费用分配表等。

2. 记账凭证的种类

记账凭证按反映的经济业务内容不同，可以分为专用记账凭证和通用记账凭证。

专用记账凭证是用来分类记录经济业务的记账凭证。按其与货币资金有无关系又分为收款凭证、付款凭证和转账凭证。

收款凭证是指用来记录现金和银行存款收入业务的记账凭证，它是根据有关现金和银行存款收入业务的原始凭证填制的。收款凭证是登记现金日记账、银行存款日记账以及有关明细账和总账等账簿的依据，也是出纳人员收讫款项的依据。收款凭证又可分为现金收款凭证和银行存款收款凭证两种。

付款凭证是指用来记录现金和银行存款付款业务的记账凭证，它是根据有关现金和银行存款支付业务的原始凭证填制的。付款凭证是登记现金日记账、银行存款日记账以及有关明细账和总账等账簿的依据，也是出纳人员支付款项的依据。付款凭证又可分为现金付款凭证和银行存款付款凭证两种。

转账凭证是指用于记录不涉及现金和银行存款业务的记账凭证，转账凭证根据有关转账业务的原始凭证填制，是登记有关明细账和总账等账簿的依据。

通用记账凭证是指用于纪录所有经济业务的记账凭证。主要适用于业务量不大、经营规模较小的单位。实际中使用较普遍。

二、会计凭证的填制

（一）原始凭证的填制

原始凭证是编制记账凭证的依据，是会计核算最基础的原始资料。要保证会计核算工作质量，必须从保证原始凭证的质量做起，正确填制原始凭证。具体地说，原始凭证的填制必须符合下列要求。

1. 内容要真实、完整

原始凭证所填列的经济业务内容和数字，必须真实可靠，符合实际情况，不可估计和匡算。原始凭证所要求填列的项目必须逐项填列齐全，不得遗漏和省略。需要注意的是，年、月、日要按照填制原始凭证的实际日期填写；名称要齐全，不能简化；品名和用途要填写明确，不能含糊不清；有关人员的签章必须齐全。

2. 手续要完备

单位自制的原始凭证必须有经办业务的部门和人员签名盖章；对外开出的原始凭证必须加盖本单位公章或有关业务部门的专用章等；从外部取得的原始凭证，必须盖有填制单位的公章或专用章；从个人取得的原始凭证，必须有填制人员的签名或盖章。总之，取得原始凭证必须符合手续完备的要求，以明确经济责任，确保凭证的合法性、真实性。

3. 书写要清楚、规范

原始凭证只能用蓝(黑)色墨水填写，不得使用铅笔或圆珠笔填写；文字要简明，字迹要清楚，易于辨认，不得使用未经国务院公布的简化汉字；大小写金额必须相符且填写规范，小写金额用阿拉伯数字逐个书写，不得写连笔字；文字数字书写应紧靠行格底线，上方应留有适当空距，以防写错时有更改的空间，不得满格(顶格)书写；在金额前要填写人民币符号“￥”，人民币符号“￥”与阿拉伯数字之间不得留有空白；金额数字一律填写到角分，无角分的，写“00”或符号“—”，有角无分的，分位写“0”，不得用符号“—”；大写金额用汉字壹、贰、叁、肆、伍、陆、柒、捌、玖、拾、佰、仟、万、亿、元、角、分、零、整等，一律用正楷或行书字书写；大写金额前未印有“人民币”字样的，应加写“人民币”三个字，“人民币”字样和大写金额之间不得留有空白。大写金额到元或角为止的，后面要写“整”或“正”字，有分的，不写“整”或“正”字。阿拉伯小写数字中间有“0”时，中文大写金额按照汉语语言规律、金额构成和防止涂改的要求进行书写。如小写金额为￥2 008.00，大写金额应写成“贰仟零捌元整”。又如￥108 000.50，应写成人民币壹拾万捌仟元零伍角整。

4. 编号要连续

各种原始凭证要连续编号，以便查考。如果凭证已预先印定编号，如发票、支票等重要凭证，在写坏作废时，应加盖“作废”戳记，妥善保管，不得撕毁。

5. 不得涂改、刮擦、挖补

原始凭证有错误的，应当由出具单位重开或更正，并在更正处加盖出具单位印章。原始凭证金额有错误的，应当由出具单位重开，不得在原始凭证上更正。

6. 填制要及时

各种原始凭证一定要及时填写，并按规定的程序及时送交会计部门进行审核。

(二) 记账凭证的填制

1. 日期填写

记账凭证的日期一般为编制记账凭证当天的日期，用阿拉伯数字填写。

2. 应连续编号

记账凭证的编号方法有：

（1）顺序编号法，是将全部记账凭证作为一类统一编号，每月从第一号记账凭证起，按交易或事项发生的顺序，依次编号至月末。

（2）分类编号法，是按交易或事项的内容加以分类，采用收字、付字、转字三类或现收字、现付字、银收字、银付字和转字五类编号。

（3）分数编号法，是一笔经济业务需要填制两张以上的记账凭证，在该记账凭证的顺序编号或分类编号的后面用分数的形式表示。如顺序编号为2号的业务需要填写3张记账凭证，就可以编成$2\frac{1}{3}$、$2\frac{2}{3}$、$2\frac{3}{3}$号。

3. 摘要简明扼要

“摘要”填写应与原始凭证的内容一致，能正确反映经济业务的主要内容，表述简短精炼。

4. 会计分录正确

会计分录是记账凭证的主体部分，应保持清晰、正确的对应关系。一级科目按照会计准则统一规定的会计科目填写，使用全称，不得简化，不得只写编号，不写科目名称；子目和细目可以根据各单位的需要设置；借贷金额必须平衡，符合数字书写规定，角分不留空格，合计金额的第一位数字前要填写币种符号，如人民币符号￥。

记账凭证可以根据每一张原始凭证填制，或根据若干张同类原始凭证汇总编制，也可以根据原始凭证汇总表填制，但不得将不同内容和类别的原始凭证汇总填制在一张记账凭证上。

5. 附件应齐全

除结账和更正错误的记账凭证可以不附原始凭证外，其他记账凭证必须附有原始凭证，并注明所属原始凭证的张数。与记账凭证中的经济业务记录有关的每一张凭据，都应当作为原始凭证的附件。如果记账凭证中附有原始凭证汇总表，则应当把所属的原始凭证和原始凭证汇总表的张数一起记入附件的张数之内。但报销差旅费的零散票券，可以粘贴在一张纸上，作为一张原始凭证。一张原始凭证如涉及几张记账凭证的，可以将该原始凭证附在一张主要的记账凭证后面，在其他记账凭证上注明该主要记账凭证的编号或者附上该原始凭证的复印件。一张原始凭证所列的支出由两个以上的单位共同负担时，应当由保存该原始凭证的单位开给其他负担单位原始凭证分割单进行结算。原始凭证分割单必须具备原始凭证的基本内容。

6. 按规定更正错误的凭证

如果在填制记账凭证时发生错误，应当重新填制。已经登记入账的记账凭证在当年内发现填写错误时，可以用红字填写一张与原内容相同的记账凭证，在摘要栏注明“注销某月某日某号凭证”字样，同时再用蓝字重新填制一张正确的记账凭证，注明“订正某月某日某号凭证”字样。如果会计科目没有错误，只是金额错误，也可将正确数字与错误数字之间的差额另编一张调整的记账凭证，调增金额用蓝字，调减金额用红字。发现以前年度记账凭证有错误的，应当用蓝字填制一张更正的记账凭证。

7. 其他要求

凭证应按行次逐项填写，不得跳行。填写完事项后，如有空行，应当自金额栏最后一笔金额数字下的空行处至合计数上的空行处划斜线或“S”形线注销。记账凭证的内容登记账簿后，为了防止重记或漏记，应在记账凭证的“过账”栏内注明账户页码或作“√”标记；为了凭证表面整洁、清晰，除金额合计栏须标明币种符号外，其他位置不应填写币种符号。最下边分别由有关人员签章，以明确经济责任。

8. 科目汇总表的编制

首先，根据记账凭证编制“T”型账户，将本期各会计科目的发生额一一记入有关“T”型账户；然后计算各个账户的本期借方发生额与贷方发生额合计数；最后将此发生额合计数填入科目汇总表中与有关科目相对应的“本期发生额”栏，并将所有会计科目本期借方发生额与贷方发生额进行合计，借贷相等后，一般说明无误，可用以登记总账。

三、凭证的审核

（一）原始凭证的审核

为了如实反映经济业务的发生和完成情况，充分发挥会计的监督职能，保证会计信息的真实性、可靠性和正确性，会计机构、会计人员必须对原始凭证进行严格审核。只有经过审核无误的原始凭证才能作为进行账务处理的依据。原始凭证的审核具体包括：原始凭证的真实性、合法性、合理性、完整性、正确性。

（二）记账凭证的审核

为了保证会计信息的质量，在记账之前应由有关稽核人员对记账凭证进行严格的审核。其审核的主要内容有以下几个方面。

1. 内容是否真实

审核记账凭证是否有原始凭证为依据，所附原始凭证的内容与记账凭证的内容是否一致，记账凭证汇总表的内容与其所依据的记账凭证内容是否一致等。

2. 项目是否齐全

审核记账凭证各项目填写是否齐全，如日期、凭证编号、摘要、会计科目、金额、所附原始凭证张数及有关人员签章等。

3. 科目是否正确

审核记账凭证应借、应贷科目是否正确，是否有明确的账户对应关系，所使用的会计科目是否符合国家统一的规定等。

4. 金额是否正确

审核记账凭证所记录的金额与所附原始凭证的金额是否一致，计算是否正确，记账凭证汇总表的金额与记账凭证的金额合计是否相符等。

5. 书写是否正确

审核记账凭证中的记录是否文字工整、数字清晰，是否按规定进行更正等。

任务二　设置和登记会计账簿

会计账簿是指由一定格式，互有联系的账页组成，用来序时地、分类地记录和反映企业在一定时期内各项交易或事项的会计簿籍。

企业发生的每一项经济业务，通过填制会计凭证能够得到如实反映。但是会计凭证对经济业务的反映是分散的、零星的，既不便于保管，也不利于查找；并且，如果不把它们集中起来，极易丢失，所以设置会计账簿就显得非常重要。

一、设置会计账簿的意义

设置和登记会计账簿，是编制会计报表的基础，是连接会计凭证与会计报表的中间环节，会计账簿的重要作用主要体现在以下几点：

1. 账簿记录是编制会计报表的重要依据

会计报表中的相关数据均来源于会计账簿。它们有的是根据账簿记录直接填列的，有的则是根据账簿记录分析计算填列的。因此，账簿记录的真实、正确、及时、完整，是保证会计报表真实、正确、及时、完整的前提。

2. 账簿记录是会计分析和会计检查的依据

通过账簿的设置和登记，可以记载、储存会计信息，分类、汇总会计信息，检查、校正会计信息，编报、输出会计信息。通过账簿记录，一方面可以分门别类地反映各项会计信息，提供一定时期内企业经济活动的详细情况；另一方面可以通过计算发生额和余额，提供各方面所需要的总括会计信息，反映财务状况及经营成果的综合指标。

3. 账簿记录是重要的经济档案

账簿记录可以把零散的会计凭证所提供的信息集中起来，既有利于保存会计资料，也有利于日后的查找和参考。

4. 账簿记录有利于分工记账

分工记账是保证工作效率的措施，也是发挥会计监督作用的有效措施，更是核算质量的保障。这一点在规模较大的企业显得尤为突出。

二、账簿的种类

在账簿体系中，有多种不同功能和作用的账簿，它们各自独立，又相互补充，形成一套完整的账簿体系。为了正确地设置和运用账簿，有必要了解账簿的种类和特点。

（一）按用途分类

账簿按用途可分为序时账簿、分类账簿和备查账簿。

1. 序时账簿

序时账簿又称为日记账，它是按照经济业务发生的时间先后顺序，逐日、逐笔连续登记经济业务的账簿。日记账又分为特种日记账和普通日记账两种。为了加强对货币资金的监督和管理，特种日记账又分为现金日记账和银行存款日记账。我国大多数企业一般只设现金日记账和银行存款日记账，而不设普通日记账。

2. 分类账簿

分类账簿是对全部经济业务按照会计要素的具体类别而设置的分类账户进行登记的账簿。分类账簿又分为总分类账簿和明细分类账簿。按照总分类账户进行分类登记的账簿称总分类账簿，简称总账。按照明细分类账户进行分类登记的账簿称明细分类账簿，简称明细账。通过设置和登记总账和明细账，可以为企业管理和会计信息使用者提供资产、负债、所有者权益、成本、损益等方面的总括资料和明细资料，并为编制各种会计报表提供依据。

3. 备查账簿

备查账簿也称辅助账簿，是对某些序时账簿和分类账簿不记载的经济业务或记载不全的项目进行补充登记的账簿。如租入固定资产登记簿、应收票据备查簿等。备查账簿是各单位根据管理的需要自行设计与设置的。

（二）按外形特征分类

账簿按其外形特征的不同，可分为订本账、活页账和卡片账三种。

1. 订本账

订本账是启用之前就已将账页装订在一起，并对账页进行了连续编号的账簿。订本账的账页不能随意抽换，可以避免账页散失，但不能随意增减账页，不便于分工记账。总分类账、现金日记账、银行存款日记账一般应采用订本账形式。

2. 活页账

活页账是在账簿登记完毕之前并不固定装订在一起，而是装在活页账夹中，当账簿登记完毕之后（通常是一个会计年度结束之后），才将账页予以装订，加具封面，并给各账页连续编号。这类账簿记账时可根据实际需要，随时将空白账页装入账簿，或抽去不需用的账页，便于分工记账；但如果管理不善，可能会造成账页散失或故意抽换账页。各种明细分类账一般采用活页账形式。

3. 卡片账

卡片账是将账户所需格式印刷在硬卡上。严格说，卡片账也是一种活页账，只不过它不是装在活页账夹中，而是装在卡片箱内。企业一般只对固定资产的核算采用卡片账形式。

（三）按账页格式分类

按账页格式不同，账簿可分为两栏式、三栏式，多栏式和数量金额式四种。

1. 两栏式账簿

两栏式账簿又称横线登记式账簿，它的账页只开设借方和贷方两个金额栏目，对于同一笔交易或事项的若干内容在同一横行进行登记。一般用于“在途物资”或“其他应收款”

等明细账。

2. 三栏式账簿

三栏式账簿是指账簿的账页格式设有借方、贷方和余额三个基本栏目的账簿。适用于只需要进行金额核算的交易或事项。各种日记账、总分类账以及资本、债权债务明细账都可以采用三栏式账簿。

3. 多栏式账簿

多栏式账簿是指账簿的账页中的借方或贷方或借贷双方分设若干专栏，详细反映该账户核算内容的账簿。收入、费用、生产成本明细账一般均采用这种格式的账簿。

4. 数量金额式账簿

数量金额式账簿的账页格式是在借、贷、余三栏下再设数量、单价和金额栏，以反映财产物资的实物数量和价值量。这种账页适用于既需要进行金额核算，又需要进行数量核算的交易或事项。原材料、库存商品等明细账一般都采用数量金额式账簿。

三、账簿的结构内容

在实际工作中，账簿的格式多种多样，不同格式的账簿所包括的具体内容也不尽相同。但各种账簿都应具备以下基本要素。

1. 封面

注明账簿的名称和记账单位名称。

2. 扉页

主要列明科目索引、账簿启用和经管人员一览表。

3. 账页

账页是账簿用来记录具体经济业务的载体，其格式因记录经济业务内容的不同而有所不同，但基本内容应包括：

(1) 账户的名称(总分类账户、二级账户或明细账户)；

(2) 登记账户的日期栏；

(3) 凭证种类和号数栏；

(4) 摘要栏(简要说明所记录经济业务的内容)

(5) 金额栏(记录经济业务引起账户发生额或余额增减变动的数额)；

(6) 总页次和分户页次。

四、会计账簿的启用和登记规则

(一) 启用账簿的规则

账簿是储存数据资料的重要经济档案。为了保证账簿记录的合法性、完整性，明确经济责任，在启用账簿时，应在账簿的扉页填列“账簿启用和经管人员一览表”，其格式见表4-1。

启用账簿时，应填列单位名称，账簿名称，账簿编号，账簿册数，账簿页数，启用日期，并加盖单位公章以及会计主管和记账人员私章。记账人员或会计主管人员调动工作时，应办理交接手续，在交接记录内填写交接日期和交接人员姓名，并由交接双方人员签名或盖章。

启用订本式账簿，应当从第一页到最后一页顺序编定页数，不得跳页、缺号。使用活页式账页，应当按账户顺序编号，并须定期装订成册。装订后再按实际使用的账页顺序编定页码。另加目录，记明每个账户的名称和页次。

表 4-1　账簿启用和经管人员一览表

<table>
<tr><td colspan="7">账簿名称________
账簿编号________
账簿页数________
会计主管(签章)</td><td colspan="5">单位名称________
账簿册数________
启用日期________
记账人员(签章)</td></tr>
<tr><td colspan="3">移交日期</td><td colspan="2">移交人</td><td colspan="3">接管日期</td><td colspan="2">接管人</td><td colspan="2">会计主管</td></tr>
<tr><td>年</td><td>月</td><td>日</td><td>姓名</td><td>盖章</td><td>年</td><td>月</td><td>日</td><td>姓名</td><td>盖章</td><td>姓名</td><td>盖章</td></tr>
</table>

(二) 登记账簿的规则

(1) 会计人员应当根据审核无误的会计凭证登记会计账簿。登记账簿时，应当将会计凭证的日期、种类、编号、业务内容摘要、金额和其他有关资料逐项记入账内，做到数字准确、摘要清楚、登记及时、字迹工整。

(2) 登记完毕后，要在记账凭证上签名或盖章，并注明所记账簿的页数，或画对勾，表示已经记账，避免重记、漏记。

(3) 账簿中书写的文字和数字应紧靠底线书写，上方要留有适当空格，不要写满格，一般应占格距的二分之一。

(4) 记账时必须使用钢笔和蓝黑墨水或碳素墨水书写，不准用圆珠笔(银行的复写账簿除外)或铅笔书写。

(5) 应在账簿首页注明账户的名称和页次。必须按编定的页次逐页、逐行顺序连续登记，不得隔页、跳行。如发生隔页、跳行现象，应在空页、空行处用红色墨水画对角线注销，或者注明“此页空白”或“此行空白”字样，并由记账人员和会计机构负责人(会计主管人员)签章。

(6) 凡需要结出余额的账户，结出余额后，应当在“借或贷”等栏内写明“借”或者“贷”等字样。没有余额的账户，应当在“借或贷”等栏内写“平”字，并在余额栏内用“Θ ”表示。现金日记账和银行存款日记账必须逐日结出余额，

(7) 每一账页登记完毕时，应当结出本页发生额合计及余额，在该账页最末一行“摘要”栏注明“转次页”字样，并将这一金额记入下一页第一行有关金额栏内，在该行“摘要”栏注明“承前页”字样。

(8) 在新年度开始时，应将各种账簿上年年末的余额转记到新年度开设的有关新账的第一页的第一行，并在摘要栏内注明“上年结转”字样。

发生账簿记录错误,不得刮、擦、挖补或用褪色药水更改字迹,而应采用规定的方法更正。

五、对账与结账

(一)对账

对账就是定期将各种账簿记录进行核对。在会计工作中,由于种种原因,难免会发生诸如填制会计凭证差错、登账差错,数量或金额计算差错,以及账款、账物不符等情况。为了保证账簿提供的会计资料正确、真实、可靠,各单位必须建立定期对账制度,认真做好对账工作。

对账主要是通过逐笔核对账项以及编制各种发生额和余额试算表来进行。对账工作主要包括以下三个方面的内容:

1. 账证核对

账簿是根据经过审核之后的会计凭证登记的,但实际工作中仍可能发生账证不符的情况。账证核对就是指将各种账簿记录与有关会计凭证进行核对。这种核对主要是在登账过程中进行的,期末还要根据需要进行复核,以保证账证相符。

2. 账账核对

账账核对是指将各种账簿之间的有关数额进行核对,主要包括:

(1) 核对总分类账簿的记录。期末通过编制"总分类账户本期发生额及余额试算表",核对总账中各账户的本期借方发生额与贷方发生额的合计数是否相符,各账户的期末借方余额与贷方余额的合计数是否相符。

(2) 总分类账簿与所属明细分类账簿核对。总分类账各账户的期末余额应与其所属的各明细分类账的期末余额之和核对相符。

(3) 总分类账簿与序时账簿核对。检查库存现金总账和银行存款总账的期末余额与现金日记账和银行存款日记账的期末余额是否相符。

(4) 明细分类账簿之间的核对。会计部门有关实物资产的明细账与财产物资保管部门或使用部门的明细账定期核对,以检查其余额是否相符。核对方法一般是由财产物资保管部门或使用部门定期编制收发结存汇总表报会计部门核对。

3. 账实核对

账实核对是指各项财产物资,债权债务等账面余额与实有数额之间的核对。账实核对的主要内容有:

(1) 现金日记账账面余额与库存现金数额是否相符。

(2) 银行存款日记账账面余额与银行对账单的余额是否相符。

(3) 各项财产物资明细账账面余额与财产物资的实有数额是否相符。

(4) 有关债权债务明细账账面余额与对方单位的账面记录是否相符等。

(二)结账

结账是将账簿记录定期结算清楚的财务工作。在一定时期结束时(如月末、季末或年末），为了编制会计报表，需要进行结账。结账的内容通常包括两个方面：一是结清各种损益类账户，并据以计算确定本期利润；二是结清各资产、负债和所有者权益账户，分别结出本期发生额合计和余额。

1. 结账的程序

（1）将本期发生的经济业务全部登记入账，并保证其正确性。

（2）根据权责发生制原则的要求，调整有关账项，合理确定本期的收入和费用。

（3）将损益类科目转入“本年利润”科目，结平所有损益类科目。

（4）结算出资产、负债和所有者权益类科目的本期发生额和余额，并结转下期。

2. 结账的方法

（1）对不需按月结计本期发生额的账户，如各项应收应付款明细账和各项财产物资明细账等，每次记账后，都要随时结出余额，每月最后一笔业务的余额即为月末余额。也就是说，月末余额就是本月最后一笔经济业务记录的同一行内余额。月末结账时，只需要在最后一笔经济业务记录之下通栏划单红线，不需要再结计一次余额。

（2）现金、银行存款日记账和需要按月结计发生额的收入、费用等明细账，每月结账时，要在最后一笔经济业务记录下面通栏划单红线，结出本月发生额和余额，在摘要栏内注明“本月合计”字样，并在其下通栏划单红线。

（3）需要结计本年累计发生额的某些明细账户，每月结账时，应在“本月合计”行下结出自年初起至本月末止的累计发生额，登记在月份发生额下面，在摘要栏内注明“本年累计”字样，并在其下通栏划单红线。12 月末的“本年累计”就是全年累计发生额，全年累计发生额下通栏划双红线。

（4）总账账户平时只需结出月末余额。年终结账时，为了总括地反映全年各项资金运动情况的全貌，核对账目，需将所有总账账户结出全年发生额和年末余额，在摘要栏内注明“本年合计”字样，并在合计数下通栏划双红线。

（5）年度终了结账时，对于有余额的账户，应将其余额结转下年，并在摘要栏注明“结转下年”字样；在下一会计年度新建有关会计账户的第一行余额栏内填写上年转入余额，并在摘要栏注明“上年结转”字样。不需要编制记账凭证，也不必使本年有余额的账户的余额变为零。因为既然年末是有余额的账户，其余额应当如实地在账户中加以反映，否则容易混淆有余额的账户和没有余额的账户之间的区别。

（三）错账更正方法

对于账簿记录中所发生的错误，应采用正确的方法予以更正。

1. 划线更正法

在结账前发现账簿记录文字或数字错误，而记账凭证没有错误，可以采用划线更正法。更正时，可在错误的文字或数字上划一条红线，在红线的上方填写正确的文字或数字，并由记账及相关人员在更正处盖章，以明确责任。但应注意：更正时不得只划销错误数字，应将全部数字划掉，并保持原有数字清晰可辨，以便审查。如将 5 363.00 元误记为 5 336.00 元应先在 5 336.00 上划一条红线以示注销，然后在其上方空白处填写正确的数字，而不能只将中间两位数字更正为“63”。

2. 红字更正法

红字更正法也称红字冲销法或红字订正法，适用于下列两种情况：

（1）记账后发现记账凭证中的应借、应贷会计科目有错误，从而引起记账错误。更正的方法是：用红字填写一张与原错误凭证完全相同的记账凭证，以示注销原记账凭证，然后用蓝字填写一张正确的记账凭证，并据以记账。

【例 4-1】某企业生产车间生产产品直接耗用材料一批，价值 2 000 元。该企业会计记录误记为：

借：制造费用　2 000

　　贷：原材料　2 000

该企业更正时，应当用红字编制一张与原记账凭证完全相同的记账凭证，以示注销原记账凭证（以下分录中，□内数字表示红字）

借：制造费用　[2 000]

　　贷：原材料　[2 000]

然后用蓝字编制一张正确的记账凭证并记账，分录为：

借：生产成本　2 000

　　贷：原材料　2 000

（2）记账后发现记账凭证和账簿记录中应借，应贷会计科目无误，只是所记金额大于应记金额。更正的方法是：按多记的金额用红字编制一张与原记账凭证应借、应贷科目完全相同的记账凭证，以冲销多记的金额，并据以记账。

【例 4-2】承例 4-1，科目选用无误，但金额误记为 20 000 元，则该企业的更正会计分录为：

借：生产成本　[18 000]

　　贷：原材料　[18 000]

3. 补充登记法

补充登记法又称补充更正法。适用于记账后发现记账凭证和账簿记录中应借，应贷会计科目无误，只是所记金额小于应记金额。更正的方法是：按少记的金额用蓝字编制一张与原记账凭证应借、应贷科目完全相同的记账凭证，以补充少记的金额，并据以记账。

【例 4-3】承例 4-1 科目选用无误，金额误记为 200 元，

则该企业的更正会计分录为：

借：生产成本　1 800

　　贷：原材料　1 800

六、会计账簿的更换与保管

（一）会计账簿的更换

会计账簿的更换通常在新会计年度建账时进行。总账、日记账和大部分明细账应当

每年更换一次，少部分明细账，如固定资产明细账、备查账簿，不必每年更换，可以继续使用。

年度终了，将各个账户的余额直接记入新年度启用的有关新账中去，并在第一行的“余额”栏内注明余额的方向，在“日期”栏内注明1月1日，在“摘要”栏里注明“上年结转”字样。新、旧账有关账户之间转记余额，不需编制记账凭证。

（二）会计账簿的保管

年度终了，各种账户在结转下年，建立新账后，一般要把旧账送交总账会计集中统一管理。暂由会计机构保管一年，期满后，由会计机构编制清册，移交本单位档案机构统一保管。因此，会计账簿的保管包括平时保管和归档保管。

1. 账簿的平时保管

（1）各种账簿要分工明确，指定专人管理，账簿经管人员既要负责记账、对账、结账等工作，还要负责保证账簿安全、完整。

（2）会计账簿未经领导和会计负责人或有关人员批准，非经管人员不能随意翻阅账簿。

（3）会计账簿除需要与外单位核对外，一般不能携带外出。如确需携带外出，一般应由经管人员负责或会计主管人员指定专人负责。

（4）会计账簿不能随意交与其他人员管理，以保证账簿安全、完整，防止任意涂改，损坏账簿等问题发生。

2. 账簿的归档保管

年度终了，更换并启用新账后，对更换下来的旧账，要进行整理、装订、造册，按规定办理移交手续，归档保管，具体包括以下几个方面：

（1）归档前应对更换下来的旧账进行整理。其工作包括检查和补齐应办的会计手续。首先检查应归档的旧账是否收集齐全。检查各种账簿应办的会计手续是否完备，对于手续不完备的应补办手续。活页账应撤出尚未使用的空白账页，再装订成册连续编号，并注明总页数，起止号数等。

（2）对更换下来的旧账簿，在进行整理的基础上装订成册。装订时应检查账簿的扉页内容是否填写齐全，手续是否完备；装订后应由经管人员，装订人员和会计主管人员在封口处签名或盖章。

（3）更换下来的账簿，经过整理装订后，应编制目录，填写移交清单，办理移交手续，按期归档保管。

（4）各种账簿同会计凭证、会计报表一样，都是重要的经济档案，必须按照会计制度统一规定的保存年限妥善保管，不得丢失和任意销毁。保管期满后，应按照规定的审批程序报经批准后才能销毁。

任务三　选择与运用账务处理程序

一、账务处理程序的意义

任何单位进行会计核算时，都要填制凭证，登记账簿和编制报表。但是由于各个单位之间经营规模大小不同，经济业务繁简有别，管理要求不相一致，因此，各个单位之间的凭证、账簿组织和记账程序的设计也应有所差别。也就是说，各单位都必须结合自身的经营特点，采用适合本单位经营规模和管理需要的账务处理程序，以达到既保证财务信息的质量，又能合理分工和协作，提高会计工作的效率，并达到简化和节约的要求。

账务处理程序也称会计核算组织程序或会计核算形式，是会计凭证、会计账簿、会计报表相结合的方式，包括会计凭证和账簿的种类、格式，会计凭证与账簿之间的联系方法，由原始凭证到编制记账凭证、登记明细分类账和总分类账、编制会计报表的工作程序和方法等。

二、账务处理程序的种类

我国会计主体所采用的账务处理程序有多种，比较常见的有如下三种：

记账凭证账务处理程序，科目汇总表账务处理程序，汇总记账凭证账务处理程序。

这三种账务处理程序有许多共同点，也有一些不同点。不同点主要表现在这四种账务处理程序登记总账的依据和方法不同。

（一）记账凭证账务处理程序

记账凭证账务处理程序是指发生的经济业务，都要以原始凭证或原始凭证汇总表编制记账凭证，根据记账凭证逐笔登记总分类账的一种账务处理程序。其基本特点是：直接根据各种记账凭证逐笔登记总分类账。记账凭证账务处理程序是账务处理程序中最基本的一种账务处理程序，其他各种账务处理程序都是在此基础上根据经济管理的需要而发展形成的。

记账凭证账务处理程序如图 4-1 所示。

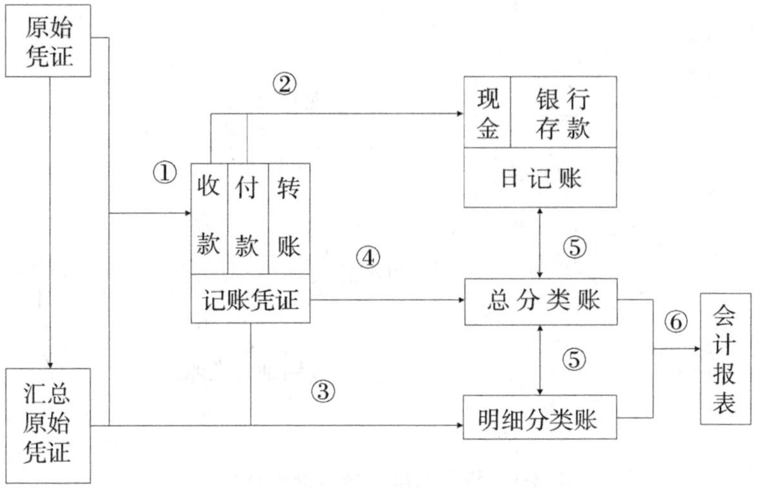

图 4-1　记账凭证账务处理程序图

(二) 汇总记账凭证账务处理程序

汇总记账凭证账务处理程序是指对发生的经济业务，根据原始凭证或原始凭证汇总表编制记账凭证，再根据记账凭证编制汇总记账凭证，根据汇总记账凭证登记总分类账的一种账务处理程序。其基本特点是：定期将记账凭证按收款凭证、付款凭证和转账凭证分别编制汇总记账凭证，然后根据汇总记账凭证登记总分类账。汇总记账凭证账务处理程序如图 4-2 所示。

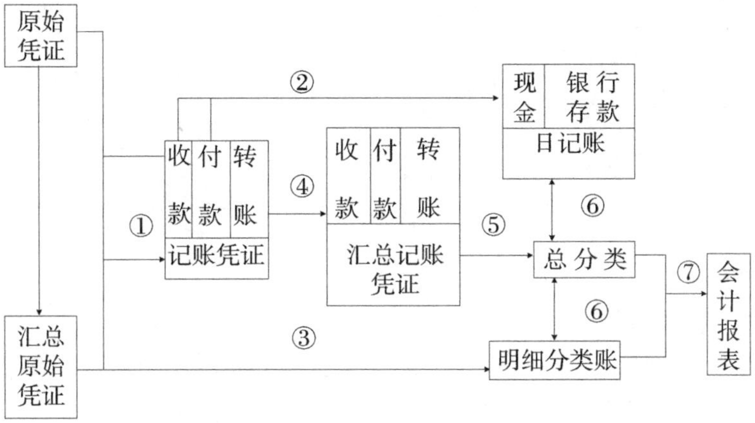

图 4-2　汇总记账凭证账务处理程序图

(三) 科目汇总表账务处理程序

科目汇总表账务处理程序是指对发生的经济业务，都要根据原始凭证或原始凭证汇总表编制记账凭证，再根据记账凭证编制科目汇总表，根据科目汇总表登记总分类账的一种账务处理程序。其基本特点是：定期根据记账凭证编制科目汇总表，然后根据科目汇总表登记总分类账。科目汇总表账务处理程序如图 4-3 所示。

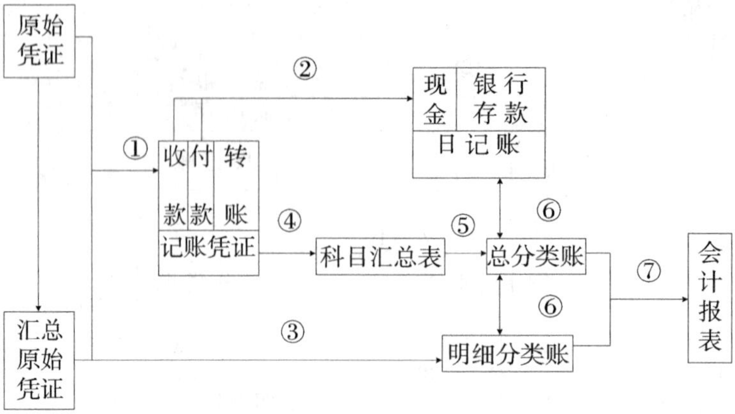

图 4-3 科目汇总表账务处理程序图

第二篇　小企业会计实务

项目五　小企业筹建业务的处理

【案例导入】

小张 2022 年大学毕业，他响应国家号召选择创业，准备准备与朋友一起开一家生产儿童电动玩具的小企业，他应该怎么做开业登记？他投入自有资金 20 万元，朋友小李投资 5 万元，申请三年期小额贷款 10 万元应该如何进行账务处理？

【技能目标】

1. 通过学习在实际生活中会进行开业注册登记。
2. 会给任职的小企业进行网上工商公示。
3. 会进行小企业开业时的会计核算。

【知识目标】

1. 掌握小企业开业流程。
2. 掌握小企业筹集资金业务的核算。

任务一　小企业开业注册、税务登记及年检

一、开业登记

按照相关规定，中小型公司类企业开业登记须到所在地工商行政管理局办理手续，程序如下：

1. 核名

为自己的公司取名，将想好的名称送到工商局的名称核准科，由其将该名称与已开业的企业对比。核实无重名后发给核准证明，之后，应在 30 天内办理注册，过期失效。

2. 领取注册登记表

将名称核准证明送到工商局，领取有关登记公司的表格及准备有关材料，包括：公司设立登记申请书（工商局备有规范样本）；公司章程；会计师事务所的验资报告；业主资格证（身份证、待业证、下岗证等）。

3. 开设临时账户准备注册资金

将领取的名称核准证明送到附近的银行开设临时的验资账户，将注册资本对应的资金存入。如果某些投资者准备以实物出资，应要求其提供这些实物的相关产权证明文件和价值评估资料。

4. 交会计师事务所验证开业资金

将公司名称核准证明、已填的申报公司的《公司设立登记申请书》和《公司章程》、投资者资格证明等资料连同存入银行的资金证明交会计师事务所，由会计师事务所对上述材料审核。实物资产出资部分，会计师事务所还会进行实地盘点，进行资产评估，验证其产权。最终会计师事务所会提供验资报告。

5. 检验场地

请工商局场调查科的工作人员前往企业经营场地，将企业经营场地证明（自有房出示房产证，租房出示租赁合同），由工商人员检验定场地后发给经营场地证明书。

6. 领取回执

将名称核准证明、公司（申报）材料、验资报告、场地证明书、投资各方的身份证等一起提交工商局，审查人员对上述材料进行审查，确认无误后，发给受理回执。

如无其他问题，在15个工作日凭受理回执，带上申请人身份证，由本人前往领证窗口，交付一定的手续费，即可领到营业执照的正副本。

现行政策规定，办理公司型饮食服务企业，最少要有两人以上，其中一人为本地常住户口。同时，需提供未就业证明，如待业证、下岗证、辞职证明、退休证明等。许多地方政府对于安排一定数目的下岗职工或大学毕业生的企业在税收上有优惠政策。要到当地相关税务部门、民政部门咨询。

个体户办理开业手续同样要先取好名，然后到工商局查询没有店名重复后，到所在地工商分局（所）领取《个体户开业申请书》，按表中内容如实填写后，带上居民身份证、未就业证明（待业证、下岗证、辞职证明、退休证明等）以及经营场所证明（自有房产出示房产证，租赁房出示租赁合同）、验资报告，就可以到工商分局（所）办理登记手续，受理后7～15天可领取营业执照。

二、办理法人代码证及税务登记

公司类的企业，从工商局领到营业执照后，首先，到指定的刻字店刻公司的公章、财务章、企业法人的印章。然后，到市技术监督局办理企业法人代码证书。最后，带上营业执照副本和公章，填妥有关表格后交窗口办理。三天后，凭受理回单并交纳相关费用，即可领取企业法人代码证书。

领到法人代码证书后，应到附近银行办理开户手续。带上营业执照正本、公章、财务章和个人印章便可办理。办理银行开户后，还要办理税务登记和购买发票。办理税务登记证需要的资料有：(1)营业执照副本；(2)法人代码证书副本；(3)公章、财务章；(4)公司章程；(5)银行账号证明；(6)自有房的房产证或租赁房屋的合同。此外，每个企业均应确定一个具备会计从业资格的财务人员负责办理报税事宜，在税务部门备案。税务局也会给每个企业指定一个税务专管员，负责该企业的税收事宜。在备齐上述资料后，到管辖地税务局办理税务登记。当被审查通过后，在7个工作日后便可领取税务登记证。

三、企业年度公示

企业办理开业登记后，每年6月30日前必须参加工商管理部门组织的网上企业信息公示。企业信息公示是工商管理部门依法按年度对企业进行检查，以确定企业继续经营资格的法定制度。

任务二 小企业筹集资金的核算

一、筹资业务的具体内容

企业要进行生产经营活动，必须拥有必需的资金，有了资金，才能购买材料、设备等，开展生产经营活动。企业筹资的渠道主要有两个：一是向投资人筹资；二是向债权人借款。投资者投入的资金形成投入资本，即实收资本；向债权人借入的资金形成负债，如短期借款、长期借款等。

二、实收资本的核算

(一) 实收资本的概念

实收资本指小企业实际收到投资者投入企业生产经营中的资金。实收资本是企业经营的支柱，是企业资金的主要来源，实收资本的构成比例即投资者的出资比例是企业据以向投资者进行利润或股利分配的主要依据。投资者投入的资本，除符合增资条件，并经有关部门批准增资或按法定程序经批准减少注册资本外，不得随意变动。

(二) 实收资本的账户设置

为了反映和监督投资者投入资本的增减变动情况，小企业应设置“实收资本”账户。该账户是所有者权益类账户，贷方登记实收资本的增加数额，借方登记实收资本的减少数额，期末贷方余额，反映小企业实有的资本数额。

(三) 实收资本的账务处理

投资者以现金投入的资本，应以实际收到或者存入小企业开户银行的金额，借记“银行存款”账户，按投资者应享有小企业注册资本的份额计算的金额，贷记“实收资本”账户，按其差额，贷记“资本公积”账户。

投资者以非现金资产投入的资本，应按投资各方确认的价值，借记有关资产账户，按投资者应享有橡胶企业注册资本的份额计算的金额，贷记“实收资本”账户，按其差额，贷记“资本公积”账户。

小企业按法定程序报经批准减少注册资金的，借记“实收资本”账户，贷记“库存现金”、“银行存款”等账户。因减资而使股份发生变动的情况，在本账户的有关明细账及备查记录中详细记录。

投资者按规定转让出资的，应于有关的转让手续办理完毕时，将出让方所转让的投资，在投资者账户有关明细账及备查记录中转为受让方。

【例 5-1】某小企业注册资本 2 000 000 元。根据合同约定该企业收到投资者 A 投入的资本 1 200 000 元，投资者 B 投入的资本 800 000 元。该款项全部存入银行。则有关会计分录如下：

借：银行存款　　　　2 000 000

　贷：实收资本——投资者 A　　　　1 200 000

　　　　　　——投资者 B　　　　800 000

【例 5-2】某企业受到 C 公司作为资本投入的不需要安装的设备一台，设备双方确认价值为 185 000 元。C 公司在该企业注册资本份额为 180 000 元。则有关会计分录如下：

借：固定资产　　　　185 000

　贷：实收资本　　　　180 000

　　　资本公积　　　　5 000

三、借入资金的核算

企业未来满足生产经营资金上的需要，除了吸收投资者的投资外，还需要经常向银行或其他金融机构借入款项，形成企业的负债。按借款期限的长短不同，分为短期借款和长期借款。短期借款的偿还期限一般在 1 年以内，形成企业的流动负债；长期借款一般用于大的支出项目，如购置大型设备、技术改造等，偿还期限在 1 年以上(不含 1 年)，它形成企业的长期负债。

(一) 短期借款的核算

短期借款指小企业向银行或其他金融机构借入的期限在 1 年以下(含 1 年)的各种借款，小企业应设置“短期借款”账户核实短期借款的增减变动和结存情况；该账户为负债类，贷方登记借入的各种借款的本金，借方登记归还的借款本金，期末贷方余额反映小企业尚未偿还的短期借款本金。

小企业借入的各种短期借款，借记银行存款账户，贷记短期借款账户；归还借款时，借记短期借款账户，登记银行存款账户。

短期借款利息属于筹资费用，应记入“财务费用”科目。如果企业的短期借款利息按月支付，或者利息是在借款到期归还本金时一并支付，并且数额不大，可以在实际支付或收到银行的计息通知时，直接计入当期损益，借记“财务费用”科目，贷记“银行存款”科目。

小企业短期借款和长期借款均须按应付利息日计提利息，不再要求每一资产负债表日计提利息。

【例 5-3】甲小企业 202×年 3 月 1 日从银行借入 40 000 元借款，期限 3 个月，月利率 0.2%，利息按每月月末支付，到期还本。

(1) 3 月 31 日、4 月 30 日、5 月 31 日支付每月利息时的账务处理为：

借：财务费用　80

　贷：银行存款　80

(2) 6 月 1 日归还本金时的账务处理为：

借：短期借款　40 000

　贷：银行存款　40 000

【例 5-4】若上述借款是到期一次还本付息，并且利息数额不大，到期用银行存款支付本金和利息时的账务处理为：

借：短期借款　40 000

　财务费用　240

　贷：银行存款　40 240

(二) 长期借款的核算

长期借款是指小企业向银行或其他金融机构借入的期限在一年以上(不含一年)的各种借款，一般用于固定资产的购建、改扩建工程、大修理工程等方面。

小企业应通过“长期借款”科目，核算长期借款的借入、归还等情况。该科目可按照贷款单位和贷款种类设置明细账进行明细核算。该科目的贷方登记长期借款本金的增加额；借方登记本金的减少额；贷方余额表示企业尚未偿还的长期借款本金。

(1) 小企业借入长期借款，借记“银行存款”科目，贷记“长期借款”科目。

(2) 在应付利息日，应当按照借款本金和借款合同利率计提利息费用，借记“财务费用”、“在建工程”等科目，贷记“应付利息”科目。长期借款用于购建固定资产的，在固定资产达到预定可使用状态前发生的利息费用，计入该项资产的成本；固定资产达到预定可使用状态后发生的利息支出，计入财务费用。

(3) 偿还长期借款本金，借记“长期借款”科目，贷记“银行存款”科目。

【例 5-5】某小企业于 202×年 1 月 1 日从银行借入资金 200 000 元，借款期限为 2 年，年利率为 6%(每季度末付息)。所借款项已存入银行。企业用该借款于当日购买一台需要安装的设备，价款为 200 000 元，增值税 34 000 元。设备安装期间 3 个月，该企业的有关会计处理如下：

(1) 取得借款时

借：银行存款　200 000

　贷：长期借款　200 000

(2) 购买设备支付价款时

借：在建工程　200 000

　应交税费——应交增值税(进项税额)34 000

　贷：银行存款　234 000

(3) 2016 年 3 月 31 日，第一季度长期借款利息＝200 000×6%÷4＝3 000(元)

借：在建工程　3 000

贷:应付利息 3 000

(4) 第二季度及以后计提利息时

借:财务费用 3 000

贷:应付利息 3 000

(5) 付息时

借:应付利息 3 000

贷:银行存款 3 000

(6) 到期归还本金和利息时

借:长期借款 200 000

应付利息 3 000

贷:银行存款 203 000

项目六　反映资产

【案例导入】

小张创办的小企业购进的设备，空调，电脑，各种材料，小电机，电池，购进设备，空调，电脑等分别属于哪类资产？应该如何核算？

【技能目标】

1. 通过学习会进行流动资产的会计核算。
2. 通过会计核算掌握小企业的流动资金营运情况。
3. 通过学习会进行非流动资产的会计核算。
4. 通过会计核算掌握小企业的非流动资产情况。

【知识目标】

1. 掌握小企业货币资金及短期投资的核算。
2. 掌握小企业应收及预付款项的核算。
3. 掌握小企业存货的核算。
4. 掌握小企业固定资产、无形资产等非流动资产的核算。

资产是指小企业过去的交易或者事项形成的、由小企业拥有或者控制的、预期会给小企业带来经济利益的资源。小企业的资产按照流动性，可分为流动资产和非流动资产。

小企业的流动资产，是指预计在1年内(含1年，下同)或超过1年的一个正常营业周期内变现、出售或耗用的资产，包括：货币资金、短期投资、应收及预付款项、存货等。

任务一　流动资产

一、货币资金

货币资金是指小企业生产经营过程中处于货币形态的资产，是流动性最强的流动资产。根据存放的地点和用途不同，包括库存现金、银行存款和其他货币资金三大类。

(一) 库存现金

1. 现金的管理

库存现金是小企业为了满足日常经营过程中零星支付需要而保留的、由出纳人员经管的资金,是小企业流动性最强的资产。

现金的使用范围。根据《现金管理暂行条例》的规定,企业可以在下列范围内使用现金:(1)职工工资、津贴;(2)个人劳务报酬;(3)根据国家规定颁发给个人的科学技术、文化艺术、体育等各种奖金;(4)各种劳保、福利费用以及国家规定的对个人的其他支出;(5)向个人收购农副产品和其他物资的款项;(6)出差人员必需随身携带的差旅费;(7)结算起点(1 000 元人民币)以下的零星支出;(8)中国人民银行确定需要支付现金的其他支出。

除上述情况可以用现金支付外,其他款项的支付应通过银行转账结算。

2. 库存现金的核算

为了总括地反映小企业库存现金的收入、支出和结存情况,应设置"库存现金"科目。该科目的借方登记现金的增加,贷方登记现金的减少,期末余额在借方,反映企业实际持有的库存现金的金额。

现金的收付核算,首先由出纳人员取得或填制原始凭证,由会计人员对原始凭证进行审核,并根据审核无误的原始凭证填制收、付款凭证。出纳人员办理现金收付款项时必须要进行复核,当面清点,收款后应在凭证上加盖"现金收讫"戳记,付款后在凭证上加盖"现金付讫"戳记。

【例 6-1】甲小企业为一般纳税人(本书所涉及的单位,在没有特别说明的情况下,均为一般纳税人)202×年 6 月 2 日发生如下现金收款业务:

(1) 签发现金支票从开户银行提取现金 7 000 元备用。

借:库存现金　　7 000

　贷:银行存款　　7 000

(2) 企业出租包装物收到的现金(租金)900 元。

借:库存现金　　900

　贷:其他业务收入　　900

(3) 销售商品货款 600 元,增值税 102 元,共计收到现金 702 元。

借:库存现金　　702

　贷:主营业务收入　　600

　　应交税费——应交增值税(销项税额)　　102

【例 6-2】甲小企业 202×年 6 月 2 日发生如下现金付款业务:

(1) 职工张军出差预借差旅费 3 000 元,以现金付讫。

借:其他应收款——张军　　3 000

　贷:库存现金　　3 000

(2) 以现金支付职工工资 50 000 元。

借:应付职工薪酬——工资　　50 000

　贷:库存现金　　50 000

(3) 职工李新报销由其个人垫支的企业行政管理部门办公用品费 240 元,以现金付讫。

借:管理费用 240

贷:库存现金 240

(4) 以现金支付职工培训讲课费 900 元。

借:应付职工薪酬——职工教育经费 900

贷:库存现金 900

为了全面、系统、连续、详细地反映有关现金的收支情况,企业应设置“现金日记账”,由出纳人员根据审核无误的收付款凭证,按照业务发生的先后顺序逐日逐笔登记,每日终了时应计算现金收入合计、现金支出合计及现金结余数,并将结余数与实际库存现金数进行核对,保证账款相符。

3. 库存现金清查及其核算

现金清查是指对库存现金的盘点与核对,包括出纳人员每日终了前进行的现金账款核对和清查小组进行的定期或不定期的现金盘点、核对。现金清查一般采用实地盘点法。清查小组清查时,出纳人员必须在场。在现金清查中,如果有挪用现金、白条顶库的情况,应及时予以纠正;对于超限额留存的现金要及时送存银行;如果清查过程中发现账款不符,有待查明原因的,应先通过“待处理财产损溢”科目核算。

待查明原因后,应分别情况处理:记账差错的应及时予以更正;如为现金短缺,应由责任人赔偿或保险公司赔偿的部分,计入“其他应收款”科目,无法查明的其他原因,经批准后计入“管理费用”科目;如为现金溢余,应支付给有关人员或单位的,应计入“其他应付款”科目,无法查明原因的现金溢余,经批准后计入“营业外收入”科目。

【例 6-3】甲小企业 202×年 12 月 2 日,在现金清查中,发现库存现金较账面余额多出 360 元,经反复核查,200 元为多收乙公司的货款,其余 160 元原因不明,经批准转作营业外收入处理。账务处理如下:

(1) 清查发现溢余时

借:库存现金 360

贷:待处理财产损溢——待处理流动资产损溢 360

(2) 查明原因后批准转销时

借:待处理财产损溢——待处理流动资产损溢 360

贷:营业外收入 160

其他应付款——应付乙公司款 200

【例 6-4】202×年 12 月 5 日,在现金清查中,发现库存现金较账面余额短缺 90 元。经查,上述现金短缺 50 元属于出纳员王芳的责任,其他 40 元原因不明。账务处理如下:

(1) 清查发现短缺时

借:待处理财产损溢——待处理流动资产损溢 90

贷:库存现金 90

(2) 查明原因后批准转销时

借:其他应收款——王芳 50

管理费用 40

贷:待处理财产损溢——待处理流动资产损溢 90

(3) 收到上述出纳员王芳赔款50元时

借:库存现金　　50

　贷:其他应收款——王芳　　50

(二) 银行存款

银行存款是指企业存放于银行或其他金融机构的货币资金。为了总括地核算、监督银行存款的收支结存情况,应设置“银行存款”总分类账户。该账户属于资产类账户,借方登记银行存款的增加,贷方登记银行存款的减少,期末余额在借方,表示企业银行存款的结存数额。每个独立核算的小企业都应按照规定,在当地银行申请开立存款户。

1. 银行结算方式

企业的结算业务除现金管理制度中规定可以使用现金者外,都必须通过银行转账结算。转账结算方式主要有:支票、银行本票、银行汇票、汇兑、托收承付、委托收款、商业汇票、信用证等。其中银行本票、银行汇票、信用证将在其他货币资金中介绍。

(1) 支票。支票是指出票人签发的,委托办理支票存款业务的银行在见票时无条件支付确定的金额给收款人或者持票人的票据。

支票的出票人签发支票的金额不得超过付款时在付款人处实有的存款金额,禁止签发空头支票;出票人不得签发与预留银行签章不符的支票;使用支付密码的,出票人不得签发支付密码错误的支票。支票的提示付款期限自出票日起10天,但中国人民银行另有规定的除外。

企业开出支票时,根据支票存根,借记有关科目,贷记“银行存款”科目;企业收到支票并填制进账单到银行办理收款手续后,借记“银行存款”科目,贷记有关科目。

(2) 汇兑。汇兑是指汇款人委托银行将其款项支付给收款人的结算方式。单位和个人各种款项的结算,均可使用汇兑结算方式。汇兑分为信汇、电汇两种。信汇是指汇款人委托银行通过邮寄方式将款项划转给收款人;电汇是指汇款人委托银行通过电报将款项划给收款人。这两种汇兑方式由汇款人根据需要选择使用。

付款单位根据银行签发的汇款回单,借记有关科目,贷记“银行存款”科目;收款单位根据银行转来的收款通知,借记“银行存款”科目,贷记有关科目。

(3) 托收承付。托收承付是指根据购销合同由收款人发货后委托银行向异地付款人收取款项,由付款人核对凭证或验货后向其开户银行承认付款的结算方式。

付款企业承认付款后,根据有关凭证,借记“原材料”、“应交税费——应交增值税(进项税额)”等科目,贷记“银行存款”科目。销货企业收到银行转来的收款通知和有关托收结算凭证,借记“银行存款”科目,贷记“应收账款”等科目。

(4) 委托收款。委托收款是指收款人委托银行向付款人收取款项的结算方式。单位和个人凭已承兑商业汇票、债券、存单等付款人债务证明办理款项的结算,均可以使用委托收款结算方式。委托收款在同城、异地均可以使用。

付款单位接到银行付款通知、审查债务凭证付出款项时,借记“应付账款”等科目,贷记“银行存款”科目。收款单位收到银行收款通知后,根据有关凭证借记“银行存款”科目,贷记“应收账款”等科目。

(5) 商业汇票。商业汇票是由出票人签发的,委托付款人在指定日期无条件支付确定金额给收款人或持票人的票据。它是一种延期付款的结算方式,最长付款期限为 6 个月。

按承兑人不同,商业汇票分为商业承兑汇票和银行承兑汇票。商业承兑汇票是由收款人签发,经付款人承兑,或由付款人签发并承兑的票据。银行承兑汇票是指由在承兑银行开立存款账户的存款人签发,由承兑银行承兑的票据。银行承兑汇票的出票人于汇票到期前未能足额交存票款的,承兑银行凭票向持票人无条件付款。

按票据是否带息,商业汇票分为带息商业汇票(简称带息票据)和不带息商业汇票(简称不带息票据)。带息票据是指汇票到期时,承兑人按票据面值及应计利息之和向收款人付款的商业汇票,即到期值等于面值加利息。不带息票据是指票据到期时,承兑人仅按票据面值向收款人付款的票据,即到期值等于面值。

付款人开出承兑的商业汇票时,应借记有关科目,贷记“应付票据”科目;收款人收到商业汇票,应借记“应收票据”科目,贷记有关科目。

2. 银行存款的核算

企业办理银行存款的存取和转账结算,必须按照银行结算办法填制或取得各种银行结算凭证,作为收付款项的书面证明,经有关人员审核后,据以填制银行存款收、付款凭证,作为记账依据。

【例 6-5】甲小企业 202×年 6 月发生如下经济业务:

(1) 出售产品一批,货款 20 000 元,增值税 3 400 元。收到转账支票一张,并于当日送存开户银行,根据有关凭证作分录如下:

借:银行存款 23 400

贷:主营业务收入 20 000

应交税费——应交增值税(销项税额) 3 400

(2) 采用托收承付结算方式销售一批产品,货款 50 000 元,增值税 8 500 元,202×年 6 月 11 日企业收到银行转来的收账通知。

①发出商品时

借:应收账款 58 500

贷:主营业务收入 50 000

应交税费——应交增值税(销项税额) 8 500

②收到货款时

借:银行存款 58 500

贷:应收账款 58 500

(3) 开出转账支票支付购买原材料货款 100 000 元,增值税 17 000 元。

借:在途物资 100 000

应交税费——应交增值税(进项税额) 17 000

贷:银行存款 117 000

为了全面、及时地反映和监督银行存款的收支和结存情况,便于与银行核对账目,应设置“银行存款日记账”对银行存款进行序时核算。银行存款日记账是由出纳人员根据审核无误的收付款凭证及所附的原始凭证,按经济业务发生的先后顺序逐日逐笔登记。

3. 银行存款的清查

为了及时、准确地掌握银行存款的实际金额，防止银行存款账目发生差错，企业应按期对账。银行存款的清查是指企业银行存款的账面余额与其开户银行转来的对账单的余额进行的核对。双方余额不一致的原因除记账错误外，还可能存在未达账项。

所谓未达账项，是指由于企业与银行取得有关凭证的时间不同而发生的一方已经取得凭证登记入账，另一方由于未取得凭证尚未入账的款项。具体有四种情况：企业已收款入账，银行尚未收款入账；企业已付款入账，银行尚未付款入账；银行已收款入账，企业尚未收款人账；银行已付款入账，企业尚未付款入账。

对上述未达账项应通过编制“银行存款余额调节表”进行检查核对，如没有记账错误，调节后的双方余额应相等。

【例 6-6】甲小企业 202×年 12 月 31 日银行存款日记账的余额为 54 000 元，银行转来对账单的余额为 83 000 元。经逐笔核对，发现以下未达账项：

(1) 企业送存转账支票 60 000 元，并已登记银行存款增加，但银行尚未记账。

(2) 出转账支票 45 000 元，但持票单位尚未到银行办理转账，银行尚未记账。

(3) 托银行代收某公司购货款 48 000 元，银行已收妥并登记入账，但企业尚未收到收款通知，尚未记账。

(4) 企业支付电话费 4 000 元，银行已登记企业银行存款减少. 但企业未收到银行付款通知，尚未记账。根据上述资料编制“银行存款余额调节表”如表 6-1 所示。

表 6-1 银行存款余额调节表

202×年 12 月 31 日　　　　单位：元

项目	金额	项目	金额
企业银行存款日记账余额	54 000	银行对账单余额	83 000
加：银行已收，企业未收	48 000	加：企业已收，银行未收	60 000
减：银行已付，企业未付	4 000	减：企业已付，银行未付	45 000
调节后的存款余额	98 000	调节后的存款余额	98 000

需指出的是，银行存款余额调节表只是为了核对账目，并不能作为调整银行存款账面余额的原始凭证。调节后相等的银行存款余额是企业可以动用的银行存款实有数额。

(三) 其他货币资金

其他货币资金是指企业除现金、银行存款以外的各种货币资金，主要包括外埠存款、银行本票存款、银行汇票存款、信用证保证金存款、信用卡存款等。

为了反映和监督其他货币资金的收支和结存情况，企业应设置“其他货币资金”科目，借方登记其他货币资金的增加数，贷方登记其他货币资金的减少数，期末余额在借方，反映企业实际持有的其他货币资金。本科目应按其他货币资金的种类设置明细科目。

1. 外埠存款的核算

外埠存款是指企业为了到外地进行临时或零星采购，而汇往采购地银行开立采购专户的款项。企业将款项汇往外地开立采购专用账户时，根据汇出款项凭证，编制付款凭证，进行账务处理，借记“其他货币资金——外埠存款”科目，贷记“银行存款”科目；收到采购人员转来供应单位发票账单等报销凭证时，借记"原材料"、"库存商品"、"应交税费——应交增值税(进项税额)"等科目，贷记"其他货币资金——外埠存款"科目；采购完毕收回剩余款项时，根据银行的收账通知，借记"银行存款"科目，贷记"其他货币资金——外埠存款"科目。

【例 6-7】202×年 12 月 18 日，甲公司临时到上海采购一批材料，将 20 000 元汇到上海工商银行××支行，开立临时采购专户。

(1) 汇出款项时：

借：其他货币资金——外埠存款　　20 000

　贷：银行存款　　200 000

(2) 202×年 12 月 20 日，购买钢材一批，价款 15 000 元，增值税 25 500 元，材料收到入库。

借：原材料　　15 000

　应交税费——应交增值税(进项税额)　　2 550

　贷：其他货币资金——外埠存款　　17 550

(3) 当日收到退回的余额 2 450 元。

借：银行存款　　2 450

　贷：其他货币资金——外埠存款　　2 450

2. 银行汇票存款的核算

银行汇票是指由出票银行签发的，由其在见票时按照实际结算金额无条件转付给收款人或者持票人的票据。银行汇票的出票银行为银行汇票的付款人。单位和个人在同城、异地或者统一票据交换区域的各种款项结算，均可使用银行汇票。

银行汇票的提示付款期限为自出票日起 1 个月，持票人超过付款期限提示付款的，银行将不予受理。

企业填写"银行汇票申请书"、将款项交存银行时，借记"其他货币资金——银行汇票存款"科目，贷记"银行存款"科目；企业持银行汇票购货、收到有关发票账单时，借记或"原材料"、"库存商品"、"应交税费——应交增值税(进项税额)"等科目，贷记"其他货币资金——银行汇票"科目；采购完毕收回剩余款项时，借记"银行存款"科目，贷记"其他货币资金——银行汇票存款"科目。企业收到银行汇票、填制进账单到开户银行办理款项入账手续时，根据进账单及销货发票等，借记"银行存款"科目，贷记"主营业务收入"、"应交税费——应交增值税(销项税额)"等科目。

【例 6-8】202×年 1 月 20 日，甲公司从银行存款账户中划出 50 000 元申请签发银行汇票，用于购买设备，发生经济业务如下：

(1) 取得银行汇票时：

借：其他货币资金——银行汇票存款　　50 000

　贷：银行存款　　50 000

(2) 202×年 1 月 21 日，购买一台不需要安装的设备，价款 40 000 元，增值税 6 800 元，设备收到交付使用。

借：固定资产　　40 000

应交税费——应交增值税(进项税额) 6 800
贷:其他货币资金——银行汇票存款 46 800

(3) 当日收到退回的余额 3 200 元。

借:银行存款 3 200
贷:其他货币资金——银行汇票存款 3 200

3. 银行本票存款的核算

银行本票是指银行签发的,承诺自己在见票时无条件支付确定的金额给收款人或持票人的票据。单位和个人在同一票据交换区域需要支付的各种款项,均可使用银行本票。

银行本票分为不定额本票和定额本票两种。银行本票的提示付款期限自出票日起最长不得超过 2 个月。在有效付款期内,银行见票付款。持票人超过付款期限提示付款的,银行不予受理。

小企业填写"银行本票申请书"、将款项交存银行时,借记"其他货币资金——银行本票存款"科目,贷记"银行存款"科目;小企业持银行本票购货、收到有关发票账单时,借记"在途物资"或"原材料"、"库存商品"、"应交税费——应交增值税(进项税额)"等科目,贷记"其他货币资金——银行本票存款"科目。小企业收到银行本票、填制进账单到开户银行办理款项人账手续时,根据进账单及销货发票等,借记"银行存款"科目,贷记"主营业务收入"、"应交税费——应交增值税(销项税额)"等科目。

4. 信用证保证金存款的核算

信用证保证金存款是指采用信用证结算方式的企业为开具信用证而存入银行信用证保证金专户的款项。企业向银行申请开立信用证,应按规定向银行提交开证申请书、信用证申请人承诺书和购销合同。企业填写"信用证申请书",将信用证保证金交存银行时,应根据银行盖章退回的"信用证申请书"回单,借记"其他货币资会——信用证保证金存款"科目,贷记"银行存款"科目。企业接到开证行通知,根据供货单位信用证结算凭证及所附发票账单,借记"在途物资"、"原材料"、"库存商品"、"应交税费——应交增值税(进项税额)"等科目,贷记"其他货币资金——信用证保证金存款"科目;将未用完的信用证保证金存款余额转回开户银行时,借记"银行存款"科目,贷记"其他货币资金——信用证保证金存款"科目。

5. 信用卡存款的核算

信用卡存款是指企业为取得信用卡而存入银行信用卡专户的款项。信用卡是银行卡的一种。信用卡按使用对象分为单位卡和个人卡;按信用等级分为金卡和普通卡。凡在中国境内金融机构开立基本存款账户的单位可申领单位卡。单位卡可申领若干张,持卡人资格由申领单位法定代表人或其委托的代理人书面指定和注销。单位卡账户的资金一律从其基本存款账户转账存入,不得交存现金,不得将销货收入的款项存入其账户。

企业应填制"信用卡申请表",连同支票和有关资料一并送存发卡银行,根据银行盖章退回的进账单第一联,借记"其他货币资金——信用卡存款"科目,贷记"银行存款"科目;企业用信用卡购物或支付费用,收到开户银行转来的信用卡存款的付款凭证及所附发票账单,借记"管理费用"等科目,贷记"其他货币资金——信用卡存款"科目;企业信用卡在使用过程中,需要向其账户续存资金的,借记"其他货币资金——信用卡存款"科目,贷记

“银行存款”科目；

【例 6-9】202×年 3 月 24 日，甲小企业填制“信用卡申请书”，申请开立 30 000 元的信用卡。发生如下业务：

(1) 申请取得信用卡时：

借：其他货币资金——信用卡存款 30 000

  贷：银行存款 30 000

(2) 202×年 3 月 26 日，购买办公用品 600 元。

借：管理费用 600

  贷：其他货币资金——信用卡存款 600

(3) 202×年 3 月 28 日，购买工作服 8 000 元。

借：周转材料 8 000

  贷：其他货币资金——信用卡存款 8 000

二、短期投资

(一) 短期投资概述

短期投资是指小企业购入的能随时变现并且持有时间不准备超过 1 年(含 1 年，下同)的投资，如小企业以赚取差价为目的从二级市场购入股票、债券、基金等。短期投资属于流动资产，它应该具备两个条件：

(1) 该投资必须随时可以上市流通。

(2) 企业管理层有意在一个会计年度之内将其转变为现金。

特别说明一点，对于有明确到期日的长期债权投资，即使剩余期限已短于 1 年，也不得将其转为短期投资，因为企业长期持有且直到到期日到期日这一投资目的并未改变，但由于这部分资产实质上已变为流动资产，故在编制资产负债表时，需在“一年内到期的长期债权投资”项下单独列示。

短期投资具有以下三方面的特点：

(1) 很容易变现。

(2) 持有时间较短，短期投资一般不是为了长期持有，所以持有时间是不准备超过 1 年。但这并不代表必须在 1 年内出售，如果实际持有时间已经超过 1 年，除非企业管理当局改变投资目的，既改短期持有为长期持有，否则仍然作为短期投资核算。

(3) 不以控制、共同控制被投资单位或对被投资单位实施重大影响为目的而作的投资。

(二) 短期投资的核算

1. 短期投资的初始计量

为了核算小企业短期投资的取得、收取现金股利或利息、处置等业务，企业应当设置“短期投资”、“应收股利”、“应收利息”、“投资收益”等科目。“短期投资”科目期末借方余额，反映小企业持有的短期投资成本。

小企业以支付现金取得的短期投资，应当按照购买价款和相关税费作为成本进行计量。借记“短期投资”科目，贷记“银行存款”科目。同时，小企业购入股票时，如果实际支付的购买借款中包含已宣告但尚未发放的现金股利，应当按照实际支付的购买价款和相关税费扣除已宣告但尚未发放的现金股利后的金额，借记“短期投资”科目，按照应收的现金股利，借记“应收股利”科目，按照实际支付购买价款和相关税费，贷记“银行存款”科目。小企业购入债券，如果实际支付的购买价款中包含已到付息期、但尚未领取的债券利息，应当按照实际支付的购买价款和相关税费扣除已到付息期、但尚未领取的债券利息后的金额，借记“短期投资 ”科目，按照应收的债券利息，借记“应收利息”科目，按照实际支付的购买价款和相关税费，贷记“银行存款”项目。

【例 6-10】202×年 5 月 26 日，*A* 小企业以银行存款从证券交易所购入 *F* 上市公司股票 18 万股，准备短期获利，共支付款项 2 000 000 元，其中包括已宣告但尚未发放的现金股利 120 000 元，另支付交易手续费等 20 000 元。5 月 30 日收到宣告的现金股利，该企业的账务处理如下：

202×年 5 月 26 日，购入股票时：

借：短期投资——*F* 公司股票 1 900 000

　　应收股利　　　　　120 000

　　贷：银行存款　　　　　2 020 000

202×年 5 月 30 日，收到现金股利时：

借：银行存款 120 000

　　贷：应收股利 120 000

2. 短期投资的后续计量

在短期投资持有期间，被投资单位宣告分派的现金股利或在债务人应付利息日按分期付息、一次还本债券投资的票面利率计算的利息收入，应当计入投资收益。具体会计核算为：借记“应收股利”或“应收利息”科目，贷记“投资收益”科目。

【例 6-11】2023 年 1 月 2 日，*A* 小企业从二级市场上购入 *B* 公司发行的公司债券，该笔债券于 2013 年 7 月 1 日发行，期限为 5 年，债券面值为 1 000 000 元，票面利率为 5%。上年债券利息于下年 1 月 15 日支付。*A* 企业持有目的是短期获利，支付价款 1 060 000 元，其中包括已宣告但未发放的债券利息 50 000 元，支付交易费用 10 000 元。

2023 年 1 月 2 日，购入时，

借：短期投资——*B* 公司　　1 010 000

　　应收利息——*B* 公司　　　　50 000

　　贷：银行存款　　　　　　　1 050 000

1 月 15 日利息　　　50 000 元

借：银行存款　　　　50 000

　　贷：应收利息　　　　50 000

12 月 31 日确认本年度债券利息，

借：应收利息——*B* 公司　　　50 000

　　贷：投资收益　　　　　　50 000

2024 年 1 月 15 日，收到债券利息，

借：银行存款 50 000

　　贷：应收利息——B 公司 50 000

3. 短期投资的处置

出售短期投资，应当按照实际收到的出售价款，借记"银行存款"或"库存现金"科目，按照该项短期投资的账面余额，贷记"短期投资"科目，按照尚未收到的现金股利或债券利息，贷记"应收股利"或"应收利息"科目，按照其差额，贷记或借记"投资收益"科目。

【例 6-12】承上例，若 A 企业 5 月 20 日将 B 公司的债券全部出售，取得价款 1 025 000 元，同时支付交易费用 5 000 元。

投资收益＝1 025 000－5 000－1 010 000＝10 000

借：银行存款 1 020 000

　　贷：短期投资——B 公司 1 010 000

　　　　投资收益 10 000

（三）小企业会计准则与企业会计准则的比较

1. 短期投资的初始计量

小企业会计准则下，设置"短期投资"科目核算企业取得的短期投资。取得投资时，采用历史成本法计量，交易费用计入投资成本；而企业会计准则中，设置"交易性金融资产——成本"科目核算企业取得的短期投资，取得资产须按照公允价值进行计量，相关交易费用在发生时直接计入投资收益。

2. 短期投资的后续计量

小企业会计准则下，设置"应收股利"、"应收利息"科目，核算小企业持有短期投资期间获得的收益。确认投资收益时，借记"应收股利"或"应收利息"科目，贷记"投资收益"科目。对于资产负债表日发生的短期投资的公允价值的变动，小企业会计准则下不作处理。

企业会计准则规定，在确认应收股利或利息时，应按照应收金额直接计入交易性金融资产成本，即借记"交易性金融资产——成本"科目，贷记"投资收益"科目；同时设置"交易性金融资产——公允价值变动损益"科目，核算持有的短期投资的公允价值的变动。根据公允价值的变动额，借记或贷记"交易性金融资产——公允价值变动损益"科目，对应的损益类科目为"公允价值变动损益"。

3. 短期投资的处置

短期投资最终处置时，小企业会计准则下，只须按照出售短期投资金额与其成本的差额，确认投资收益，借记"银行存款"等科目，贷记"短期投资"科目，差额借记或贷记"投资收益"科目。

企业会计准则除了上述处理外，还需要将持有期间累计"公允价值变动损益"转入"投资收益"科目。

三、应收及预付款项

应收及预付款项是指企业在日常生产经营过程中发生的各种债权，包括应收款项和

预付款项。应收款项是指企业因销售商品、提供劳务或其它业务活动等，应向对方收取的款项。包括应收票据、应收账款和其它应收款等；预付款项则是指企业因购买商品或接受劳务等预先支付给对方的款项。

(一) 应收账款

1. 应收账款概述

应收账款是企业因销售商品或提供劳务等，应向购货单位或接受劳务单位收取的款项。主要包括企业出售产品、商品、材料、提供劳务等应向有关债务人收取的价款及代购货方垫付的运杂费等。企业在非购销活动中产生的应收款项，如企业与外单位之间的各种应收赔款、罚款、存出保证金，以及企业应向职工收取的各种垫付款项等，不属于"应收账款"的核算内容，应作为"其他应收款"进行核算。如果采用商业汇票结算方式，则企业的应收款项也不属于"应收账款"而应作为"应收票据"进行核算。

应收账款应于收入实现时予以确认，即以收入确认日作为应收账款的入账时间。应收账款应按照实际发生的金额入账，包括销售商品、产品、提供劳务应收取的货款、增值税以及代购货单位垫付的包装费、运杂费等。企业对应收账款计价时，还需要考虑商业折扣和现金折扣等销售折扣等因素的影响。

商业折扣是指企业为促销，根据市场供需情况，或针对不同顾客而在商品价格上给予的扣除。小企业应按扣除商业折扣后的实际售价确认应收账款数额。现金折扣是指企业为鼓励客户提前偿付货款而向客户提供的债务扣除。现金折扣一般用符号"2/10，1/20，N/30"等表示。买方在 10 天内付款可按售价给予买方 2%的折扣；在 20 天内付款按售价给予 1%的折扣；在 30 天内付款，则不给予折扣。存在现金折扣时，应按未扣减现金折扣前的金额即实际售价作为应收账款的入账价值，客户在折扣期内付款时，小企业确认的现金折扣，作为财务费用处理即采用总价法进行核算。

2. 应收账款的核算

为了反映应收账款的发生与收回情况，企业应设置"应收账款"账户。该账户借方登记应收账款的增加发生额；贷方登记应收账款的减少额；期末借方余额，反映企业尚未收回的应收账款数额。该账户应按不同的购货单位或接受劳务的单位设置明细账，进行明细核算。

企业销售产品等发生应收账款时，借记"应收账款"账户，贷记"主营业务收入"、"应交税费——应交增值税(销项税额)"等账户；收回款项时，借记"银行存款"等账户，贷记"应收账款"账户。企业代购货单位垫付包装费、运杂费等也应通过"应收账款"账户核算。

(1) 小企业日常发生的应收账款。

【例 6-13】甲小企业销售给乙公司商品一批，价款 50 000 元，增值税 8 500 元，已办妥委托银行收款手续。账务处理如下：

借：应收账款——乙公司　　　　58 500

　　贷：主营业务收入　　　　　　50 000

　　　　应交税费——应交增值税(销项税额)　　8 500

(2) 存在商业折扣的情况下的应收账款。

【例 6-14】甲公司向乙公司销售一批产品，按照价目表价格，其售价金额为 20 000 元。

由于是批量购买，公司决定给予10%的商业折扣，折扣金额为2 000元。公司开出增值税专用发票，价款为18 000元，增值税额为3 060元，以上款项按合同规定采用委托收款结算方式结算。甲公司根据有关的发票账单向银行办妥托收手续后，账务处理如下：

借：应收账款——乙公司　20 340

　贷：主营业务收入　18 000

　应交税费——应交增值税(销项税额)　2 340

(3) 存在现金折扣的情况下的应收账款。

【例6-15】甲小企业采用托收承付结算方式向乙公司销售一批产品，发票上价款30 000元，增值税3 900元，付款条件为2/10，1/20，N/30。(假定折扣时不考虑增值税)

(1) 销售产品时，账务处理如下：

借：应收账款——乙公司　33 900

　贷：主营业务收入　30 000

　应交税费——应交增值税(销项税额)　3 900

(2) 如果乙单位在10天内付款，付款额为34 500元(33 900－30 000×2%)。收到款项时，账务处理如下：

借：银行存款　33 300

　财务费用　600

　贷：应收账款——乙公司　33 900

(3) 如果乙单位超过20天付款，则不能享受现金折扣优惠，需按全额支付货款。收到款项时，处理如下：

借：银行存款　33 900

　贷：应收账款——乙公司　33 900

(二) 应收票据

1. 应收票据的内容

应收票据是指小企业因销售商品、提供劳务等经济活动而收到的商业汇票。企业持有的商业汇票按承兑人的不同，分为商业承兑汇票和银行承兑汇票；按是否计息分为不带息商业汇票和带息商业汇票。

2. 应收票据的核算

按现行制度规定，企业收到对方承兑的商业汇票，无论是否带息，均按应收票据的票面价值入账。对于带息票据应于期末按票据的票面价值和确定的利率计提利息，计提的利息增加应收票据的账面价值，同时计入当期损益。

为了核算应收票据的取得和收回情况，企业应设置“应收票据”账户。借方登记取得的商业汇票的面值和期末计提带息应收票据的利息，贷方登记到期收回或到期前向银行贴现的应收票据的票面金额；期末借方余额，反映企业持有的商业汇票的票面价值和应计利息。

(1) 不带息应收票据的核算。

【例6-16】甲小企业向乙公司销售A产品一批，价款50 000元，增值税6 500元，收到乙公司签发并承兑的面值为56 500元，期限为二个月的商业承兑汇票一张。甲小企业的账务处理如下：

(1) 销售商品时：

借:应收票据——乙公司 56 500

贷:主营业务收入——A 产品 50 000

应交税费——应交增值税(销项税额) 6 500

(2) 票据到期后,票款 56 500 元收到存入银行。甲小企业的账务处理为：

借:银行存款 56 500

贷:应收票据——乙公司 56 500

(3) 如果甲小企业持有的商业承兑汇票到期,乙公司无力支付票款,甲小企业应将该票据的票面金额从“应收票据”账户转入“应收账款”账户。

借:应收账款——乙公司 56 500

贷:应收票据——乙公司 56 500

(2) 带息应收票据的核算。

带息应收票据应当按期计算利息。企业一般应于中期期末和年度终了(也可以按月)计提票据利息,冲减“财务费用”的同时增加“应收票据”的账面价值。应收票据利息是按票据上载明的利率和期限计算的。

应收票据利息=票据面值×票面利率×期限

上式中,票面利率一般以年利率表示,实际计算时应将年利率换算成月利率(年利率÷12)或日利率(年利率÷360);期限是指从票据的签发日至到期日的时间间隔。分别用月或日表示,票据按月表示时,不论月份大小,均应以到期月份中的对日为整月计算。如 1 月 15 日签发期限为 4 个月的商业汇票,到期日应为 5 月 15 日;票据按日表示时,应从出票之日起按实际天数计算到期日。票据签发日和到期日只能计算一天,一般按“算尾不算头”方式计算。如 3 月 15 日签发期限为 60 天的商业汇票,其到期日应为 5 月 14 日(票据期限 60 天—3 月份剩余天数 16 天—4 月份实际天数 30 天=票据到期日 14)。

【例 6-17】甲小企业 202X 年 11 月 1 日销售 A 产品一批给乙公司,价款 100 000 元,增值税 13 000 元,当日收到乙公司签发的面值 113 000 元,期限为 6 个月,票面利率为 10%的商业承兑汇票一张。

(1) 甲小企业收到票据时：

借:应收票据——乙公司 11 300

贷:主营业务收入——A 产品 100 000

应交税费——应交增值税(销项税额) 13 000

(2) 202×年年度终了计提票据利息：

票据利息=113 000×10%÷12×2=1 883.33(元)

借:应收票据——乙公司 1 883.33

贷:财务费用 1 883.33

(3) 票据到期收到价款：

202×年应计提票据利息=113 000×10%÷12×4=3 766.67(元)

应收票据本息合计=117 000+(1 883.33+3 766.67)=118 650(元)

借:银行存款　　118 650

　　贷:应收票据——乙公司　　114 883.33

　　　　财务费用　　3 766.67

(3) 应收票据贴现的核算。

票据贴现是指持票人为了资金融通的需要而在应收票据到期前以贴付一定利息的方式向银行出售票据的行为。

不带息票据的到期值等于其票面价值;带息票据的到期值就等于其票面价值加上利息。票据贴现期即自贴现日起至票据到期日止的实际天数减1,即贴现日与到期日两天算一天。贴现中所使用的利率称为贴现率。贴现银行按贴现率计算的利息称为贴现利息。贴现银行将票据到期值扣除贴现息后支付给持票人的金额称为贴现净额。有关计算公式如下:

贴现天数=贴现日至票据到期日实际天数-1

贴现利息=票据到期值×贴现率×贴现期

贴现净额=票据到期值-贴现利息

企业将未到期的应收票据向银行贴现,应按实际收到的贴现净额,借记"银行存款"账户;按应收票据的票面余额,贷记"应收票据"(银行无追索权)或"短期借款"(银行有追索权)账户。按两者的差额,借记或贷记"账务费用"账户。

【例6-18】202×年7月1日,甲公司将其持有的出票日期为202×年6月1日、期限为5个月(到期日为11月1日)、面值为20 000元的不带息商业承兑汇票一张到银行贴现,银行贴现率为5%。银行无追索权。

贴现天数=30+31+30+31+1=123(天)

贴现息=20 000×5%÷360×123=341.67(元)

贴现净额=20 000-341.67=19 658.33(元)

企业收到贴现款时:

借:银行存款　　19 865.33

　　财务费用　　341.67

　　贷:应收票据　　20 000

(三)预付账款和其他应收款

1. 预付账款的核算

预付账款是指企业按照合同规定预先支付给供应单位的货款。为了核算和监督预付账款的增减变动情况,企业一般应设置"预付账款"账户,该账户借方登记预付、补付的款项;贷方登记收到所购物资的应付金额及退回多付款项。期末借方余额,反映企业实际预付的款项;期末贷方余额中,则表示企业尚需补付的款项,即应付账款。该账户可按供货单位名称设置明细账,进行明细分类核算。预付账款不多的企业,也可以不设"预付账款"账户,而将其预付账款记入"应付账款"账户进行核算。

【例6-19】甲小企业向乙公司采购材料,按合同规定预付款项60 000元,以银行存款支付。

(1) 甲小企业预付账款时:

借:预付账款——乙公司　　60 000

　贷:银行存款　　60 000

(2) 甲小企业收到乙公司的材料和专用发票等单据,材料价款为70 000元,增值税为9 100元,材料已验收入库。

借:原材料　　70 000

　应交税费——应交增值税(进项税额)　　9 100

　贷:预付账款——乙公司　　79 100

(3) 甲小企业用银行存款补付款项19 100元:

借:预付账款——乙公司　　19 100

　贷:银行存款　　19 100

2. 其他应收款的核算

其他应收款是指除应收账款、应收票据、预付账款、应收股利、应收利息以外的其他应收、暂付款项。主要包括:备用金、应收的各种赔款、罚款,应收出租包装物租金,存出保证金,应向职工收取的各种垫付款项。

为了核算和监督其他应收款的发生和结算情况,企业应设置"其他应收款"账户。该账户借方登记各种其他应收款的发生额;贷方登记其他应收款项的收回额;期末借方余额反映企业尚末收回的其他应收款数额。该账户应按其他应收款的项目或债务人分设明细账,进行明细核算。

【例6-20】甲小企业向乙公司购买材料时,以银行存款支付包装物押金1 600元。账务处理如下:

(1) 支付押金时:

借:其他应收款——存出保证金(乙公司)　　1 600

　贷:银行存款　　1 600

(2) 以后退还包装物,收回押金存入银行时:

借:银行存款　　1 600

　贷:其他应收款——存出保证金　　1 600

【例6-21】甲小企业因自然灾害造成材料毁损,保险公司已确认赔偿损失20 000元。账务处理如下:

借:其他应收款——××保险公司　　20 000

　贷:待处理财产损溢——待处理流动资产损溢　　20 000

公司收到赔款存入银行时:

借:银行存款　　20 000

　贷:其他应收款——××保险公司　　20 000

【例6-22】采购员王红因出差借支差旅费2 000元,以现金支付。

借:其他应收款——王红　　2 000

　贷:库存现金　　2 000

例3-13:采购员王红出差回来报销差旅费1 680元,交回现金320元。

借:管理费用　　1 680

库存现金 320

贷:其他应收款——王红 2 000

(四) 坏账核算

坏账是指小企业无法收回的应收款项。由于发生坏账而造成的损失,称为坏账损失。

1. 坏账的确认

按照小企业会计准则规定,小企业应收款项符合下列条件之一的,减除可收回的金额后确认的无法收回的应收及预付款项,应确认为坏账损失。具体情况主要有:

(1) 债务人依法宣告破产、关闭、解散、被撤销,或者被依法注销、吊销营业执照,其清算财产不足清偿的;

(2) 债务人死亡,或者依法被宣告失踪、死亡,其财产或者遗产不足清偿的;

(3) 债务人逾 3 年以上为偿债,且有确凿证据证明已无力清偿债务的;

(4) 与债务人达成债务重组协议或法院批准破产重组计划后,无法追偿的;

(5) 因自然灾害、战争等不可抗力无法收回的;

(6) 国务院财政、税务主管部门规定的其他条件。

2. 坏账的核算

应收及预付款项的坏账损失应当于实际发生时计入营业外支出,同时冲减应收及预付款项。

确认应收及预付款项实际发生的坏账损失,应当按照可收回的金额,借记"银行存款"等科目,按照其账面余额。贷记"应收账款"、"预付账款"、"其他应收款"等科目,按照其差额,借记"营业外支出"科目。

【例 6-23】A 小企业应收 B 企业账款余额 80 000 元,B 企业经营业绩下滑,经协商,A 企业同意将 B 企业债务减为 60 000 元,并于当日收到款项。A 小企业的账务处理为:

借:银行存款 60 000

营业外支出 20 000

贷:应收账款 80 000

(五) 小企业会计准则与企业会计准则的比较

小企业会计准则与企业会计准则关于应收款项的规定基本相同,不同点主要体现在,小企业的资产按照成本计量,不计提资产减值准备。因此两部准则在坏账损失方面的规定就有所差异:

在小企业会计准则下,按照税法规定的资产损失税前扣除政策的条件确认,当资产发生减值损失切实发生时,采用直接转销法,直接借记"营业外支出"科目,贷记"应收账款"等科目,不得提前计提减值损失。

企业会计准则规定,当有客观证据表明该应收款项发生减值的,应当将该应收款项的账面价值与预计未来现金流量现值的差额确认为减值损失,计提减值准备,即采用备抵法,借记"资产减值损失"科目,贷记"坏账准备"科目。

四、存货

（一）存货的内容

存货是指小企业在日常活动中持有以备出售的产成品或商品、处在生产过程中的在产品、在生产过程或提供劳务过程中耗用的材料和物料等，以及小企业（农、林、牧、渔业）为出售而持有的、或在将来收获为农产品的消耗性生物资产。包括原材料、在产品、半成品、产成品、商品、周转材料、消耗性生物资产等。

（1）原材料，是指企业在生产过程中经加工改变其形态或性质并构成产品主要实体的各种原料及主要材料、辅助材料、燃料、修理用备件（备品备件）、包装材料、外购半成品（外购件）等。

（2）在产品，是指企业正在制造尚未完工的产品，包括正在各个生产工序加工的产品，和已加工完毕但尚未检验或已检验但尚未办理入库手续的产品。

（3）半成品，是指经过一定生产过程并已经检验合格交付半成品仓库保管，但尚未制造完工成为产成品，仍需进一步加工的中间产品。不包括从一个生产车间转给另一个生产车间继续加工的自制半成品以及不能单独计算成本的自制半成品，这类自制半成品属于在产品。

（4）产成品，是指工业企业已经完成全部生产过程并已经验收入库，可以按照合同规定的条件送交定货单位，或者可以作为商品对外销售的产品。企业接受外来原材料加工制造的代制品和为外单位加工修理的代修品，制造和修理完成验收入库后，应视同企业的产成品。

（5）商品，是指商品流通企业外购或委托加工完成验收入库用于销售的各种商品。

（6）周转材料，是指企业能够多次使用、逐渐转移其价值但仍保持原有形态不确认为固定资产的材料，如包装物和低值易耗品。

（7）委托加工物资，是指小企业委托外单位加工的各种材料、商品等物资。

（8）消耗性生物资产，是指小企业生长中的大田作物、蔬菜、用材林以及存栏代售的牲畜等。

（二）原材料按实际成本计价的核算

原材料按实际成本计价的核算，是指材料收发凭证、材料明细分类核算和材料总分类核算都按实际成本计价。

1. 购入材料的核算

（1）涉及的主要科目。

①“原材料”科目，本科目核算企业库存的各种材料，包括原料及主要材料、辅助材料、外购半成品（外构件）、修理用备件（备品备件）、包装材料、燃料等的实际成本或计划成本。本科目可按材料的保管地点（仓库）、材料的类别、品种和规格等进行明细核算。

②“在途物资”科目，本科目核算采用实际成本（或进价）进行材料、商品等物资的日常核算、货款已付尚未验收入库的在途物资的采购成本。可按供应单位和物

③“应付账款”科目，本科目核算企业因购买材料、商品和接受劳务等经营活动应支付的款项。本科目可按债权人进行明细核算。

④“预付账款”科目，本科目核算企业按照合同规定预付的款项。本科目的借方登记预付的款项及补付的款项；贷方登记收到所购物资时根据有关发票账单记入“原材料”等科目的金额及收回多付款项的金额；期末余额在借方，反映企业实际预付的款项；期末余额在贷方，反映企业尚未支付的款项。预付款项不多的企业，可以不设置“预付账款”科目，而将此业务在“应付账款”科目中核算。

(2) 原材料的采购成本。

原材料等存货的采购成本，包括购买价款、相关税费、运输费、装卸费、保险费以及在外购存货过程中发生的其他直接费用。购买价款是指购入时发票上注明的价款，但不包括按规定可以抵扣的增值税进项税额。

存货的相关税费，是指企业购买、自制或委托加工存货发生的关税、消费税、资源税和不能从销项税额中抵扣的增值税进项税。外购存货过程发生的其他可直接费用包括在存货采购过程中发生的仓储费、包装费、运输途中的合理损耗、入库前的挑选整理费用等。

(3) 发票账单与材料同时到达企业。

小企业在支付货款或开出、承兑商业汇票，材料验收入库后，应根据发票账单等结算凭证确定的材料成本，借记“原材料”科目，根据取得的增值税专用发票上注明的增值税额，借记“应交税费——应交增值税(进项税额)”科目，按照实际支付的款项或应付票据面值，贷记“银行存款”或“应付票据”等科目。

【例 6-24】甲小企业为一般纳税人从本地购入一批 *A* 材料，增值税专用发票上注明的材料价款 50 000 元，增值税额 6 500 元，材料验收入库，发票账单等结算凭证已收到，全部款项已用转账支票付讫。

根据专用发票、收料单、运费结算单和支票存根等单证作分录如下：

借：原材料——*A* 材料 50 000

　应交税费——应交增值税(进项税额) 6 500

　贷：银行存款 56 500

(4) 货款已经支付或开出、承兑商业汇票，材料尚未到达或尚未验收入库。

小企业应根据发票账单等结算凭证，借记“在途物资”、“应交税费——应交增值税(进项税额)”科目，贷记“银行存款”或“应付票据”等科目；待材料到达、验收入库后，再根据收料单，借记“原材料”科目，贷记“在途物资”科目。

【例 6-25】甲小企业从外地采购 *B* 材料一批，发票账单已到，增值税专用发票上注明的材料价款 20 000 元，增值税额 2 600 元，按协议签发一张期限三个月的商业承兑汇票，面值 23 400 元。材料尚未验收入库。根据发票、运单等单证作会计分录如下：

借：在途物资——*B* 材料 20 000

　应交税费——应交增值税(进项税额) 2 600

　贷：应付票据 22 600

上述购入的 *B* 材料已收到，并验收入库时，根据收料单等作分录如下：

借：原材料——*B* 材料 20 000

贷:在途物资——B 材料　　20 000

(5) 材料已经验收入库,发票等结算凭证尚未收到,未付款。

材料已到,发票账单未到达而暂未付款。在正常情况下,很短时间内,发票账单就可到达,因此,材料到达时一般不做账务处理,待实际付款时,再做账务处理。如果月末仍未收到发票账单,应按暂估价值入账,借记"原材料"科目,贷记"应付账款——暂估应付账款"科目。下月初作相反的会计分录予以冲回,以便收到发票账单后再按正常程序记账。

【例 6-26】甲小企业从外地购入 A 材料一批,合同价款 50 000 元,材料于 6 月 15 日验收入库,6 月 21 日收到增值税专用发票,列明该批材料价款 55 000 元,增值税进项税额 7 150 元。当即以存款支付。则企业应作如下账务处理:

6 月 15 日,暂不作账。

6 月 21 日,根据增值税专用发票、收料单、银行付款凭证单据,作会计分录如下:

借:原材料 ——A 材料　　55 000
　应交税费——应交增值税(进项税额)　　7 150
　贷:银行存款　　62 150

如果 6 月 30 日甲小企业尚未收到结算凭证,则应按合同规定价款暂估入账。根据收料单作会计分录如下:

借:原材料——A 材料　　50 000
　贷:应付账款——暂估应付账款　　50 000

7 月初作相反的会计分录:

借:应付账款——暂估应付账款　　50 000
　贷:原材料——A 材料　　50 000

假设 7 月 5 日上述结算凭证到达,货款当即以银行存款支付。应根据发票账单和银行付款凭证等单证作分录如下:

借:原材料——A 材料　　55 000
　应交税费——应交增值税(进项税额)　　7 150
　贷:银行存款　　62 150

(6) 货款已经部分预付,材料尚未验收入库。

采用预付货款的方式采购材料,应在预付材料价款时,按照实际预付的金额,借记"预付账款"科目,贷记"银行存款"科目;已经预付货款的材料验收入库,根据发票账单等所列的价款、税额等,借记"原材料"科目和"应交税费——应交增值税(进项税额)"科目,贷记"预付账款"科目;预付款项不足,补付货款时,按补付的金额,借记"预付账款"科目,贷记"银行存款"科目;退回多付的款项,借记"银行存款"科目,贷记"预付账款"科目。

【例 6-27】甲小企业与丙企业的购销合同规定,甲小企业为购买 A 材料需预付 20 000 元货款的 50%,已通过汇兑方式汇出。

借:预付账款——丙企业　　10 000
　贷:银行存款　　10 000

【例 6-28】承上例,甲小企业收到丙企业发运的 A 材料,已验收入库。有关账单记载,A 材料的货款 20 000 元,增值税 2 600 元,,所欠款项以银行存款支付。

(1) 材料入库时:

借:原材料——A 材料　20 000

　应交税费——应交增值税(进项税额)　2 600

　贷:预付账款　22 600

(2) 补付货款时:

借:预付账款　12 600

　贷:银行存款　12 600

2. 发出材料的核算

(1) 发出材料成本的计算方法。

小企业应当采用先进先出法、加权平均法或个别计价法确定发出存货的实际成本。计价方法一经确定,不得随意变更。

①先进先出法。

先进先出法是以先购入的存货先发出(销售或耗用)这样一种存货实物流动假设为前提,对发出存货进行计价的一种方法。具体方法是:收入存货时,逐笔登记收入存货的数量、单价和金额;发出存货时按照先进先出的原则逐笔登记存货发出的数量、单价和金额以及结存金额。

【例 6-29】丙企业 202×年 6 月 A 材料明细账如下表所示。采用先进先出法计算发出和结存材料的成本。

表 6-3　　单位:公斤

202×年		凭证号	摘要	收入			发出			结存		
月	日			数量	单价	金额	数量	单价	金额	数量	单价	金额
6	1		期初结存							300	10	3 000
	5		购入	900	11	9 900				300 900	10 11	3 000 9 900
	10		发出				300 750	10 11	3 000 8 250	150	11	1 650
	20		购入	600	12	7 200				150 600	11 12	1 650 7 200
	25		发出				150 450	11 12	1 650 5 400	150	12	1 800
	30		合计	1 500		17 100	1 650		18 300	150	12	1 800

注意:入库单价为含运杂费的综合实际单位成本=(发票上的价款+运杂费)÷入库数量

先进先出法可以随时结转存货发出的成本,期末存货成本接近于当期成本。在物价持续上升时,当期收入对于以前的成本,成本偏低,会高估企业当期利润和库存存货价值;反之,会低估企业存货价值和当期利润。

②加权平均法。

加权平均法,亦称全月一次加权平均法,是指以本月全部进货数量加月初存货数量作为权数,去除本月全部进货成本加月初存货成本,计算出存货的加权平均单位成本,以此为基础计算本月发出存货的成本和期末存货的成本的一种方法。有关计算公式如下：

$$存货单位成本=\frac{月初存货的实际成本+本月入库存货的实际成本}{月初库存存货数量+本月入库存货数量}$$

本月发出存货成本＝本月发出存货的数量×存货单位成本

月末库存存货成本＝月末库存存货的数量×存货单位成本

【例 6-30】根据例 4-7 资料，采用加权平均法计算 A 材料的成本如下：

$$A\text{ 材料单位成本}=\frac{3\ 000+17\ 100}{300+1\ 500}=11.16666\approx 11.17(\text{元})$$

月末库存 A 材料的成本＝150×11.17＝1 675.50(元)

本月发出 A 材料的成本＝3 000＋17 100－1 675.50＝18 424.50(元)

注意：上例中单位成本 11.17 元为约数，存在尾差，所以，先计算月末库存材料的成本，倒挤出本月发出材料的成本，将尾差挤入本期发出存货的成本中，使得“期末存货成本＝期末存货数量×存货单位成本”成立，不影响以后期间的计算。

采用加权平均法，只在月末一次计算加权平均单价，比较简单，有利于简化成本计算工作，但由于平时无法从账上提供发出和结存存货的单价及金额，因此不利于存货成本的日常管理和控制。

③个别计价法。

个别计价法，又称个别认定法、具体辨认法，是指以某批存货购入或生产时所确定的实际单位成本，作为该批存货发出和结存的实际单位成本。按照各种存货逐一辨认各批发出存货和期末存货所属的购进批别或生产批别，分别按其购入或生产时所确定的单位成本计算各批发出存货和期末存货成本。

个别计价法的成本计算准确，符合实际情况，但在存货收发频繁的情况下，其发出成本分辨的工作量较大。因此，这种方法适用于不能代替使用的存货、为特定项目专门购入或制造的存货以及提供的劳务，如珠宝、名画等贵重物品。

(2) 材料发出的账务处理。

由于企业材料的日常领发业务频繁，如果逐笔登记总分类账，则工作量太大。为了简化日常核算工作，平时一般只登记材料明细分类账，反映各种材料的收发和结存金额，月末根据“领料单”或“限额领料单”等按实际成本计价的发料凭证，按领用部门和用途，汇总编制“发料凭证汇总表”，据以登记总分类账。

【例 6-31】丙企业根据“发料凭证汇总表”的记录，3 月份基本生产车间领用 A 材料 50 000 元，辅助生产车间领用 A 材料 10 000 元，车间管理部门领用 A 材料 5 000 元，企业行政管理部门领用 A 材料 4 000 元，出售 A 材料 1 000 元，总计 70 000 元。

借：生产成本—基本生产成本	50 000	
—辅助生产成本	10 000	
制造费用	5 000	
管理费用	4 000	
其他业务成本	1 000	
贷：原材料—A 材料		70 000

（三）原材料按计划成本计价的核算

材料按计划成本进行计价的核算，是指原材料的日常收发及结存，无论总分类核算还是明细分类核算，均按计划成本计价核算的方法。

1. 应增设置的科目

“原材料”、“应付账款”等科目外，还应增设一下科目：

（1）“材料采购”科目，本科目核算企业采用计划成本进行材料日常核算而购入材料的采购成本。本科目借方登记采购材料的实际成本；贷方登记入库材料的计划成本。借方大于贷方表示超支，从本科目贷方转入“材料成本差异”科目的借方；贷方大于借方表示节约，从本科目借方转入“材料成本差异”科目的贷方；期末为借方余额反映企业未入库材料的实际成本。本科目可按供应单位和材料的品种进行明细核算。

（2）“材料成本差异”科目，本科目核算企业采用计划成本进行日常核算的材料实际成本与计划成本的差额。借方登记入库材料的超支差异及发出材料应负担的节约差异；贷方登记入库材料的节约差异及发出材料应负担的超支差异；期末如为借方余额，反映企业库存材料的实际成本大于计划成本的差异（即超支差异）；如为贷方余额，反映企业库存材料的实际成本小于计划成本的差异（即节约差异）。本科目可以分别“原材料”、“周转材料”等，按照类别或品种进行明细核算。

2. 购入材料的核算

在计划成本法下，企业取得的材料不论是否同时入库，均先通过“材料采购”科目核算，材料的实际成本与计划成本的差异，通过“材料成本差异”科目核算。在实际工作中，材料采购成本的结转一般是月末根据“收料单”汇总进行的，材料成本差异也是月末汇总结转的，以简化核算手续。

（1）货款已经支付，同时材料验收入库

【例 6-32】丁企业从本地某工厂购入一批 *A* 材料，增值税专用发票上注明的 *A* 材料价款 50 000 元，增值税额 6 500 元，材料已验收入库，发票账单等结算凭证已收到，该批材料运杂费 1 000 元。全部款项已用转账支票付讫，该批材料的计划成本为 50 000 元。根据专用发票、运费结算单和支票存根等作会计分录如下：

借：材料采购——*A* 材料　　　　51 000
　　应交税费——应交增值税（进项税额）　　6 500
　　贷：银行存款　　　　57 500

（2）货款已经支付，材料尚未验收入库

【例 6-33】丁企业从外地采购 *A* 材料一批，发票账单已到，增值税专用发票上注明的 *A* 材料价款 65 800 元，增值税额 8 554 元，按协议签发一张期限三个月的商业承兑汇票，面值 74 354 元。材料尚未验收入库，该批材料的计划成本为 65 000 元。月末前入库。根据发票、运单等单证作会计分录如下：

借：材料采购——*A* 材料　　　　65 800
　　应交税费——应交增值税（进项税额）　　8 554
　　贷：应付票据　　　　74 354

（3）汇总入库

【例 6-34】月末汇总本月已付款或已开出并承兑商业汇票的入库材料的计划成本 A 材料 115 000 元。

借:原材料——A 材料　　115 000

　贷:材料采购 ——A 材料　　115 000

上述入库 A 材料的实际成本为 116800 元,成本差异为超支 1800 元;结转入库材料的成本差异。作会计分录如下:

借:材料成本差异——B 材料　　1 800

　贷:材料采购——B 材料　　1 800

3. 发出材料的核算

(1) 结转发出材料的计划成本

月末,将领料单根据领用部门和用途进行归类汇总,编制“发料凭证汇总表”,据以填制记账凭证,借记“生产成本”等科目,贷记“原材料”科目。

【例 6-35】丁企业根据“发料凭证汇总表”的记录,A 材料的消耗(计划成本)为:基本生产车间领用 50 000 元,车间管理部门领用 6 000 元,企业行政管理部门领用 4 000 元,作会计分录如下:

借:生产成本——基本生产成本　　50 000

　制造费用　　6 000

　管理费用　　4 000

　贷:原材料——A 材料　　60 000

(2) 结转发出材料应负担的成本差异

发出材料应负担的成本差异应当按期(月)分摊,不得在季末或年末一次计算。发出材料应负担的成本差异,除委托外单位加工发出材料可按期初成本差异率计算外,应使用当期实际差异率;期初成本差异率与本期成本差异率相差不大的也可按期初成本差异率计算。计算方法已经确定,不得随意变更。上述发出材料的计划成本应通过材料成本差异的结转,调整为实际成本。计算公式为:

$$\text{本期材料成本差异率}=\frac{\text{期初结存材料的成本差异}+\text{本期验收入库材料的成本差异}}{\text{期初结存材料的计划成本}+\text{本期验收入库材料的计划成本}}\times 100\%$$

注意:上述公式分子上成本差异超支为“+”,节约为“-”。

$$\text{期初材料成本差异率}=\frac{\text{期初结存材料的成本差异}}{\text{期初结存材料的计划成本}}\times 100\%$$

发出材料应负担的材料成本差异=发出材料的计划成本×材料成本差异率

【例 6-36】丁企业月初结存 A 材料的计划成本为 35 000 元,成本差异为超支 450 元,入库材料的计划成本 115 000 元,成本差异为超支 1 800 元。则:

材料成本差异率=(450+1 800)÷(35 000+115 000)×100%=1.5%

结转发出 A 材料的成本差异的会计分录为:

借:生产成本——基本生产成本　　750

　制造费用　　90

　管理费用　　60

贷:材料成本差异——A 材料 900

(四) 周转材料

1. 周转材料概述

周转材料,是指小企业能够多次使用、逐渐转移其价值但仍保持原有形态不确认为固定资产的材料,包括包装物和低值易耗品,以及小企业(建筑业)的钢模版、木模板、脚手架等。

各种包装材料,如纸、绳、铁丝、铁皮等,应在"原材料"科目核算;用于储存盒保管产品、材料而不对外出售的包装物,应按价值大小和使用年限长短,分别在"固定资产"科目和本科目核算。

小企业的包装物、低值易耗品,也可以单独设置"1412 包装物"、"1413 低值易耗品"科目。包装物数量不多的小企业,也可以不设置本科目,将包装物并入"原材料"科目核算。

本科目应按照周转材料的种类,分别"在库"、"在用"和"摊销"科目进行明细核算。

2. 周转材料的主要账务处理

小企业外购、自制、委托外单位加工完成并验收入库的周转材料,以及对周转材料的清查盘点,比照"原材料"科目的相关规定进行账务处理。

生产、施工等领用周转材料,通常采用一次转销法按照其成本,借记"生产成本"、"工程施工"等科目,贷记"周转材料"科目。

随同产品出售但不单独计价的包装物,按照其成本,借记"销售费用"科目,贷记"周转材料"科目。

随同产品出售单独计价单独计价的包装物,按照其成本,借记"其他业务成本"科目,贷记"周转材料"科目。

金额较大的周转材料,可以采用分次摊销法,领用时应按照其成本,借记"周转材料(在用)"科目,贷记"周转材料(在库)"科目;按照使用次数摊销时,应按照其摊销额,借记"生产成本"、"管理费用"、"工程施工"等科目,贷记"周转材料(摊销)"科目。

周转材料若采用计划成本日常核算,月末还应结转领用周转材料应负担的材料成本差异。

【例 6-37】丙小企业本月销售商品领用单独计价的包装物一批,实际成本为 8 000 元,销售收入为 10 000 元,增值税额为 1 300 元,款项已存入银行。作会计分录如下:

(1) 出售单独计价包装物时

借:银行存款 11 700

贷:其他业务收入 10 000

应交税费——应交增值税(销项税额) 1 300

(2) 结转所售单独计价包装物的成本时

借:其他业务成本 8 000

贷:周转材料——包装物 8 000

(五) 库存商品的核算

1. 库存商品核算的内容

库存商品是指小企业已完成全部生产过程并已验收入库、合乎标准规格和技术条件,可以按照合同规定的条件送交订货单位或可以作为商品对外销售的产品，以及外购或委托加工完成验收入库用于销售的各种商品。

应设置“库存商品”科目，本科目核算企业库存的各种商品的实际成本或计划成本（或售价），包括库存产成品、外购商品、存放在门市部准备出售的商品、发出展览的商品以及寄存在外的商品等。本科目可按库存商品的种类、品种和规格等进行明细核算。

2. 工业企业库存商品的核算

企业自行生产的产成品一般应按实际成本核算，其实际成本包括投入的原材料或半成品、直接人工和按照一定方法分配的制造费用。产成品的入库和出库，平时只记数量不记金额，期（月）末计算入库产成品的实际成本。生产完工验收入库的产成品，按其实际成本，借记“库存商品”，贷记“生产成本”科目。

【例 6-38】某企业根据“产品成本计算单”等有关资料，本月共验收入库 *A* 产品 100 件，每件的实际成本 80 元，采用实际成本计价。会计分录如下：

借：库存商品——*A* 产品　　8 000
　　贷：生产成本　　　　　　8 000

产成品种类较多、收发频繁的企业则可以采用计划成本进行日常核算，其实际成本与计划成本的差异，可以单独设置“产品成本差异”科目，比照 “材料成本差异”核算。

【例 6-39】承上例，若该企业对产成品采用计划成本核算，每件 *A* 产品的计划成本为 78 元，有关会计分录如下：

借：库存商品——*A* 产品　　7 800
　　产品成本差异　　　　　　200
　　贷：生产成本　　　　　　8 000

采用实际成本进行产成品日常核算的，发出产成品的实际成本，可以采用先进先出法、加权平均法或个别计价法计算确定。成本的计算和结转一般在月末集中进行，即平时对产成品明细账只登记发出的数量，不登记结转金额，以简化核算。

【例 6-40】某企业本月共销售 *A* 产品 60 件，加权平均单价为 80 元，月末结转已销产品的成本。会计分录如下：

借：主营业务成本　　　　　4 800
　　贷：库存商品——*A* 产品　　4 800

3. 商品流通企业库存商品的核算

商品流通企业存货的采购成本，包括购买价款、相关税费、运输费、装卸费、保险费以及其他可归属于存货采购成本的费用。

在采购商品过程中发生的运输费、装卸费、保险费以及其他可归属于存货采购成本的费用等进货费用，应当计入存货采购成本，也可以先进行归集，期末根据所购商品的存销情况进行分摊。对于已售商品的进货费用，计入主营业务成本；对于未售商品的进货费用，计入期末存货成本。企业采购商品的进货费用金额较小的，可以在发生时直接计入当期销售费用。

（1）毛利率法。经营商品批发的商品流通企业按进价金额（或实际成本）核算，与材料采用实际成本计价核算基本相同，这里不再重述。发出商品的实际成本可采用先进先出法、加权平均法、个别计价法、毛利率法等方法进行计算。但计算方法一经确定，不得随意变动。这里只介绍毛利率法。

毛利率法是根据销售净额乘以上期实际（或本月计划）毛利率匡算本期销售毛利，并计算发出存货成本和期末存货成本的一种方法。计算公式如下：

毛利率＝销售毛利÷销售净额×100％

销售净额＝商品销售收入－销售折让与退回

销售毛利＝销售净额×毛利率

销售成本＝销售净额－销售毛利

期末存货成本＝期初存货成本＋本期购货成本－本期销售成本

例：某商场2016年7月1日针织品类有120万元，本月购进300万元，本月销售收入350万元，上季该类商品毛利率为20％，计算本月销售毛利、销售成本和月末库存商品的成本。

销售毛利＝350×20％＝70（万元）

销售成本＝350－70＝280（万元）

月末库存商品成本＝120＋300－280＝140（万元）

用毛利率法计算本期销售成本和期末存货成本，在商品流通企业较为常见，特别是商业批发企业。若按每种商品计算并结转销售成本，工作量大而且商业批发企业的同类商品毛利率大致相同，采用这种方法，商品销售成本按商品大类销售额计算，在大类商品账上结转成本，计算手续简便。商品明细账平时只登记发出商品的数量，不登记金额，每季末的最后一个月再根据月末结存数量，按照最后进价法等计价方法，先计算季末存货成本，然后再计算该季度的商品销售成本，用该季度的商品销售成本减去前两个月已结转的成本，得到第三个月应结转的销售成本，从而对前两个月用毛利率计算的成本进行调整。采用这种存货计价方法既能减轻工作量，也能满足对存货管理的需要。

（2）售价金额核算法。售价金额核算法是以总售价来控制实物负责人经营商品的增减变动和结存情况的一种核算方法。其基本特点是，把商品管理和商品核算密切结合起来，建立实物负责制度，并通过商品的售价金额和实地盘点制度，对各个实物负责人所经营的商品的数量进行控制，企业会计部门对库存商品的进、销、存变动情况，一律按商品的零售价记账。库存商品总分类账和明细分类账均登记零售价（含销项税额）金额。

采用售价金额核算的情况下，需要增设“商品进销差价”科目，该科目核算企业采用售价金额进行日常核算的商品售价与进价之间的差额（含销项税额）。借方登记已售商品分摊的进销差价，贷方登记入库商品的进销差价，余额在贷方，反映企业库存商品的商品进销差价。期末通过计算进销差价率的办法计算本期已销商品应分摊的进销差价，并据以调整本期销售成本。

在我国的会计实务中，商品零售企业广泛采用售价金额核算法。这种方法的会计核算程序如下：

①购入的商品，在“库存商品”科目中按售价金额记账，商品售价与进价的差额，在“商品进销差价”科目反映。

②平时企业销售商品时，可以先按含税售价确认销售收入，借记“银行存款”，贷记“主

营业务收入”，同时，按相同的金额结转成本，借记“主营业务成本”科目，贷记“库存商品”科目。

③月末，计算商品进销差价率，计算分摊本月已销商品应分摊的进销差价，借记“商品进销差价”科目，贷记“主营业务成本”科目。将“主营业务成本”调整为实际成本。

④月末，将含税收入分解为不含税收入和增值税两部分。借记“主营业务收入”，贷记“应交税费——应交增值税(销项税额)”。

销售商品应分摊的进销差价，按以下公式计算：

$$\text{商品进销差价率}=\frac{\text{期初库存商品进销差价}+\text{本期购入商品进销差价}}{\text{期初库存商品售价}+\text{本期购入商品售价}}\times 100\%$$

$$\text{本期销售商品应分摊的商品进销差价}=\text{本期主营业务收入科目贷方发生额}\times\text{商品进销差价率}$$

$$\text{本期销售商品的实际成本}=\text{本期商品销售收入}-\text{本期购进商品应分摊的商品进销差价}$$

$$\text{期末结存商品的成本}=\text{期初库存商品的进价成本}+\text{本期购进商品的进价成本}-\text{本期销售商品的成本}$$

【例 6-41】某商品零售企业为一般纳税企业，增值税率为 13%，购进商品一批，价款 100 000 元，增值税额 13 000 元，全部以存款支付，商品已验收入库，该批商品的含税售价为 169 500 元。根据有关凭证作会计分录如下：

(1) 付款与入库同时

借：库存商品　　169 500
　　应交税费——应交增值税(进项税额)　　13 000
　　贷：银行存款　　113 000
　　商品进销差价　　69 500

(2) 若先付款，后入库。

付款时：

借：在途物资　　100 000
　　应交税费——应交增值税(进项税额)　　13 000
　　贷：银行存款　　113 000

入库时：

借：库存商品　　169 500
　　贷：在途物资　　100 000
　　商品进销差价　　69 500

(3) 假设上述商品销售 60%，销售实现时的会计分录如下：

借：银行存款　　101 700
　　贷：主营业务收入　　101 700

同时按零售价结转商品销售成本

借：主营业务成本　　101 700
　　贷：库存商品　　101 700

(4) 月末分摊已销商品的进销差价

假设该零售企业本月初库存商品为零,商品进销差价 0 元。

商品进销差价率=69 500÷169 500×100%=41.00%

已销商品应分摊的进销差价=101 700×41.00%=41 697(元)

借:商品进销差价　　41 697

　贷:主营业务成本　　41 697

本期销售商品的实际成本=101 700-41 697=60 003(元)

经过结转,将本期按零售价结转的销售成本调整为实际成本 60 000 元。

(5) 分解含税收入,计算销项税额

不含税收入=含税收入÷(1+13%)=101 700÷(1+13%)=90 000(元)

销项税额=不含税收入×13%=90 000×13%=11 700(元)

借:主营业务收入　　11 700

　贷:应交税费——应交增值税(销项税额)　　11 700

企业的商品进销差价率各期之间比较均衡的,也可以采用上期商品进销差价率计算分摊本期的商品进销差价。年度终了,应对商品进销差价进行核实调整。

(六) 消耗性生物资产

1. 消耗性生物资产概述

消耗性生物资产,是指小企业(农、林、牧、渔业)生长中的大田作物、蔬菜、用材林以及存栏待售的牲畜等。消耗性生物资产通常是一次性消耗并终止其服务能力或未来经济利益,具有存货特征,应当作为存货在资产负债表中列报。

"消耗性生物资产"科目核算小企业(农、林、牧、渔业)持有的消耗性生物资产的实际成本。本科目应按照消耗性生物资产的种类、群别等进行明细核算。

2. 消耗性生物资产的主要账务处理

(1) 外购的消耗性生物资产的成本,包括购买价款、相关税费、运输费、保险费,以及可直接归属于购买该资产的其他支出包括场地整理费、装卸费、栽植费、专业人员服务费等。按照应计入消耗性生物资产成本的金额,借记"消耗性生物资产"科目,贷记"银行存款"、"应付账款"等科目。

【例 6-42】202×年 5 月,某小企业从市场上一次性购入 200 头羊苗和 300 头猪苗,单价分别为 400 元和 300 元,支付的价款 170 000 元,款项以银行存款支付。

借:消耗性生物资产——羊　　80 000

　　消耗性生物资产——猪苗　　90 000

　贷:银行存款　　170 000

(2) 自行栽培的大田农作物和蔬菜,应按照收获前耗用的种子、肥料、农药等材料费、人工费和应分摊的间接费用等必要支出,借记"消耗性生物资产"科目,贷记"银行存款"等科目。

自行营造的林木类消耗性生物资产,应按照郁闭前发生的造林费、抚育费、营林设施费等必要支出,借记"消耗性生物资产"科目,贷记"银行存款"等科目。

自行繁衍的育肥畜、水产养殖的动植物,应按照出售前发生的必要支出,借记"消耗性生物资产"科目,贷记"银行存款"等科目。

(3) 产畜或役畜淘汰转为育肥畜的,应按照转群时的账面价值,借记"消耗性生物资产"科目,按照已计提的累计折旧,借记"生产性生物资产累计折旧"科目,按照其账面余额,借记"生产线生物资产"科目。

育肥畜转为产畜或役畜的,应按照其账面余额,借记"生产性生物资产"科目,贷记"消耗性生物资产"科目。

(4) 择伐、间伐或抚育更新性质采伐而补植林木类消耗性生物资产发生的后续支出,借记"消耗性生物资产"科目,贷记"银行存款"等科目。

林木类消耗性生物资产达到郁闭后发生的管护费用等后续支出,借记"管理费用"科目,贷记"银行存款"等科目。

(5) 农业生产过程中发生的应归属于消耗性生物资产的费用,按照应分配的金额,借记"消耗性生物资产"科目,贷记"生产成本"科目。

(6) 消耗性生物资产收获为农产品时,应按照其账面余额,借记"农产品"科目,贷记"消耗性生物资产"科目。

(7) 出售消耗性生物资产,应按照实际收到的金额,借记"银行存款"等科目,贷记"主营业务收入"等科目。按照其账面余额,借记"主要业务成本"等科目,贷记"消耗性生物资产"科目。

(七) 存货清查

存货清查是指通过对存货的实地盘点,确定存货的实有数量,并与账面结存数核对,从而确定存货实存数与账面数是否相符的一种方法。

为了反映企业在财产清查中查明的各种存货的盘盈、盘亏和损毁情况,企业应当设置"待处理财产损溢"科目,借方登记存货的盘亏、损毁金额及盘盈的转销金额,贷方登记存货的盘盈金额及盘亏的转销金额。期末处理后,本科目应无余额。

发生存货盘盈时,应借记"原材料"、"库存商品"等科目,贷记"待处理财产损溢"科目;按规定报经批准后,借记"待处理财产损溢"科目,贷记"营业外收入"科目。

【例 6-43】丙企业年终对存货进行清查,盘盈 A 材料 20 件,实际单位成本 10 元。经查材料盘盈属于收发计量方面的错误。有关会计分录如下:

(1) 根据盘点报告单(批准处理前)

借:原材料——A 材料　200

　　贷:待处理财产损溢　200

(2) 批准处理后

借:待处理财产损溢　200

　　贷:营业外收入　200

企业发生存货盘亏及损毁时,借记"待处理财产损溢"科目,贷记"原材料"、"库存商品"等科目。经批准后应作如下会计处理:对于入库的残料价值,记入"原材料"等科目;对于应由保险公司和过失人的赔款,记入"其他应收款"科目;扣除残料价值和应由保险公司、过失人赔款后的净损失,记入"营业外支出"科目。

(八) 小企业会计准则与企业会计准则的比较

(1) 存货盘盈时所用的损益类科目不同。

(2) 小企业会计准则下,存货盘盈通过"营业外收入"科目核算;企业会计准则下,冲减当期"管理费用"科目。

(3) 生产用固定资产日常修理维护用存货的处理不同。小企业会计准则下,计入"制造费用"科目;企业会计准则下,计入"管理费用"科目。

(4) 存货减值的处理不同。小企业会计准则下,不计提存货跌价准备。企业会计准则下,如存货的可变现净值低于其成本,则需要计提存货跌价准备。

【课后习题】

一、单项选择题

1. 下列项目中,不属于其他货币资金的是(　　)。

A. 外埠存款　　B. 外币存款　　C. 银行本票存款　　D. 信用卡存款

2. 企业现金清查中,经检查无法查明原因的现金短款,经批准后应计入(　　)。

A. 财务费用　　B. 管理费用　　C. 销售费用　　D. 营业外支出

3. 企业存放在银行信用卡的存款,应通过(　　)科目进行核算。

A. 其他货币资金　　B. 银行存款　　C. 在途货币资金　　D. 库存现金

4. 对于银行已收款而企业尚未入账的未达账项目企业应作的处理为(　　)。

A. 以"银行对账单"为原始记录将该业务登记入账

B. 根据"银行存款余额调节表"和"银行对账单"自制原始凭证入账

C. 在编制"银行存款余额调节表的同时入账"

D. 待有关结算凭证到达后入账

5. 企业存在银行的银行汇票存款,应通过(　　)科目核算。

A. 库存现金　　B. 银行存款　　C. 其他货币资金　　D. 应收票据

6. 企业持有一张202×年2月28日签发、期限为3个月的商业汇票。该汇票的到期日为(　　)。

A. 5月28日　　B. 5月29日　　C. 5月30日　　D. 5月31日

7. 某企业202×年11月1日销售商品,并于当日收到面值为50 000元,年利率6%、期限3个月的银行承兑汇票一张,12月31日,该应收票据的账面价值为(　　)元。

A. 50 000　　B. 50 250　　C. 50 500　　D. 50 750

8. 某企业202×年5月10日销售产品一批,销售收入为10 000元,规定的现金折扣条件为2/10,1/20,N/30,适用的增值税率为13%.企业5月26日收到货款时,应计入财务费用的金额为(　　)元。(假定折扣时不考虑增值税)

A. 0　　B. 100　　C. 113　　D. 226

9. 企业存出的保证金,应借记(　　)账户。

A. 其他货币资金　　B. 应收票据　　C. 其他应收款　　D. 预付账款

10. 预付账款业务不多的企业,可以将预付的货款直接记入(　　)账户,而不单独设置"预付账款"账户。

A. 应收账款　　B. 其他应收账款　C. 应付账款　　D. 应收票据

11. 下列各项支出中，一般纳税企业不计入存货成本的是(　　)。

A. 购入存货时发生的增值税进项税额　B. 入库前的挑选整理费用

C. 购买存货而发生的运输费用　　D. 购买存货而支付的进口关税

12. 某企业为增值税一般纳税人，202x 年 4 月购入 A 材料 1000 公斤，增值税专用发票上注明的买价为 30000 元，增值税额为 3900 元，该批 A 材料在运输途中发生 1%的合理损耗，实际验收入库 990 公斤，在入库前发生挑选整理费用 300 元。该批入库 A 材料的实际总成本为(　　)元。

A. 29700　　B. 29997　　C. 30300　　D. 35400

13. 某企业采用先进先出法计算发出材料的成本。202x 年 3 月 1 日结存 B 材料 200 吨，每吨实际成本为 200 元；3 月 4 日和 3 月 17 日分别购进 B 材料 300 吨和 400 吨，每吨实际成本分别为 180 元和 220 元；3 月 10 日和 3 月 27 日分别发出 B 材料 400 吨和 350 吨。B 材料月末账面余额为(　　)元。

A. 30 000　　B. 30 333　　C. 32 040　　D. 33 000

14. 甲商场采用售价金额核算法对库存商品进行核算。202x 年 3 月，月初库存商品的进价成本为 21 万元，售价总额为 30 万元，本月购进商品的进价成本为 31 万元，售价总额为 50 万元，本月销售商品的售价总额为 60 万元，假定不考虑增值税及其他因素，甲商场 3 月末结存商品的实际成本为(　　)万元。

A. 7　　B. 13　　C. 27　　D. 33

15. 某企业因火灾原因盘亏一批材料 20000 元，该批材料的进项税额为 2600 元，收到各种赔款 2500 元，残料入库 500 元。报经批准后，应计入“营业外支出”账户的金额为(　　)元。

A. 17000　　B. 20100　　C. 22600　　D. 19600

二、多项选择题

1. 下列项目中属于其他货币资金的有(　　)。

A. 信用证保证金存款　　B. 银行汇票存款

C. 备用金　　D. 银行本票存款

2. 下列账款中属于未达账项的有(　　)。

A. 企业已开出但银行尚未兑付的支票

B. 企业已收款入账，但银行尚未收款入账

C. 银行收到委托款项但尚未通知企业

D. 银行代付电话费但未将其通知单送达企业

3. 下列各项中，使得企业银行存款日记账余额会小于银行对账单余额的有(　　)。

A. 企业开出支票，对方未到银行兑现

B. 银行误将其他公司的存款记入本企业银行存款账户

C. 银行代扣水电费，企业尚未接到通知

D. 银行收到委托收款结算方式下结算款项，企业尚未接到通知

4. 下列项目中应通过“其他应收款”核算的有(　　)。

A. 拔付给企业各内部单位的备用金

B. 应收的各种罚款

C. 收取的各种押金

D. 应向职工收取的个人借款

5. 企业因销售商品发生的应收账款，其入账价值应当包括(　　)。

A. 销售商品的价款　B. 增值税销项税额

C. 代购货方垫付的运杂费　D. 可能给予购货方的现金折扣

6. 按现行制度规定，不能用“应收票据”和“应付票据”核算的银行结算票据包括(　　)。

A. 银行汇票　B. 银行承兑汇票　C. 银行本票　D. 商业承兑汇票

7. 下列各种物资中，应当作为企业存货核算的有(　　)。

A. 包装物　B. 发出商品　C. 低值易耗品　D. 工程物资

8. 材料按计划成本计价时，应设置(　　)等账户。

A. 材料采购　B. 在途材料　C. 原材料　D. 材料成本差异

9. 在毛利率法下，用于匡算本期销售毛利的毛利率可以是(　　)毛利率。

A. 上期计划　B. 本期计划　C. 上期实际　D. 本期实际

三、判断题

1. 银行存款余额调节表是调整企业银行存款账面余额的原始凭证。(　　)

2. 企业的现金清查小组应当在出纳人员在场的情况下对企业的库存现金进行定期或不定期清查。(　　)

3. 对于因未达账项而使企业银行存款日记账余额和银行对账单余额出现的差异，无须作账面调整，待结算凭证到达后再进行账务处理。(　　)

4. 库存现金的清查包括出纳人员每日的清点核对和清查小组定期和不定期的清查。(　　)

5. 无论企业收到的应收票据是否带息，均应按票据的票面价值入账(　　)。

6. “预付账款”账户的贷方余额反映的是应付供货单位的货款(　　)。

7. 因非常损失盘亏的存货，在减去过失人或者保险公司等赔款和残料价值后，计入当期管理费用。(　　)

8. 已展出或委托代销的商品，均不属于企业的存货。(　　)

9. 购入材料在运输途中发生的合理损耗不需单独进行账务处理。(　　)

10. 企业采用先进先出法计量发出存货的成本，如果本期发出存货的数量超过本期第一批购进存货的数量(假定本期期初无库存)，超过部分仍应按本期第一批购进存货的单位成本计算发出存货的成本。(　　)

四、业务题

1. 练习库存现金和银行存款的核算

资料：甲小企业 202x 年 1 月 1 日库存现金余额为 1 000 元，银行存款余额为 250 000 元。1 月份发生库存现金和银行存款业务如下：

(1) 2 日，开出现金支票提取现金 3 000 元备用。

(2) 4 日,向乙公司汇款 65 000 元,预付购货款。

(3) 6 日,收取包装物出租押金 1 200 元,开具现金收据。

(4) 8 日,销售员张涛预借差旅费 800 元,以现金支付。

(5) 11 日,出租包装物收取租金 600 元,现金收讫。

(6) 12 日,收到银行转来的收账通知,丙公司承付货款 9 500 元。

(7) 16 日,开出现金支票 120 000 元,提取现金,备发工资。

(8) 19 日,支付本月工资。

(9) 20 日,向银行送存现金 3 000 元。

(10) 22 日,收到银行存款利息清单,收到利息 1 800 元。

(11) 23 日,收到银行转来的付款通知,支付水电费 5 600 元。

(12) 25 日,购买办公用品 640 元,现金支付。

(13) 27 日,购入材料一批,价款 40 000 元,增值税 5 200 元,用转账支票支付。

(14) 29 日,银行转来收账通知,收到丁公司前欠货款 68 000 元。

(15) 30 日,销售产品一批,价款 80 000 元,增值税 10 400 元,收到转账支票已经办理入账手续。

(16) 31 日,张涛出差回来报销差旅费 700 元,退回多余现金 100 元。

1 月 31 日,收到银行的对账单,如下表:

中国××银行××支行对账单

单位:甲公司　　　　2022 年 1 月 31 日　　　　账号:×××××

月　日	凭证号码	摘要	借方	贷方	借或贷	余额	其余各项
1 月 1 日	略	承前页			贷	250 000	略
1 月 2 日		提现	3 000			247 000	
1 月 4 日		信汇	65 000			182 000	
1 月 12 日		托收		9 500		191 500	
1 月 16 日		工资	120 000			71 500	
1 月 20 日		现金		3 000		74 500	
1 月 22 日		利息		1800		76 300	
1 月 23 日		水电费	5 600			70 700	
1 月 29 日		托收		68 000		138 700	
1 月 30 日		托收		8 000		146 700	
1 月 30 日		承付	5 000			141 700	
1 月 31 日		托收		3 300		145 000	

要求:

(1) 开设库存现金和银行存款日记账以及总账,登记期初余额。

(2) 根据 1 月份的经济业务编制记账凭证,并进行审核。

(3) 根据记账凭证登记库存现金和银行存款日记账。

(4) 编制科目汇总表，据此登记库存现金和银行存款总账。

(5) 进行账账核对。

(6) 逐笔核对银行存款日记账与银行对账单，找出未达账项，编制银行存款余额调节表。

2. 甲小企业为增值税一般纳税企业，适用税率为13%。202x年3月1日，向乙公司销售商品一批，售价总额为2万元，因属批量销售，甲小企业同意给乙公司10%的商业折扣；同时，为鼓励乙公司及早支付货款，甲公司规定的现金折扣条件(按不含增值税的售价计算)为:2/10,1/20,N/30。假定甲小企业3月8日收到该笔销售货款，求其收到的价款并进行账务处理。

3. 乙小企业5月2日持一张出票日期为3月23日、期限为6个月、面值为110 000元的不带息商业承兑汇票到银行申请贴现，银行贴现率为6%。

要求：计算贴现期、贴现息和贴现额，并作出相关的账务处理。

4. 甲小企业4月20日从东风公司采购丁材料1 000公斤，单价40元，货款计40 000元。根据合同规定向东风公司预付货款30 000元，6月25日收到东风公司发来所购丁材料，全部验收入库，收到的增值税发票上注明货款40 000元，增值税5 200元，并以银行存款补付其余货款。

要求：编制相关会计分录。

5. 某企业为一般纳税人按实际成本计价进行材料收发核算，202x年3月份发生下列收发业务：

(1) 4日，向A企业购进甲材料20 000千克，每千克17.50元，专用发票上注明价款350 000元，增值税款45 500元，均尚未支付，材料已验收入库。

(2) 6日以"信汇凭证"汇出应付A企业的材料款350 000元，增值税款45 500元。

(3) 8日，向B企业购进乙材料10 000千克，每千克10元，增值税率13%，材料已验收入库，货款以转账支票支付

(4) 18日，从外地C企业购进甲材料30吨，每吨17 500元，乙材料20吨，每吨10 000元，增值税率13%，货款托收承付方式结算，接到托收承付凭证及有关账单，审核无误承付款项，材料未到。

(5) 20日，从外地C企业购进的甲材料30吨，乙材料20吨已运到，如数验收，其购入成本以上题资料计算。

(6) 31日，月末汇总本月生产车间生产A产品领用甲材料25吨，乙材料15吨，车间一般耗用乙材料1吨。甲材料每吨成本17 500元，乙材料每吨成本10 000元。

要求：根据上述经济业务编制会计分录。

6. 某企业202×年11月份甲材料的明细账资料如下表(单位：元)：

日期	摘要	收入			发出			结存		
		数量	单价	金额	数量	单价	金额	数量	单价	金额
11.1	期初							1 000	4.0	4 000
11.9	购进	4 000	4.0	16 000				5 000		

续表

日期	摘要	收	入		发	出		结	存	
		数量	单价	金额	数量	单价	金额	数量	单价	金额
11.10	领用				2 000			3 000		
11.15	购进	5 000	5.0	25 000				8 000		
11.20	购进	2 000	4.8	9 600				10 000		
11.28	领用				6 000			4 000		
11.30	盘亏				100			3 900		

要求：用先进先出法计算本期领用材料成本和期末库存材料金额。

7. 企业为增值税一般纳税企业，材料日常收发按计划成本核算，202x 年 8 月份发生下列经济业务：

（1）根据合同发出材料一批，交加工单位进行加工，计划成本为 10 000 元，材料成本差异率为 1%。

（2）通过银行支付加工费 600 元，增值税 78 元。

（3）结转本月加工完成验收入库材料的计划成本 11 000 元，同时结转材料成本差异。

要求：根据上述经济业务，编制有关的会计分录。

8. 零售企业商品收发核算用售价金额核算法，本月发生如下业务：

（1）从某百货站购进洗发水 1 000 瓶，每瓶进价 30 元，增值税率 13%，该商品按每瓶零售价 45 元，由日化组验收，货款以转账支票支付。

（2）向外地 A 公司购进运动鞋 500 双，每双进价 75 元，运费 400 元，增值税率 13%，收到银行转来托收承付凭证账单，经审核无误承付款项。

（3）向外地 A 公司购进的每双进价 75 元的运动鞋已运到，由鞋组验收，发现多出 25 双，原因待查，按每双售价 100 元验收入库。

（4）上述运动鞋验收多出的 25 双，经查明属 A 公司多发，经研究同意购进，已补来发票，每双 75 元，增值税率 13%。企业以信汇方式汇出补购进货款。

（5）各柜组报来含税的销售收入分别为日化组 50 000 元，鞋组 65 000 元，成衣组 170 000 元。各组报来缴款单及商品进销存报告单，货款已存入银行。

（6）月末“商品进销差价”账户结转前贷方余额为 100 000 元，“库存商品”账户借方余额 245 000 元，“商品销售成本”账户借方发生额为 255 000 元。计算和结转已销商品进销差价。

要求：根据上述经济业务编制会计分录。

任务二 反映非流动资产

一、长期投资

(一) 长期债券投资

长期债券投资是指小企业准备长期(在1年以上)持有的在一年内不能变现或不准备随时变现的债券投资。小企业投资的目的是为了获取稳定的收益。

小企业购入债权作为长期债券投资,应当按照购买价款和相关税费作为成本进行计量。小企业购入长期债券时,按购入价格与债权面值之间的差异可以分为平价购入、溢价购入和折价购入。平价购入指购入价等于债权面值;溢价购入指购入价高于债券面值;折价购入指购入价低于债权面值。

为了核算小企业长期债券投资的取得、收取利息、处置等业务,企业应当设置"长期债券投资——面值(溢折价、应计利息)"、"应收利息"、"投资收益"等科目。

1. *初始购入债券作为长期投资*

小企业初始购入债券时,应按该其面值,借记"长期债券投资——面值"科目,按支付的价款中包含的已到付息期但尚未领取的利息,借记"应收利息"科目,按实际支付购买价款和相关税费的金额,贷记"银行存款"等科目,按其差额,借记或贷记"长期债券投资——溢折价"科目。

2. *后续计量*

长期债券投资为分期付息、一次还本债券投资的,在债务人应付利息日按照票面利率计算的应收未收利息收入,借记"应收利息"科目,贷记"投资收益"科目。待实际收到利息时,冲减应收利息。

长期债券投资为一次还本付息债券投资的,在债务人应付利息日按票面利率计算确定的应收未收利息,借记"长期债券投资——应计利息"科目,贷记"投资收益"科目。待实际收到利息时,冲减长期债券投资的账面余额。

3. *溢折价的摊销*

债券的溢价或折价,应在债券存续期间内,于确认相关债券利息收入时采用直线法进行摊销。其计算公式如下:

每期摊销额=债券溢价或折价额/债券付息期或计提利息期数

折价摊销时,借记"长期债券投资——溢折价"科目,贷记"投资收益"科目。摊销溢价,作相反分录。

4. *处置*

处置长期债券投资,处置价款扣除其账面余额、相关税费后的净额,应当计入投资收益。出售长期债券投资,应按实际收到的金额,借记"银行存款"等科目,按其账面余额,贷记“长期债券投资——面值、溢折价、应计利息”科目，按其差额，贷记或借记“投资收益”科目。

债券到期，小企业收回长期债券投资投资，应当冲减其账面余额。应按实际收到的金额，借记“银行存款”等科目，按其账面余额，贷记“长期债券投资——面值、应计利息”科目，若有差额，贷记“投资收益”科目（当期尚未确认的利息收入）。

5. 无法收回的长期债券投资

小企业长期债券投资符合坏账确认条件的，减除可收回的金额后确认的无法可收回的长期债券投资作为投资损失。长期债券投资投资损失应当于实际发生时计入营业外支出，同时冲减长期债券投资账面余额。按照实际收到的金额，借记“银行存款”等 科目，按其账面余额，贷记“长期债券投资——面值、溢折价、应计利息”科目，按其差额，借记“营业外支出”科目。

【例 6-44】2022 年 1 月 1 日，甲小企业支付价款 105 万元从活跃市场上购入丙公司 2021 年 1 月 1 日发行的公司债券，其中：含交易费用 1 万元、已到付息期的债券利息 8 万元。该债券面值 100 万元，票面利率 8％，5 年期，按年付息，到期还本。甲公司准备长期持有。不考虑所得税等因素。甲公司的会计处理如下：

（1）2022 年 1 月 1 日，购入债券时

借：长期债券投资——面值　1 000 000
　　应收利息　80 000
　　贷：银行存款　1 050 000
　　长期债券投资——溢折价　30 000

（2）2022 年 1 月 15 日，收到利息时（以下该分录略）

借：银行存款　80 000
　　贷：应收利息　80 000

（3）2022 年 12 月 31 日，确认利息收入

利息收入＝债券面值×票面利率＝1 000 000×8％＝80 000（元）

摊销折价＝30000/4＝7500

借：应收利息　80 000
　　长期债券投资——溢折价　7 500
　　贷：投资收益　87 500

（4）若 2022 年 3 月 20 日出售该债券，取得价款 101 万元。

借：银行存款　1 010 000
　　长期债券投资——溢折价　22 500
　　贷：长期债券投资——面值　1 000 000
　　投资收益　32 500

（二）长期股权投资

长期股权投资是指小企业准备长期持有的权益性投资。长期股权投资依据对被投资单位产生的影响，分为以下四种类型：①控制，是指有权决定一个企业的财务和经营政策，并能据以从该企业的经营活动中获得利益，被投资单位为本企业的子公司。②共同控制，

是指按合同约定对某项经济活动所共有的控制，被投资单位为本企业的合营企业。③重大影响，是指对一个企业的财务和经营政策有参与决策的权力，但不决定这些政策，被投资单位为本企业的联营企业。④无控制、无共同控制且无重大影响，且以长期持有为目的的其他权益性投资。

1. 长期股权投资的初始计量

长期股权投资是指小企业准备长期持有的权益性投资。长期股权投资应当按照成本进行计量。初始取得时的计量方法：以支付现金取得的长期股权投资，应当按照购买价款和相关税费作为成本进行计量。实际支付的价款中包含的已宣告但尚未发放的现金股利，应当单独确认为应收股利，不计入长期股权投资的成本。通过非货币性资产交换取得的长期股权投资，应当按照换出非货币性资产的评估价值和相关税费作为成本进行计量。

为了核算企业的长期股权投资，应当设置"长期股权投资"、"投资收益"、"应收股利"等科目。"长期股权投资"科目，核算企业持有的采用成本法核算的长期股权投资。本科可按被投资单位进行明细核算。

(1) 以支付现金取得的长期股权投资，应当按照实际支付的购买价款作为初始投资成本。初始投资成本包括与长期股权投资直接相关的费用、税金及其他必要支出。企业取得长期股权投资，实际支付的价款或对价中包含的已宣告但尚未发放的现金股利或利润，应作为应收项目处理。

【例 6-45】甲小企业于 202×年 1 月 20 日，从公开市场中购入乙公司 0.1%的股份，实际支付价款 200 万元。另外支付手续费等相关费用 1 万元。作会计分录如下：

借：长期股权投资　2 010 000

　　贷：银行存款　　2 010 000

【例 6-46】202×年 4 月 2 日，*A* 小企业购入 *C* 股份公司的普通股股票 30 000 股，每股 10.3 元，其中包括已宣告但尚未发放的现金股利，每股 0.3 元，以银行存款支付。占 *C* 公司实际发行在外股数的 5%，并准备长期持有，另支付相关税费 2 000 元。其账务处理应为：

应收股利＝30 000＊0.3＝9 000 元

投资成本＝30 000＊(10.3－0.3)＋2 000＝302 000

借：长期股权投资——*C* 公司　302 000

　　应收股利　　　　　　　　9 000

　　贷：银行存款　　　　　　　302 000

(2) 通过非货币性资产交换取得的长期股权投资，应当按照换出非货币性资产的评估价值和相关税费之和，借记"长期股权投资"科目，按照换出非货币性资产的账面价值，贷记"固定资产清理"、"无形资产"等科目。按照支付的相关税费，贷记"应交税费"等科目，按照其差额，贷记"营业外收入"或"营业外支出"等科目。

【例 6-47】202×年 6 月 8 日，*A* 小企业以一项专利技术换入 *B* 公司普通股股票 60 000 股，*A* 企业的该项专利技术账面价值 300 000 元，已累计摊销 60 000 元，经专业机构评估的公允价值为 280 000 元。*A* 企业的账务处理如下；

借：长期股权投资——*B* 公司　　280 000

累计摊销 60 000

贷:无形资产 300 000

营业外收入 40 000

2. 长期股权投资的后续计量

小企业长期股权投资应当分别采用成本法进行会计核算。在长期股权投资持有期间,被投资单位宣告分派的现金股利或利润,应当按照应分得的金额确认为投资收益。即按照应分得的金额借记“应收股利”科目、贷记“投资收益”科目。

【例 6-48】甲小企业于 2021 年 1 月 10 日向 乙公司投资,占乙公司 1%的股份,实际支付价款 200 万元。另外支付手续费等相关费用 1 万元。2021 年 5 月 16 日,乙公司宣告发放 2020 年度的现金股利 600 万元。2022 年 2 月乙公司宣告 2021 年度实现净利 1 500 万元。2022 年 5 月 10 日,乙公司宣告发放 2021 年度的现金股利 800 万元。5 月 20 日收到现金股利 8 万元。作会计处理如下:

(1) 2021 年 1 月 10 日

借:长期股权投资 2 010 000

贷:银行存款 2 010 000

(2) 2021 年 5 月 16 日

借:应收股利 60 000

贷:投资收益 60 000

收到股利时

借:银行存款 60 000

贷:应收股利 60 000

(3) 2022 年 2 月,不作会计分录。

(4) 2022 年 5 月 10 日

借:应收股利 80 000

贷:投资收益 80 000

收到股利时

借:银行存款 80 000

贷:应收股利 80 000

3. 长期股权投资的处置

小企业处置长期股权投资,处置价款扣除其成本、相关税费后的净额,应当计入当期投资收益。

承上例 6-48,若 2022 年 7 月 5 日,全部出售该股票,所得价款 210 万元,另外支付相关税费 0.8 万元。

(5) 2022 年 7 月 5 日

借:银行存款 2 092 000

贷:长期股权投资 2 010 000

投资收益 82 000

4. 长期股权投资损失

小企业长期股权投资符合下列条件之一的，减除可收回金额后确认的无法收回的长期股权投资，作为长期股权投资损失：

（1）被投资单位依法宣告破产、关闭、解散、被撤销，或者被依法注销、吊销营业执照的。

（2）被投资单位财务状况严重恶化，累计发生巨额亏损，已连续停止经营3年以上，且无重新恢复经营改组计划的。

（3）对被投资单位不具有控制权，投资期限届满或者投资期限已超过10年，且被投资单位因连续3年经营亏损导致资不抵债的。

（4）被投资单位财务状况严重恶化，累计发生巨额亏损，已完成清算或清算期超过3年以上的。

（5）国务院财政、税务主管部门规定的其他条件。

长期股权投资损失应当于实际发生时计入营业外支出，同时冲减长期股权投资账面余额。

【例6-49】202×年10月31日，*A*小企业获悉*D*股份公司被投资单位财务状况严重恶化，累计发生巨额亏损，已连续停止经营3年以上，且无重新恢复经营改组计划的。*A*小企业持有的该公司的股票账面余额为120 000元估计全部不能收回。账务处理应为：

借：营业外支出　　　　120 000

　贷：长期股权投资——*D*公司　　　　120 000

（三）小企业会计准则与企业会计准则的比较

1. 长期债券投资

（1）长期债券投资初始计量。核算科目不同。小企业会计准则下，通过"长期债券投资"核算，下设置面值和溢折价二级明细科目。企业会计准则下通过"持有至到期投资"科目核算，下设置成本和利息调整二级明细科目。

（2）长期债券投资后续计量。确认利息收入的金额不同。小企业会计准则下，投资收益根据面值和票面利率计算确定；企业会计准则下，投资收益根据摊余成本和实际利率计算确定。

减值损失的处理不同。小企业会计准则下，不需要考虑减值。企业会计准则下，若发生减值应借记"资产减值损失"科目，贷记"持有至到期投资减值准备"科目。

（3）长期债券投资处置。企业会计准则下如果持有期间计提减值，处置时应同时转出原计提的减值准备。小企业会计准则不存在减值问题。

2. 长期股权投资

（1）长期股权投资初始计量。小企业会计准则下，设置"长期股权投资"科目，核算小企业取得的长期股权投资成本，取得长期股权投资时，以成本进行初始计量。

企业会计准则下，按照需要，在长期股权投资科目下设置"成本"、"损益调整"、"其他权益变动"二级明细科目。初始计量区分同一控制下企业合并还是非同一控制下企业合并，前者按照享有的被投资单位所有者权益的份额确认初始投资成本；后者按照支付对价的公允价值确认投资成本。

(2) 后续计量。长期股权投资持有期间被投资单位宣告发放现金股利或利润，小企业会计准则与企业会计准则下成本法核算一致。

企业会计准则权益法下，还需要根据被投资单位实现的净收益，以及净收益外所有者权益的其他变动的份额，确认“长期股权投资——损益调整”和“长期股权投资——其他权益变动”科目，同时确认“投资收益”及“资本公积——其他资本公积”科目。被投资单位宣告发放现金股利或利润时，冲减“长期股权投资——损益调整”科目，而不确认“投资收益”科目。小企业会计准则中不需要作此种处理。

(3) 处置。处置长期股权投资时，企业会计准则下，若已计提长期股权投资减值准备，需要转出“长期股权投资减值准备”科目金额，且需要将权益法核算下，持有期间通过“资本公积”科目核算的其他权益变动转入“投资收益”科目，小企业会计准则下不涉及这两类核算。

(4) 长期股权投资损失。小企业会计准则下，损失金额与税法允许税前扣除的金额和条件一致，损失直接调整“长期股权投资”和“营业外支出”科目，不计提长期股权投资减值准备。

企业会计准则下，投资损失仅与安装会计准则确定的可收回金额有关，与税法规定的不同，投资损失调整长期股权投资减值准备和资产减值损失。

二、固定资产

固定资产是指小企业为生产产品、提供劳务、出租或经营管理而持有的，使用寿命超过 1 年的有形资产。包括房屋、建筑物、机器、机械、运输工具、设备、器具、工具等。

从固定资产的定义看，固定资产具有以下特征：第一，企业持有固定资产的目的是为生产商品、提供劳务、出租或经营管理的需要，固定资产是小企业的劳动工具或手段，而不是直接对外出售的产品；第二，固定资产的使用寿命超过一个会计年度。这一特征表明企业固定资产的收益期超过一年，能在一年以上的时间里为企业创造经济利益；第三，固定资产为有形资产，具有实物特征。这一特征将固定资产与无形资产区别开来。

(一) 固定资产的初始计量

1. 账户设置

为了核算固定资产，企业应设置如下账户：

“固定资产”账户，用于核算企业持有的固定资产原价。企业应按固定资产类别、使用部门和项目，设置“固定资产登记簿”和“固定资产卡片” 进行明细核算。

“累计折旧”账户，属于固定资产的调整科目，用于核算企业固定资产的累计折旧。该账户只进行总分类核算，不进行明细核算。将“固定资产”账户的借方余额减去“累计折旧”账户的贷方余额，反映企业固定资产的净值。

“在建工程”账户，用于核算企业进行的基建工程、安装工程、技术改造工程等发生的实际支出，包括需要安装设备的价值。该账户应设置建筑工程、安装工程、在安装设备等明细账户，进行明细核算。

2. 固定资产取得的核算

固定资产应当按照成本进行计量。由于固定资产的来源不同，其取得的成本构成内容也有所差异。

(1) 购入固定资产的核算。外购的固定资产，其入账成本包括购买价款、相关税费、运输费、装卸费、保险费、安装费等。但不含按照税法规定可抵扣的增值税进项税额。

企业购入不需要安装的固定资产，按其入账成本作为固定资产的原价借记“固定资产”等科目，贷记有关科目。企业购入需要安装的固定资产，支付固定资产价款及发生的安装费用等均应通过“在建工程”账户核算。安装完成达到预定可使用状态时，再转入“固定资产”账户。

【例 6-49】甲小企业向乙公司购入一台不需要安装的设备，取得的增值税专用发票上注明设备的买价为 100 000 元，增值税为 13 000 元，另支付运输费 4 000 元，增值税 360 元。全部以存款付清。编制会计分录如下；

进项税额＝13 000＋360＝13 360(元)

借:固定资产　　104 000

　应交税费——应交增值税(进项税额)　　13 360

　贷:银行存款　　117 360

【例 6-50】甲小企业购入一台需要安装的设备，取得的增值税专用发票上注明买价为 200 000 元，增值税为 26 000 元，发生的安装费 12 000 元，所有费用均用银行存款支付，编制会计分录如下：

购入该设备时

借:在建工程　　200 000

　应交税费——应交增值税(进项税额)　　26 000

　贷:银行存款　　226 000

发生安装费用时

借:在建工程　　12 000

　贷:银行存款　　12 000

该项设备安装完成交付使用时

借:固定资产　　212 000

　贷:在建工程　　212 000

(2) 自行建造固定资产的核算。小企业自行建造的固定资产成本，由建造该项资产在竣工决算前发生的支出(含相关的借款费用)构成。包括工程用物资成本、人工成本等。有自营建造和出包建造两种方式。

①自营工程的核算。小企业以自营方式建造固定资产，是指小企业自行组织工程物资采购、自行组织施工人员从事工程施工完成固定资产建造。其成本应当按照直接材料、直接人工、直接机械施工费等计量。

②出包工程的核算。在出包方式下，小企业通过招标方式将工程项目发包给建造承包商，由建造承包商组织工程项目施工。小企业办理工程价款结算，通过“在建工程”账户进行核算。

【例 6-51】企业将建造仓库的工程出包，双方签订的合同约定工程总造价为 500 000 元，企业先预付工程价款的 50%，另 50%待工程竣工验收后再支付。编制会计分录如下

向承包单位预付 50%的工程价款

借：在建工程——仓库 250 000

贷：银行存款 250 000

工程竣工验收后支付另外 50%的工程价款时

借：在建工程——仓库 250 000

贷：银行存款 250 000

工程完工并达到预定可使用状态时

借：固定资产 500 000

贷：在建工程——仓库 500 000

（3）投资者投入固定资产的核算。投资者投入的固定资产应当按照评估价值和相关税费确定。

【例 6-52】乙企业收到甲公司投入的设备一台，甲公司记录的该设备的账面原价为 300 000，已提折旧 30 000 元。经资产评估部门对该项固定资产进行评估，评估的价值为 290 000 元。乙公司编制会计分录如下：

借：固定资产 290 000

贷：实收资本 290 000

（4）融资租入。融资租入的固定资产的成本，应当按照租赁合同约定的付款总额和在签订租赁合同过程中发生的相关税费等确定。

企业应对融资租入的固定资产单设"融资租入固定资产"明细账核算，以区别于企业其他自有的固定资产

（5）盘盈的固定资产的成本，应当按照同类或者类似固定资产的市场价格或评估价值，扣除按照该项固定资产新旧程度估计的折旧后的余额确定。

固定资产的入账价值中，还应当包括企业为取得固定资产而交纳的契税、耕地占用税、车辆购置税等相关税费。

3. 固定资产的明细分类核算

为了加强固定资产的管理，反映和监督各类固定资产和每项不同性能和用途的固定资产的增减变化情况，企业除进行固定资产的总分类核算外，还应设置"固定资产卡片"和"固定资产登记簿"，进行明细核算。

凡是增加固定资产都应设置固定资产卡片。每张固定资产卡片必须与每一固定资产相对应。在卡片中应记载该项固定资产的编号、名称、规格、技术特征、使用单位、开始使用日期、原价、预计使用年限、折旧率、停用及大修理等详细资料。固定资产登记簿应按固定资产的类别开设账页，账内按保管、使用单位设置专栏。该登记簿只登记金额，不登记数量，并按月结出余额，以反映各类固定资产的使用、保管和增减变动及其结存情况。

固定资产登记簿、固定资产卡片和固定资产总分类账户的记录，应定期进行核对。固定资产登记簿上各类固定资产余额的合计数，必须与固定资产总分类账上的余额核对相符；固定资产卡片的分类合计数，必须与固定资产登记簿上各类固定资产余额核对相符。

(二)固定资产的折旧核算

1. 固定资产折旧概述

固定资产折旧,是指在固定资产使用寿命内,按照确定的方法对应计折旧额进行系统分摊。使用寿命,是指企业使用固定资产的预计期间,或者该固定资产所能生产产品或者提供劳务的数量。应计折旧额,是指应当计提折旧的固定资产的原价(成本)扣除其预计净残值后的金额。预计净残值,是指固定资产预计使用寿命已满,小企业从该项固定资产处置中获得的扣除预计处置费用后的净额。已提足折旧,是指已经提足该项固定资产的应计折旧额。

企业应当根据固定资产的性质和使用情况,合理确定固定资产的使用寿命和预计净残值。固定资产的使用寿命、预计净残值一经确定,不得随意变更。

2. 影响固定资产折旧的因素

(1) 固定资产的账面原价,是指固定资产的成本。

(2) 固定资产的净残值。固定资产的净残值是指假定固定资产预计使用寿命已满并处于使用寿命终了时的预期状态,企业目前从该项资产处置中获得的扣除预计处置费用后的金额。

(3) 固定资产的使用寿命,是指企业使用固定资产的预计期间,或该固定资产所能生产产品或提供劳务的数量。会计实务中又称使用年限。企业所得税法实施条例规定:除国务院财政、税务主管部门另有规定外,固定资产计提折旧的最低年限如下:

房屋、建筑物,为 20 年;

飞机、火车、轮船、机器、机械和其他生产设备,为 10 年;

与生产经营活动有关的器具、工具、家具等,为 5 年;

飞机、火车、轮船以外的运输工具,为 4 年;电子设备,为 3 年。

3. 固定资产折旧的计提范围

除以下情况外,小企业应对所有固定资产计提折旧:(1)已提足折旧仍继续使用的固定资产;(2)按照规定单独计价作为固定资产入账的土地。

已达到预定可使用状态的固定资产,如果尚未办理竣工决算的,应按估计价值暂估入账,并计提折旧;待办理了竣工决算手续后,再按照实际成本调整原来的暂估价值,但不需要调整原已计提的折旧额。

融资租入的固定资产,应当采用与自有应计提折旧资产相一致的折旧政策。能够合理确定租赁期届满时将会取得租赁资产所有权的,应当在租赁资产尚可使用年限内计提折旧;无法合理确定租赁期届满时能否取得租赁资产所有权的,应当在租赁期与租赁资产尚可使用年限两者中较短的期间内计提折旧。

小企业应当按月提取折旧,当月增加的固定资产,当月不提折旧,从下月起计提折旧;当月减少的固定资产,当月仍计提折旧,从下月起停止计提折旧。固定资产提足折旧后,不论能否继续使用,均不再提取折旧,提前报废的固定资产,也不再补提折旧。提足折旧是指已经提足该项固定资产的应计折旧额。

4. 固定资产折旧方法

小企业应当年限平均法(即直线法,下同)计提折旧。小企业的固定资产由于技术进步等原因，确需加速折旧的，可以采用双倍余额递减法和年数总和法。

小企业应当根据固定资产的性质和使用情况，并考虑税法的规定，合理确定固定资产的使用寿命和预计净残值。固定资产的折旧方法、使用寿命、预计净残值一经确定，不得随意变更。

(1) 年限平均法。年限平均法又称直线法，是指将固定资产的应计折旧额平均分摊到固定资产预计使用寿命内的一种方法。采用此方法计算的每期折旧额均相等。计算公式如下：

年折旧率＝年折旧额/固定资产原价

＝(1－预计净残值率)/预计使用年限

月折旧率＝年折旧率÷12

月折旧额＝固定资产原价×月折旧率

固定资产折旧率按计算对象不同，分为个别折旧率、分类折旧率和综合折旧率三种。

【例 6-53】企业某项固定资产原价为 80 000 元，预计使用年限为 5 年，预计净残值率为 4%(净残值 3 200 元)。则：

年折旧率＝(1－4%)/5＝19.2%

月折旧率＝19.2%÷12＝1.6%

月折旧额＝80 000×1.6%＝1 280(元)

(2) 双倍余额递减法。双倍余额递减法是加速折旧法的一种。加速折旧法是指固定资产每期计提的折旧额，在使用初期计提的多，在后期计提的少，从而相对加快折旧速度的一种方法，体现了会计核算的谨慎性原则。

双倍余额递减法是按双倍的直线法折旧率计算固定资产折旧的一种方法。它不考虑净残值，根据每期期初固定资产账面余额和双倍的直线法折旧率计算固定资产折旧。计算公式为：

年折旧率＝2/预计可使用年限

年折旧额＝固定资产期初账面折余价值×年折旧率

由于双倍余额递减法在计算折旧率时，没有考虑预计净残值，应当在其固定资产折旧年限到期前两年内，将固定资产净值扣除预计净残值后的净额平均摊销，即最后两年改为按年限平均法计提折旧。

【例 6-54】资料如下，采用双倍余额递减法计提折旧。各年折旧额见表 6-1。

表 6-1 固定资产折旧计算表

年份	期初账面折余价值	折旧率(%)	折旧额	累计折旧额	期末账面折余价值
1	80 000	40	32 000	32 000	48 000
2	48 000	40	19 200	51 200	28 800
3	28 800	40	11 520	62 720	17 280
4	17 280		7 040	69 760	10 240
5	10 240		7 040	76 800	3 200

表 6-1 中，年折旧率＝2÷5＝40%。第四年、第五年改用年限平均法，年折旧额＝(17 280－3 200)÷2＝7 040(元)。

(3) 年数总和法。年数总和法又称合计年限法,也是加速折旧法的一种。它是以固定资产的应计折旧总额作折旧基数,以一个逐年递减的分数作折旧率来计算各期固定资产折旧额的一种方法。逐年递减分数的分子代表固定资产尚可使用的年数,分母代表使用年数的逐年数字之总和,假定使用年限为 n 年,分母即为 $1+2+3+\cdots+n=n(n+1)/2$。其折旧的计算公式如下:

年折旧率=(预计使用年限-已使用年数)/预计使用年限×(预计使用年限+1)÷2

年折旧额=(固定资产原价-预计净残值)×年折旧率

【例 6-55】资料如例 6 采用年数总和法计提折旧。各年折旧率和折旧额的计算如下:

根据公式,折旧率的分母为 15=5+4+3+2+1,或 15=【5×(5+1)÷2】;分子第一年为 5,第二年为 4,第三年为 3,第四年为 2,第五年为 1,即:

第一年的折旧率=5/15　　第二年的折旧率=4/15

第三年的折旧率=3/15　　第四年的折旧率=2/15

第五年的折旧率=1/15

根据各年折旧率和固定资产应提折旧总额 76 800 元(80 000-3 200),计算各年的折旧额,见表 6-2

表 6-2　固定资产折旧计算表

年份	应提折旧总额	年折旧率	年折旧额	累计折旧额
1	76 800	5/15	25 600	25 600
2	76 800	4/15	20 480	46 080
3	76 800	3/15	15 360	61 440
4	76 800	2/15	10 240	71 680
5	76 800	1/15	5 120	76 800

与年限平均法和工作量法比较,采用加速折旧法,并不改变固定资产折旧年限,也不改变应计折旧额,只改变了固定资产折旧在各年的分布情况。在科学技术日新月异的情况下,实行加速折旧可以减少旧技术淘汰时发生的损失。

5. 固定资产折旧的核算

企业对固定资产计提折旧,是以月初应提折旧的固定资产账面原值为依据的。因此,企业各月计算提取折旧时,可以在上月计提折旧的基础上,对上月固定资产的增减情况进行调整后计算当月计提的折旧额。计算公式如下:

本月应计提折旧额=上月计提折旧额+上月增加固定资产应计提折旧额-上月减少固定资产应计提折旧额

在我国的会计实务中,各月计算折旧的工作一般是通过编制“固定资产折旧计算表”(见表 6-3)来完成的。

表 6-3 固定资产折旧计算表

202×年 12 月 单位:元

使用部门	固定资产项目	上月折旧额	上月增加固定资产		上月减少固定资产		本月折旧额	分配费用
			原价	折旧额	原价	折旧额		
A车间	厂房	3 000					3 000	制造费用
	机器设备	12 000	100 000	500			12 500	
	小计	15 000	100 000	500			15 500	
B车间	厂房	2 000					2 000	
	机器设备	14 000			40 000	1 000	13 000	
	小计	16 000			40 000	1 000	15 000	
厂部管理部门	房屋建筑	1 200					1 200	管理费用
	运输工具	1 800					1 800	
	小计	3 000					3 000	
合计		34 000	100 000	500	40 000	1 000	33 500	

企业计提的固定资产折旧,应根据固定资产的受益对象,分别计入有关资产的成本或当期损益。如基本生产车间使用的,计入制造费用;管理部门使用的,计入管理费用;销售部门使用的,计入销售费用;未使用的,计入管理费用等。

【例 6-56】某企业在 202×年 12 月计提固定资产折旧,有关资料见表 6-3。编制会计分录如下:

借:制造费用——A 车间 15 500

——B 车间 15 000

管理费用 3 000

贷:累计折旧 33 500

(三) 固定资产的后续支出

一般情况下,固定资产投入使用之后,由于固定资产磨损,可能导致固定资产的局部损坏,为了维护固定资产的正常运转和使用,充分发挥其使用效能,企业将对固定资产进行必要的维护。固定资产的日常修理费,应当在发生时根据固定资产的受益对象计入相关资产成本或者当期损益。

【例 6-57】202×年 3 月 16 日,甲公司对现有的一台生产用机器设备进行修理,修理过程中领用原材料一批,价值 2 000 元;应支付维修人员的工资为 1 000 元,应计提的福利费为 140 元;不考虑其他相关税费。

甲公司的账务处理如下:

借:制造费用 3 140

贷:原材料 2 000

应付职工薪酬 1 140

小企业固定资产的改建支出,应当计入固定资产的成本,但已提足折旧的固定资产和经营租入的固定资产发生的改建支出应当计入长期待摊费用。

固定资产的改建支出，是指改变房屋或者建筑物结构、延长使用年限等发生的支出。

小企业固定资产发生改建支出时，企业应将该固定资产的原价、已计提的累计折旧转销，将固定资产的净值转入在建工程。固定资产发生的改建支出，通过“在建工程”科目核算。在改建完工并达到预定可使用状态时，从“在建工程”科目转入“固定资产”科目。

【例 6-58】202×年 5 月 10 日，A 小企业为了提高现有生产线的生产能力，决定对其进行改扩建。现有生产线的账面原价为 266 000 元，已提折旧 112 000 元。经过 2 个月的改扩建，完成了对这条生产线的改扩建，共发生支出 187 000 元，全部以银行存款支付。该生产线改扩建工程达到预定可使用状态后，大大提高了生产能力，延长了使用年限。

甲公司有关的账务处理如下：

(1) 固定资产改扩建前的账面价值转入改扩建时

借：在建工程　　154 000

　　累计折旧　　112 000

　　贷：固定资产　　266 000

(2) 改建支出发生时

借：在建工程　　187 000

　　贷：银行存款　　187 000

(3) 生产线改扩建工程完成

借：固定资产　　341 000

　　贷：在建工程　　341 000

(四) 固定资产的处置

固定资产处置包括固定资产的出售、报废或毁损、对外投资、非货币性资产交换、债务重组等。小企业应设置“固定资产清理”账户，用于核算企业因出售、报废和毁损等原因转入清理的固定资产净值以及在清理过程中所发生的清理费用和清理收入。

有关固定资产处置一般经过如下步骤：

(1) 固定资产转入清理。应按固定资产的账面价值，借记“固定资产清理”科目，按已计提的累计折旧，借记“累计折旧”科目，按固定资产账面余额，贷记“固定资产”科目。

(2) 发生的清理费用。应借记“固定资产清理”科目，贷记“银行存款”等科目。

(3) 出售收入和残料等的处理。应借记“银行存款”、“原材料”等科目，贷记“固定资产清理”科目。

(4) 保险赔偿的处理。应借记“其他应收款”、“银行存款”等科目，贷记“固定资产清理”科目。

(5) 清理净收益的处理。固定资产清理完成后的净收益，借记“固定资产清理”科目，贷记“营业外收入”科目。清理后的净损失应区别不同情况处理：属于生产经营期间由于自然灾害等非正常原因造成的损失，记入“营业外支出——非常损失”账户；属于生产经营期间正常的处理损失，记入“营业外支出——处置非流动资产损失”账户

【例 6-59】乙小企业一台设备因使用期满不能继续使用，决定予以报废。该设备原值 100 000 元，以提折旧 95 000 元。在清理过程中，以银行存款支付清理费用 3 000 元，残料

变价收入 4 000 元已存入银行。编制会计分录如下：

（1）固定资产转入清理：

借：固定资产清理 5 000

　累计折旧 95 000

　贷：固定资产 100 000

（2）残料的变价收入：

借：银行存款 4 000

　贷：固定资产清理 4 000

（3）结转固定资产净损益：

借：营业外支出 35 000

　贷：固定资产清理 35 000

小企业投资转出的固定资产，应按评估确认的价值加上应支付的相关税费，作为投资成本，同时要反映投出资产原值和已提的折旧的减少。

【例 6-60】甲小企业将一台设备对外投资，该设备的账面原值为 200 000 元，已提折旧 30 000 元。评估确认的价值为 150 000 元。编制会计分录如下：

借：固定资产清理 170 000

　累计折旧 30 000

　贷：固定资产 200 000

借：长期股权投资 150 000

　营业外支出 20 000

　贷：固定资产清理 170 000

（五）固定资产清查

小企业应当定期对固定资产盘点清查，至少每年年末实地盘点一次。在固定资产清查过程中，如果发现盘盈、盘亏的固定资产，应填制固定资产盘盈、盘亏报告表，及时查明原因，并按照规定程序报批处理。对盘盈、盘亏的固定资产，应先将其价值通过“待处理财产损溢”账户核算。

1. 固定资产盘盈的账务处理

企业在财产清查中发现盘盈的固定资产，按同类或类似固定资产的市场价格，减去按该项资产的新旧程度估计的价值损耗后的余额，作为固定资产的入账价值。

【例 6-61】乙公司在财产清查中，发现账外设备一台，其市场价格为 50 000 元，估计已损耗价值为 20 000 元，，编制会计分录如下：

借：固定资产 30 000

　贷：待处理财产损益 30 000

借：待处理财产损益 30 000

　贷：营业外收入 30 000

2. 固定资产盘亏的账务处理

企业在财产清查中发现盘亏的固定资产，应按其账面价值，记入“待处理财产损溢”账户；按规定程序批准处理后，按盘亏固定资产价值扣除过失人及保险公司应赔偿金额后的差额转入“营业外支出”账户。

【例 6-62】甲公司在财产清查中，发现盘亏设备一台，其原价为 200 000 元，累计折旧为 150 000 元。编制会计分录如下：

借：待处理财产损溢——待处理固定资产损溢 50 000
　　累计折旧 150 000
　　贷：固定资产 200 000

上述盘亏固定资产，应由保险公司赔偿 20 000 元，其余部分经批准转入营业外支出。

借：其他应收款——应收保险赔偿款 20 000
　　营业外支出 30 000
　　贷：待处理财产损溢——待处理固定资产损溢 50 000

(六) 小企业会计准则与企业会计准则的比较

1. 自行建造的固定资产存在以下不同

①固定资产的成本截止日期不同。小企业会计准则下，截止到竣工结算前。后者截止到达到预定可使用状态。

②借款费用资本化条件和范围不同。前者为购建固定资产在竣工结算前发生的借款费用，应当计入固定资产的成本，而不计入财务费用。后者，符合资本化条件的资产发生在资本化期间的有关借款费用应该资本化，资本化金额的计算需要区分一般借款和专门借款。符合资本化条件的资产是指需要经过相当长时间的购建或者生产活动才能达到预定可使用或者可销售状态的固定资产，投资性房地产和存货等资产。

2. 投资者投入的固定资产

前者，投资者投入的固定资产的成本，应当按照评估价值和相关税费确定。

后者，应当按照投资合同或协议约定的价值确定，但合同或协议约定价值不公允的除外。

3. 固定资产的后续计量

①固定资产大修理支出不同。前者，符合税法规定的通过“长期待摊费用”科目核算。后者，符合资本化条件的，计入固定资产，不符合资本化条件的应当计入当期损益。

②固定资产日常修理费用处理不同。前者，生产车间发生的固定资产日常修理费用等后续支出，计入“制造费用”科目，行政管理部门等发生的固定资产日常修理费用等后续支出，计入“管理费用”科目。后者，应当根据不同情况分别计入当期管理费用或销售费用。

4. 固定资产清查

①固定资产清查盘亏净损失的处理不同。前者，不需要区分原因，全部计入“营业外支出”科目。后者，属于经营损失，计入“管理费用”科目，若属于非常损失，计入“营业外支出”科目。

②固定资产盘盈的处理不同。前者通过“待处理财产损益”科目过渡，盘盈净收益计入“营业外收入”科目。后者作为前期差错处理，通过“以前年度损益调整”科目核算。

5. 减值

小企业会计准则不计提减值，企业会计准则计提减值准备。

三、生产性生物资产

（一）生产性生物资产概述

生产性生物资产，是指小企业（农、林、牧、渔业）为生产农产品、提供劳务或出租等目的而持有的生物资产。包括：经济林、薪炭林、产畜和役畜等。

“生产性生物资产”科目，核算小企业（农、林、牧、渔业）持有的生产性生物资产的原价（成本）。应按照“未成熟生产性生物资产”和“成熟生产性生物资产”，分别生物资产的种类、群别等进行明细核算。

（二）生产性生物资产的初始计量

生产性生物资产应当按照成本进行计量。

1. 外购的生产性生物资产的成本，应当按照购买价款和相关税费确定

购入时，借记“生产性生物资产”科目，贷记“银行存款”、“应付账款”等科目。

【例 6-63】202×年 1 月，某小企业从市场上购入 20 头种牛，单价 5 000 元，发生运输费 2 000 元，保险费 1 200 元，装卸费 600 元，款项全部以银行存款支付。

借：生产性生物资产——种牛　103 800

　　贷：银行存款　　　　　　　　103 800

2. 自行营造或繁殖的生产性生物资产的成本，应当按照下列规定确定

（1）自行营造的林木类生产性生物资产的成本包括：达到预定生产经营目的前发生的造林费、抚育费、营林设施费、良种试验费、调查设计费和应分摊的间接费用等必要支出。

（2）自行繁殖的产畜和役畜的成本包括：达到预定生产经营目的前发生的饲料费、人工费和应分摊的间接费用等必要支出。

达到预定生产经营目的，是指生产性生物资产进入正常生产期，可以多年连续稳定产出农产品、提供劳务或出租。

【例 6-64】2019 年年初，某小企业自行营造 100 亩桃树。当年发生苗费 200 000 元，平整土地所需机械作业费 20 000 元，肥料费 80 000 元，农药 15 000 元，人工费 55 000 元，管护费 30 000 元。3 年后挂果。从 2020 年起，年抚育化肥费 60 000 元，农药 10 000 元，人工费 15 000 元，管护费 10 000 元。2022 年该果树开始挂果，即达到预期经营目的。

2019 年的账务处理为

借：生产性生物资产——未成熟生产性生物资产 400 000

　　贷：原材料——种苗　　　　　　　　200 000

　　——化肥　　　　　　80 000

　　——农药　　　　　　15 000

　　应付职工薪酬　　　　　55 000

　　累计折旧　　　　　　　20 000

　　银行存款　　　　　　　30 000

2020 年,2021 年的账务处理为

借:生产性生物资产——未成熟生产性生物资产 95 000

　贷:原材料——化肥　60 000

　——农药　10 000

　应付职工薪酬　15 000

　银行存款　10 000

2022 年达到预定经营目的,

借:生产性生物资产——成熟生产性生物资产　590 000

　贷:生产性生物资产——未成熟生产性生物资产　590 000

(三)生产性生物资产的后续计量

小企业应当设置“生产性生物资产累计折旧”科目,核算成熟生产性生物资产的累计折旧。

生产性生物资产应当按照年限平均法计提折旧。小企业应当根据生产性生物资产的性质和使用情况,并考虑税法的规定,合理确定生产性生物资产的使用寿命和预计净残值。折旧方法、使用寿命、预计净残值一经确定,不得随意变更。

生产性生物资产计提折旧的最低年限为:林木类为 10 年;畜产类为 3 年。

小企业应当自生产性生物资产投入使用月份的下月起按月计提折旧;停止使用的生产性生物资产,应当自停止使用月份的下月起停止计提折旧。

小企业按月计提成熟生产性生物资产的折旧,借记“生产成本”、“管理费用”等科目,贷记·“生产性生物资产累计折旧”。

择伐、间伐或抚育更新等生产性采伐而补植林木类生产性生物资产的后续支出,借记“生产性生物资产”科目,贷记“银行存款”等科目。

发生的管护、饲养费用等后续支出,借记“管理费用”科目,贷记“银行存款”等科目。

四、无形资产

(一)无形资产概述

无形资产,是指小企业为生产产品、提供劳务、出租或经营管理而持有的、没有实物形态的可辨认非货币性资产。无形资产一般包括专利权、商标权、土地使用权、著作权、非专利技术等。

无形资产具有以下主要特征:

1. 不具有实物形态

无形资产通常表现为某种权利、某种技术或某种获取超额利润的综合能力,它们不具有实物形态。没有实物形态是无形资产最基本的特征,是确认无形资产的主要依据。

2. 具有可辨认性

资产满足下列条件之一的,符合无形资产中的可辨认性标准:

(1) 能够从小企业中分离或者划分出来,并能单独或者与相关合同、资产或负债一起，用于出售或转让。

(2) 产生于合同性权利或其他法定权利。无论这些权利是否可以从企业或其他权利和义务中转移或者分离。

3. 属于非货币性资产

无形资产一般不易转化成现金，在持有过程中为企业带来未来经济利益具有不确定性，不属于以固定或可确定的金额收取的资产。

(二) 无形资产的内容

无形资产按其反应的经济内容分为专利权、商标权、土地使用权、著作权、非专利技术等。

1. 专利权

是指国家专利机关授予发明人在一定期限内所享有的专制、专销和使用其发明创造成果的一种专门权利。我国专利法规定，发明专利权的有效期限为 20 年，实用新型和外观设计专利的有效期限为 10 年。发明者在取得专利权后，在有效期内将享有专利的独占权。

2. 商标权

商标是用来辨认特定商品或劳务的标记，代表企业的信誉，具有相应的经济价值。商标权是指专门在某种指定的商品上使用特定的名称、图案、标记的权利。依法注册的商标称为注册商标，商标注册人享有商标专用权，受法律保护。商标权的有效期限为十年，期满可依法申请延长。

3. 土地使用权

是指国家准许某一企业或单位在一定期间内对国有土地享有开发、利用、经营的权利。企业有偿取得的土地使用权，应将其支出资本化，作为无形资产入账。

4. 著作权

又称版权。是指作者对其创作的文学、科学和艺术作品依法享有的某些特殊权利。著作权包括发表权、署名权、修改权、保护作品完整权，还包括复制权、发行权、出租权、使用权和获得报酬的权利等。

5. 专利技术

也称专有技术，是指发明人不公开的，具有实际应用价值的先进技术秘密、技术资料、技术决窍等。非专利技术具有经济性、机密性和动态性等特点。非专利技术主要包括工业专有技术、商业专有技术、管理专有技术等。非专利技术不受法律保护。

(三) 无形资产入账价值的确定

企业取得无形资产，应按实际成本计价入账。无形资产取得时的实际成本，根据下列方法确定：

(1) 购入的无形资产应按取得时实际支付的价款作为实际成本。购入无形资产实际支付的价款主要包括无形资产的买价、注册登记费及其他相关支出。企业购入的土地使用权或以支付土地出让金方式取得的土地使用权，也应按照实际支付的价款作为实际成本。

(2) 投资者投入的无形资产的成本,应当按照评估价值和相关税费确定。

(3) 自行开发的无形资产的成本,由符合资本化条件后至达到预定用途前发生的支出(含相关的借款费用)构成。

(四) 无形资产的核算

为了核算无形资产的取得、摊销和处置等情况,企业应当设置“无形资产”、“累计摊销”等账户。

“无形资产”科目核算企业持有的无形资产成本,本科目按无形资产项目设置明细账,进行明细核算。

“累计摊销”科目属于“无形资产”的调整科目,核算企业对无形资产计提的累计摊销额。

1. 无形资产取得的核算

①外购无形资产。

企业购入无形资产时,应根据购入过程中所发生的全部支出,计入“无形资产”账户。

【例 6-65】甲小企业向土地管理部门申请取得土地使用权,以银行存款 1 000 000 元支付土地出让金。该公司应作如下账务处理:

借:无形资产——土地使用权　　1 000 000

　贷:银行存款　　1 000 000

②投资者投入的无形资产成本,应按照评估价值和相关税费确定。

【例 6-66】乙小企业接受 *B* 公司投资转入的商标权一项,经评估确认,该商标权的价值为 90 000 元。收到商标权时,乙小企业应作如下账务处理:

借:无形资产——商标权　　90 000

　贷:实收资本——*B* 公司　　90 000

③自创研发的无形资产。

小企业自行研究开发的无形资产,在研究阶段所发生的支出应当于发生时直接计入当期损益;开发阶段的支出,无论是否满足资本化条件,均应先在“研发支出”科目中归集,期末,对于不符合资本化条件的支出,转入当期“管理费用”;符合资本化条件但尚没完成的开发费用,继续保留在“研发支出”科目中,等开发项目完成达到预定用途形成无形资产时,再将其发生的实际成本转入“无形资产”账户。

【例 6-67】甲小企业研究开发某一专有技术,研究阶段共领用原材料 20 000 元,以银行存款支付其他相关费用 80 000 元,经测试此研究活动已经完成,并进入开发阶段。假定该项目在开发阶段共发生支出 160 000 元,且这些支出均符合准则规定的资本化条件。公司应作如下账务处理:(假定不考虑税金)

(1) 发生研究支出时

借:研发支出——费用化支出　　100 000

　贷:原材料　　20 000

　　银行存款　　80 000

(2) 开发阶段发生支出时

借:研发支出——资本化支出　　160 000

贷:银行存款 160 000

(3) 研发活动结束,形成无形资产时

借:无形资产——专有技术 160 000

管理费用 100 000

贷:研发支出——费用化支出 100 000

——资本化支出 160 000

2. 无形资产摊销的账务处理

无形资产应当在其使用寿命内采用年限平均法进行摊销。根据其受益对象计入相关资产成本或者当期损益。

无形资产的摊销期自其可供使用时开始至停止使用或出售时止,有关法律规定或合同约定了使用年限的,可以按照规定或约定的使用年限分期摊销。小企业不能可靠估计无形资产使用寿命的,摊销期不得低于10年。

企业应当按月对无形资产进行摊销记入当期损益。企业自用的无形资产,其摊销额计入管理费用;出租的无形资产,其摊销额计入其他业务成本;某项无形资产包含的经济利益通过所生产的产品或其他资产实现的,其摊销金额应当计入相关资产成本。

【例 6-68】某小企业202×年4月份无形资产摊销情况如表。

无形资产摊销表

202×年4月

项目	入账价值	摊销期限	每月摊销金额
自用商标权	120 000	10年	1 000
出租非专利技术	60 000	5年	1 000
合计	180 000		2 000

根据上述"无形资产摊销表",公司应作如下账务处理:

借:管理费用———无形资产摊销 1 000

其他业务成本 1 000

贷:累计摊销 2 000

3. 无形资产处置的账务处理

处置无形资产,处置收入扣除其账面价值、相关税费等后的净额,应当计入营业外收入或营业外支出。

【例 6-69】某小企业将拥有的一项专利权出售,取得收入260 000元存入银行,应交增值税税15 600元(其他应交税费略。该项专利权的账面成本为200 000元,累计摊销为80 000元。该公司应作如下账务处理:

借:银行存款 260 000

累计摊销 80 000

贷:无形资产——专利权 200 000

应交税费——应交增值税 15 600

营业外收入 124 400

(五) 小企业会计准则与企业会计准则不同

(1) 减值处理不同。前者不考虑减值。后者规定无形资产发生减值时,需要计提无形资产减值准备。

(2) 摊销方法不同,前者只能采用年限平均法计提摊销;后者可采用年限平均法、年数总和法等。

(3) 对于不能可靠估计使用寿命的无形资产,前者规定按照不短于10年的期限进行摊销;后者规定可以不摊销,但需每期进行减值测试。

五、长期待摊费用

(一) 长期待摊费用的内容

小企业的长期待摊费用包括:已提足折旧的固定资产的改建支出、经营租入固定资产改建支出、固定资产大修理支出和其他长期待摊费用等。

固定资产大修理支出是指同时符合下列条件的支出:

(1) 修理支出达到取得固定资产时的计税基础50%以上;

(2) 修理后固定资产的使用寿命延长2年以上。

否则,作为日常修理处理。

(二) 长期待摊费用的核算

企业发生的长期待摊费用应设置“长期待摊费用”账户核算。长期待摊费用应按费用的项目设置明细账,进行明细分类核算。

长期待摊费用应在其摊销期内采用年限平均法进行摊销,根据其受益对象计入相关支出的成本或者管理费用。企业发生长期待摊费用时,借记“长期待摊费用”账户,贷方“银行存款”等账户;分期摊销费用时,借记“制造费用”、“销售费用”、“管理费用”等账户,贷方“长期待摊费用”账户。

1. 已提足折旧的固定资产的改建支出

按照固定资产预计尚可使用年限分期摊销。改建后,一般可以提高产品的生产能力、延长设备的使用寿命等。

【例6-70】小企业对已提足折旧的一台设备进行的改建,改建期间发生更换部件支出30 000元,发生职工薪酬10 000元,其他支出5 000元。预计改建后该设备可以提高生产能力,并延长使用寿命3年。

发生的改建费用

借:长期待摊费用　　45 000

　　贷:银行存款　　35 000

　　　　应付职工薪酬　　10 000

从投入使用的下月起,分3年平均摊销

每月摊销金额=45 000÷3÷12=1 250(元)

借:制造费用　　1 250

贷：长期待摊费用　　　1 250

2. 经营租入固定资产改建支出

按照合同约定的剩余租赁期限分期摊销。

【例 6-71】乙公司 202×年 1 月 1 日向外单位租入一座办公用房，租赁期为 5 年，从承租日起，公司对该办公用房进行装修，发生下列支出：领用生产用材料 20 000 元，该材料原购进时支付的进项税额为 3 400 元；职工薪酬 39 600 元。假定该工程已装修完工，达到预定使用状态并交付使用。公司应作如下账务处理：

(1) 装修领用材料时时

借：长期待摊费用　　　23 400

　贷：原材料　　　20 000

　应交税费——应交增值税（进项税额转出）　　3 400

(2) 计算职工薪酬时

借：长期待摊费用　　　39 600

　贷：应付职工薪酬　　　39 600

(3) 每月摊销装修支出时

每月摊销额＝63000÷(5×12)＝ 1050(元)

借：管理费用　　　1 050

　贷：长期待摊费用　　　1 050

3. 固定资产的大修理支出

按照固定资产尚可使用年限分期摊销。

4. 其他长期待摊费用，

自支出发生月份的下月起分期摊销，摊销期不得低于 3 年。

【课后习题】

一、单项选择题

1. 某小企业 202×年 5 月 1 日购买 B 公司股票 1 000 股，每股价格 10 元，另支付相关费用 200 元，不准备长期持有；5 月 10 日又购入 B 公司股票 1 000 股，每股价格 12 元，另支付相关费用 240 元。该企业 6 月 10 日将该股票全部转让，取得转让价款 25 000 元，则企业通过该投资影响的“投资收益”科目金额为(　　)。

A. 6 000　　B. 3 000　　C. 2 560　　D. 2 000

2. 某小企业以现金在二级市场购入股票 5 000 股，每股市价 20 元，其中含 0.2 元/股的已宣告但尚未领取的现金股利，另支付印花税 3 000 元，佣金 1 000 元，购入的股票作为短期投资。该项投资的初始确认金额为(　　)。

A. 100 000　　B. 104 000　　C. 103 000　　D. 99 000

3. 某企业购入一台需要安装的设备，取得的增值税专用发票上注明的设备买价为 60 000 元、增值税款为 7800 元，支付的运输费为 1 000 元、增值税 90 元。设备安装时领用材料物资价值 1 500 元，购进该材料物资时支付的增值税额为 195 元，设备安装时支付有关人员工资费用 2 500 元，该项固定资产的成本为(　　)元。

A. 60 000　　B. 65 000　　C. 64 930　　D. 75 655

4. 生产经营期间固定资产报废清理的净损失应计入(　　)。

A. 营业外支出　B. 管理费用　C. 资本公积　D. 长期待摊费用

5. 企业有设备一台,原价 100 000 元,预计净残值 4 000 元,预计可使用年限 5 年。按双倍余额递减法计提折旧,则第 2 年应计提折旧为(　　)元。

A. 19 200　B. 20 000　C. 24 000　D. 24640

6. 企业有设备一台,原价 100 000 元,预计净残值率 4%,预计可使用年限 5 年。按年数总和法计提折旧,则第 2 年应计提折旧为(　　)元。

A. 18 133　B. 19 200　C. 25 600　D. 26 667

7. 企业自用无形资产的摊销,一般都应记入(　　)账户。

A. 制造费用　B. 管理费用　C. 财务费用　D. 销售费用

8. 企业出租无形资产取得的收入,应通过(　　)账户核算。

A. 主营业务收入　B. 其他业务收入　C. 投资收益　D. 营业外收入

9. 企业自创的无形资产在其研究阶段发生日常支出时应记入(　　)账户进行核算。

A. 研发支出　B. 管理费用　C. 无形资产　D. 其他业务成本

10. 企业接受投资的无形资产,其按(　　)作为入账价值。

A. 投资方提供的发票价格　B. 投资方提供的账面净值

C. 双方协商确认的价值　D. 中介机构的评估价值

二、多项选择题

1. 下列项目中,可作为长期债券投资的有(　　)。

A. 企业从二级市场上购入的固定利率国债

B. 企业从二级市场上购入的浮动利率公司债券

C. 购入的股权投资

D. 期限较短(1 年以内)的债券投资

2. 下列属于固定资产的有(　　)。

A. 厂房、办公楼　B. 购入使用期限超过 1 年的机器

C. 土地使用权　D. 购入办公用计算机一台。

3. 购入的生产用机器入账价值包括(　　)等。

A. 买价　B. 运输费　C. 安装费　D. 增值税

4. 下列固定资产中应计提折旧的有(　　)。

A. 房屋及建筑物

B. 在用的机器设备

C. 未提足折旧提前报废的固定资产

D. 季节性使用的固定资产

5. 下列固定资产不提折旧的有(　　)。

A. 当月减少的固定资产

B. 大修理停用的固定资产

C. 已提足折旧继续使用的固定资产

D. 当月增加的固定资产

6. 属于加速折旧法的有(　　)。

A. 年限平均法　　B. 工作量法

C. 双倍余额递减法　　D. 年数总和法

7. 下列各项中,企业应确认为无形资产的有(　　)。

A. 接受投资取得的土地使用权

B. 无偿划拨取得的土地使用权

C. 接受捐赠取得的商标权

D. 购入的非专利技术

8. 下列项目属于无形资产的是(　　)。

A. 专利权　　B. 商标权　　C. 土地使用权　　D. 经营特许权

三、判断题

1. 企业"固定资产"账户核算的固定资产,其所有权均属于本企业。(　　)

2. 企业出售已使用过的固定资产所得收入,作为其他业务收入处理。(　　)

3. 固定资产不同的折旧方法会改变固定资产应计提的折旧总额。(　　)

4. 加速折旧法是通过缩短固定资产的折旧年限,从而达到加速折旧的目的。(　　)

5. 投资者投入的固定资产,按投资原账面价值作为入账价值。(　　)

6. 融资租入的固定资产,在租赁费付清之前,所有权不属于企业,所以不计提折旧。(　　)

7. 无形资产摊销应当自可供使用的当月起开始摊销(　　)。

8. 无形资产的摊销额均应记入"管理费用"账户(　　)。

9. 企业外购无形资产的成本包括买价、相关税费以及直接归属于使该项资产达到预定使用状态所发生的其它支出(　　)。

10. 长期待摊费用是指企业已经发生但应由本期和以后各期负担的分摊期限在一年以上的各项费用(　　)。

四、业务题

1. 2021年5月6日,甲公司支付价款1 013万元,其中含交易费用1万元和已宣布发放现金股利12万元,购入乙公司发行的股票200万股,占乙公司有表决权股份的0.5%。

2021年5月12日,甲公司收到乙公司发放的现金股利12万元。

2021年6月30日,该股票市价为每股5.3元。

2021年12月31日,甲公司仍持有该股票;当日,该股票市价为每股5.2元。

2022年5月10日,乙公司宣布发放现金股利3 000万元。

2022年5月15日,甲公司收到乙公司发放的现金股利15万元。

2022年6月2日,甲公司以每股5.1元的价格将股票全部转让。假定不考虑其他因素。

要求:编制甲公司上述业务的会计分录。

2. 企业购入设备一台,原价100 000元,该设备预计使用5年,预计净残值率为4%。

要求:

(1) 按年限平均法计算年、月的折旧率和折旧额;

(2) 按双倍余额递减法计算出年折旧率和折旧额；

(3) 按年数总和法计算出每年折旧率和折旧额。

3. 乙公司 202×年 6 月计提固定资产折旧共 78 000 元，6 月发生固定资产增减业务发生如下：

(1) 6 月 12 日，购入一台不需要安装的 A 设备，原价 220 000 元，该设备预计使用 10 年，预计净残值为 4%；

(2) 6 月 28 日，一台经营性租出的 C 设备因租赁期满按期收回，该设备每月计提折旧 2 560 元；

(3) 7 月 25 日，投资者投资转入一台 B 设备，双方确认的入账价值为 100 000 元，该设备预计使用 5 年，预计净残值率为 4%。

要求：

(1) 对 A、B 设备分别计算其每月应计提折旧额(采用年限平均法)

(2) 计算 7 月份计提固定资产折旧额；

(3) 假设固定资产中，生产车间使用占 70%，厂部管理部门占 25%，经营性租出占 5%，按此比例作出计提折旧的会计分录。

4. 某企业购入一项专利权，价格 80 000 元，款项已通过银行支付。要求：编制相关会计分录。

5. 某公司接受正大公司以其所拥有的土地使用权投资，经评估协商该土地使用权的价值为 200 000 元。双方已办妥有关手续。要求：编制相关会计分录。

6. 某企业将其所拥有的一商标权出租给丙公司使用，每月收取租金 10 000 元，每月的摊销额为 4 000 元，该租金收入适用的增值税税率为 6%。要求：编制相关会计分录。

项目七　反映企业负债和所有者权益

【案例导入】

小李是一名刚刚大学毕业参加工作的HY公司新员工，他工作努力，钻研业务，积极提出合理化建议，HY小企业最近资金紧张，他就向公司建议：向银行借50万短期借款和300万长期借款；建议业务源积极和供应商沟通在购货时方面使用商业票据结算或者暂时欠款；吸收投资者投资100万，动用部分留存收益转增资本。试分析回答下列问题：

如果公司采纳了他的建议，这些业务怎么进行会计核算？

【技能目标】

通过学习会进行应付票据、应付账款、预收账款、应付职工薪酬、应交税费、应付利息、应付股利等流动负债的核算。

【知识目标】

1. 掌握流动负债、应付职工薪酬的核算。
2. 掌握应交税费、应付账款、应付票据的核算。

负债是指小企业过去的交易或者事项形成的、预期会导致经济利益流出小企业的现时义务。现时义务是指小企业在现行条件下已承担的义务。小企业的负债按照其流动性，分为流动负债和非流动负债。流动负债是指将在1年（含1年）或超过1年的一个营业周期内偿还的债务。主要有短期借款、应付票据、应付账款、预收账款、应交税费、应付职工薪酬、应付股利等。非流动负债是指偿还期在1年以上或超过1年的一个营业周期的债务。

任务一　流动负债

应付票据与应付账款均是企业由于购买材料、商品和接受劳务等形成的债务，所不同的是，前者采取了票据化形式，而后者是一般的商业信用。

一、短期借款

本科目核算小企业向银行或其他金融机构等借入的期限在1年内的各种借款。

(1) 小企业借入的各种短期借款，借记“银行存款”科目，贷记本科目；偿还借款，作相反的会计分录。

银行承兑汇票到期，小企业无力支付票款的，按照银行承兑汇票的票面金额，借记“应付票据”科目，贷记本科目。

(2) 在应付利息日，短期借款应当按照借款本金和借款合同利率在应付利息日计提利息费用，借记“财务费用”科目，贷记“应付利息”等科目。

具体核算见第二篇小企业基本业务的核算任务三小企业筹集资金的核算。

二、应付票据

小企业应设置“应付票据”科目，核算因购买材料、商品和接受劳务等日常生产经营活动开出、承兑的商业汇票(包括银行承兑汇票和商业承兑汇票)。该账户属于负债类账户，可按债权人进行明细核算。

(1) 小企业开出、承兑商业汇票或以承兑商业汇票抵付货款、应付账款等，借记“材料采购”或“在途物资”、“库存商品”等科目，贷记“应付票据”科目。涉及增值税进项税额的，还应借记“应交税费——应交增值税(进项税额)”。

(2) 商业汇票到期时，收到银行的付款通知，应借记“应付票据”科目，贷记“银行存款”科目。

(3) 企业支付银行承兑汇票手续费时，借记“财务费用”科目，贷记“银行存款”科目。

(4) 银行承兑汇票到期，小企业无力支付票款的，按照银行承兑汇票的票面金额，借记“应付票据”科目，贷记“短期借款”科目。

【例7-1】甲小企业202×年4月1日从乙公司购入材料一批，价款为40 000元，增值税为5 200元，同时开出并承兑的商业承兑汇票一张，面值为46 800元，期限为3个月。甲小企业应作如下会计处理：

(1) 202×年4月1日购入材料时：

借：原材料等　　40 000

　　应交税费——应交增值税(进项税额)　　5 200

　　贷：应付票据　　45 200

(2) 202×年7月1日到期付款时：

借：应付票据　　45 200

　　贷：银行存款　　45 200

(3) 若202×年7月1日到期无力付款时：

借：应付票据　　45 200

　　贷：应付账款　　45 200

【例 7-2】若上述甲小企业购入材料，开出一张银行承兑汇票，并按商业汇票面值的1%通过银行存款支付手续费。

(1) 202×年 4 月 1 日支付银行手续费时：

借：财务费用　　　　452

　贷：银行存款　　　　452

(2) 202×年 7 月 1 日到期时，甲小企业无力付款，银行作为第一付款人应代为付款，然后向甲小企业(即承兑申请人)执行扣款，尚未扣回的金额转作甲小企业的短期借款。

借：应付票据　　　　45 200

　贷：短期借款　　　　45 200

三、应付账款

应付账款是指小企业因购买材料、商品和接受劳务等日常经营活动应支付的款项。应付账款与应付票据两者都是由交易引起，都属于流动负债，但应付账款属于尚未结清的债务，而应付票据是一种延期付款的证明，有承诺付款的票据作为证明的依据。

因购买商品等而产生的应付账款，在会计核算中应设置“应付账款”科目进行核算，用于反映这部分流动负债的价值，其明细核算可按债权人进行。

1. 应付账款的一般账务处理

【例 7-3】甲小企业 202×年 3 月 8 日购入一批材料，货款 50 000 元，增值税 6 500 元。材料已运到并验收入库(该企业材料按实际成本计价核算)，款项双方约定 202×年 4 月 8 日支付。该企业的会计处理为：

(1) 202×年 3 月 8 日：

借：原材料　　　　50 000

　　应交税费——应交增值税(进项税额)　　　　6 500

　贷：应付账款　　　　56 500

(2) 202×年 4 月 8 日，用银行存款偿还欠款时：

借：应付账款　　　　56 500

　贷：银行存款　　　　56 500

(3) 若 202×年 4 月 8 日款项未付，签发一张期限为 2 个月的商业承兑汇票抵付欠款：

借：应付账款　　　　56 500

　贷：应付票据　　　　56 500

2. 带有现金折扣的账务处理

【例 7-4】丙公司 202×年 5 月 1 日购入商品一批，价款 400 000 元，增值税 52 000 元，商品尚未入库。付款条件为(2/10、1/30、n/60)，假定按应付账款的总金额给予一定比例的现金折扣。丙公司的会计处理为：

(1) 202×年 5 月 1 日，购入商品时：

借：在途物资　　　　400 000

应交税费——应交增值税(进项税额)　52 000

贷:应付账款　452 000

(2) 若丙公司 202×年 5 月 1 日—10 日之间付款:

折扣金额=452 000×2%=9 040(元)

实际支付的金额=452 000－9 040=442 960(元)

借:应付账款　452 000

贷:银行存款　442 960

财务费用　9 040

(3) 若丙公司 202×年 5 月 11 日—6 月 1 日之间付款:

折扣金额=452 000×1%=4 520(元)

实际支付的金额=452 000－4 520=447 480(元)

借:应付账款　452 000

贷:银行存款　447 480

财务费用　4 520

(4) 若丙公司 202×年 6 月 1 日以后付款,该企业就丧失了现金折扣:

借:应付账款　452 000

贷:银行存款　452 000

小企业确实无法偿还的应付款项,应当计入营业外收入。

四、预收账款

(一) 预收账款核算的内容

预收账款是指小企业按照合同规定,向购货方预先收取一部分款项而发生的一项负债。这一负债不是以货币偿付,而是以在一定时间内提供一定数量和质量的商品货物来偿付。

企业应设置"预收账款"科目,贷方登记发生的预收账款的数额和购货补付账款的数额;借方登记企业向购货方发货后冲销的预收账款以及退回购货方多付账款的数额;余额一般在贷方,表示已预收账款但尚未向购货方提供货物的数额;余额如果在借方,表示应收的货款(即应由购货方补付的货款)。

预收账款不多的企业,可以不设"预收账款"科目,发生的预收账款业务,通过"应收账款"科目核算。

(二) 预收账款的会计处理

企业收到购货单位预收账款时,借记"银行存款"科目,贷记"预收账款"科目;提供货物或劳务时,借记"预收账款",贷记"主营业务收入"等科目;收到购货单位补付的货款,借记"银行存款",贷记"预收账款";向购货单位退回其多付的款项时,借记"预收账款",贷记"银行存款"。

【例 7-5】202×年 3 月 23 日宏光公司与腾达公司签订供货合同,货款金额为 200 000

元，应交增值税为26 000元。腾达公司当日预付货款120 000元，剩余货款在交货后付清。202×年4月20日交付商品，腾达公司当日付清余款。宏光公司应作如下会计处理：

(1) 202×年3月23日收到预付款时：

借：银行存款　　120 000

　贷：预收账款——腾达公司　　120 000

(2) 202×年4月20日交付商品时：

借：预收账款——腾达公司　　226 000

　贷：主营业务收入　　200 000

　　应交税费——应交增值税（销项税额）　　26 000

(3) 202×年4月20日收到补付货款时：

借：银行存款　　106 000

　贷：预收账款——腾达公司　　106 000

五、应付职工薪酬

（一）职工薪酬的内容

职工，是指与企业订立劳动合同的所有人员，包括全职、兼职和临时职工，也包括虽未与企业订立劳动合同但由企业正式任命的人员等。

职工薪酬，是指企业为获得职工提供的服务或解除劳动关系而给于各种形式的报酬或补偿。包括短期薪酬、离职后福利、辞退福利和其他长期职工福利。提供给职工配偶、子女或其他被赡养人的福利，也属于职工薪酬。

1. 短期薪酬主要包括以下内容

(1) 职工工资、奖金、津贴和补贴，是指按照国家统计局的规定构成工资总额的计时工资、计件工资、支付给职工的超额劳动报酬和增收节支的劳动报酬、为了补偿职工特殊或额外的劳动消耗和因其他特殊原因支付给职工的津贴，以及为了保证职工工资水平不受物价影响支付给职工的物价补贴等。

企业按规定支付给职工的加班加点工资，以及根据国家法律、法规和政策规定，企业在职工因病、工伤、产假、计划生育假、婚丧假、事假、探亲假、定期休假、停工学习、执行国家或社会义务等特殊情况下，按照计时工资或计件工资标准的一定比例支付的工资，也属于职工工资范畴，在职工休假或缺勤时，不应当从工资总额中扣除。

(2) 职工福利费。职工福利费，是指企业为了职工提供的福利，如为补助职工食堂、生活困难等从成本费用中提取的金额。

(3) 社会保险费。社会保险费，是指企业按照国家规定的基准和比例计算，向社会保险经办机构缴纳的医疗保险费、工伤保险费和生育保险费。养老保险费、失业保险费不属于短期薪酬，而属于离职后福利。

(4) 住房公积金。住房公积金，是指企业按照国家《住房公积金管理条例》规定的基准和比例计算，向住房公积金管理机构缴存的住房公积金。

(5) 工会经费和职工教育经费。工会经费和职工教育经费，是指企业为了改善职工文化生活、提高职工业务素质、用于开展工会活动和职工教育及职业技能培训，根据国家规定的基准和比例，从成本费用中提取的金额。

(6) 短期带薪缺勤。通常情况下，小企业职工休婚假、产假、探亲假、丧假、病假期间的薪酬属于非累积带薪缺勤。

(7) 非货币性福利。非货币性福利，是指企业以自产产品或外购商品发放给职工作为福利，将自己拥有的资产无偿提供给职工使用，为职工无偿提供医疗保健服务等。

2. 离职后福利

是指小企业为获得职工提供的服务而在职工退休或与企业解除劳动关系后，提供的各种形式的报酬和福利，短期薪酬和辞退福利除外。

3. 辞退福利

是指小企业在职工劳动合同到期之前解除与职工的劳务关系给予的补偿。

4. 其他长期职工福利

是指出短期薪酬、离职后福利、辞退福利之外所有的职工薪酬，包括长期带薪缺勤、长期残疾福利、长期利润分享计划等。

（二）职工薪酬的确认和核算

1. 应付职工薪酬的确认

企业应当通过“应付职工薪酬”科目，核算小企业根据规定应付给职工的各种薪酬。“应付职工薪酬”科目应当按照“工资”、“职工福利”、“社会保险费”、“住房公积金”、“工会经费”、“职工教育经费”、“非货币性福利”、“辞退福利”等应付职工薪酬项目设置明细科目进行明细核算。

2. 应付职工薪酬的核算

(1) 货币性职工薪酬。企业应当在职工为其提供服务的会计期间，将实际发生的短期薪酬确认为负债，应当根据职工提供服务的受益对象，分别下列情况处理：应由生产产品、提供劳务负担的职工薪酬，计入产品成本或劳务成本，借记“生产成本”、“制造费用”、“劳务成本”等科目，贷记“应付职工薪酬”科目；应由在建工程、无形资产开发成本负担的职工薪酬，计入建造固定资产或无形资产的开发成本，借记“在建工程”、“研发支出”科目，贷记“应付职工薪酬”科目；上述两项之外的其他职工薪酬，计入当期损益。

第一，工资分配的核算。企业各月应付工资应按工资发生的部门和用途进行分配，借记有关科目，其中：基本生产车间直接从事产品生产工人的工资计入“生产成本——基本生产成本”科目；辅助生产车间生产工人的工资计入“生产成本——辅助生产成本”科目；企业各车间、生产单位管理人员的工资计入“制造费用”科目；企业专设销售机构的人员工资应计入“销售费用”科目；厂部行政管理人员和六个月以上病假人员的工资计入“管理费用”科目。

【例 7-6】甲公司 202×年 12 月应付工资总额 45 000 元，工资分配汇总表中列示的产品生产人员工资为 110 000 元，车间管理人员工资为 60 000 元，公司行政管理人员工资为 50 000 元，销售人员工资为 25 000 元。甲公司的有关会计处理如下：

借：生产成本——基本生产成本　　110 000
　　制造费用　　60 000

管理费用 50 000

销售费用 25 000

贷:应付职工薪酬——工资 245 000

第二,工资结算的核算。工资结算一般包括发放工资、结转代扣款项等几项内容。企业发放工资,应根据“工资结算汇总表”中的实发金额数,借记“应付职工薪酬——工资”账户,贷记“银行存款”账户。对于“工资结算汇总表”中的各种代扣款项,如代扣应由职工个人交纳的住房公积金、社会保险费等,应借记“应付职工薪酬——工资”科目,贷记“其他应付款”科目;代扣个人所得税,应借记“应付职工薪酬——工资”科目,贷记“应交税费——应交所得税”科目。

【例 7-7】承上例,该公司工资总额中,应扣款项为 5 000 元,其中个人所得税 2 000 元,代垫水电费 1 000 元,住房公积金 2 000 元。

(1) 签发现金支票 240 000 元,发工资时:

借:应付职工薪酬——工资 240 000

贷:银行存款 240 000

(2) 结转代扣款项时:

借:应付职工薪酬——工资 5 000

贷:其他应收款——代垫水电费 1 000

其他应付款——代扣住房公积金 2 000

应交税费——应交所得税 2 000

第三,职工薪酬中“三项经费”的核算。职工薪酬中的“三项经费”包括职工福利费、工会经费和职工教育经费。

企业每期应当按照工资总额的一定比例分别计算确定三项经费,并按照职工提供服务的受益对象,计入相关资产的成本或确认为当期费用。

【例 7-8】乙企业下设一所职工食堂,每月根据在岗职工数量及岗位分布情况,相关历史经验数据等计算需要补贴食堂的金额,从而确定每期因职工食堂而需要承担的福利费金额。202×年 10 月,企业在岗职工共计 200 人,其中管理部门人员 40 人,生产车间人员 100 人,销售部门人员 60 人。企业的历史经验数据表明,对于每个职工企业需要补贴食堂 150 元。乙企业的有关会计处理为:

其中:应计入生产成本的职工福利=100×150=15 000(元)

应计入销售费用的职工福利=60×150=9 000(元)

应计入管理费用的职工福利=40×150=6 000(元)

借:生产成本 15 000

销售费用 9 000

管理费用 6 000

贷:应付职工薪酬——职工福利 30 000

企业签发现金支票 30 000 元实际向职工食堂拨付补贴款时:

借:应付职工薪酬——职工福利 30 000

贷:银行存款 30 000

第四,社会保险费的核算。企业按规定缴纳的各项社会保险费是职工薪酬的组成部分,应通过“应付职工薪酬——社会保险费”科目进行核算。企业按期计算提取应交的各项社会保险费时,根据职工提供服务的受益对象分别借记“生产成本”、“制造费用”、“管理费用”、“在建工程”、“销售费用”等科目,贷记 “应付职工薪酬——社会保险费”科目;企业按规定缴纳各项社会保险费时,借记“应付职工薪酬——社会保险费”科目,贷记“银行存款”科目。

【例 7-9】根据国家规定的计提标准计算,甲公司本月应向社会保险经办机构缴纳的职工基本养老保险费共计 31 460 元,其中,应计入基本生产车间生产成本的金额为 20 000 元,应计入制造费用的金额为 6 000 元,应计入管理费用的金额为 5 460 元。甲公司的有关会计处理为:

借:生产成本——基本生产成本　20 000
　制造费用　6 000
　管理费用　5 460
　贷:应付职工薪酬——社会保险费(基本养老保险)　31 460

(2) 非货币性职工薪酬。企业以其自产产品作为非货币性福利发放给职工的,应当根据受益对象,按照该产品的公允价值,计入相关资产成本或当期损益,同时确认应付职工薪酬。借记“生产成本”、“制造费用”、“管理费用”等科目,贷记“应付职工薪酬——非货币性福利”科目。

【例 7-10】甲公司是一家面粉生产企业,于 202×年 12 月 4 日,以其生产的产品面粉作为福利发放给生产工人,成本为 30 000 元,计税价格(公允价值)40 000 元,适用的增值税税率为 13%。则该公司的账务处理为:

(1) 决定发放非货币性福利时

借:生产成本 ——基本生产成本　46 800
　贷:应付职工薪酬——职工福利　46 800

(2) 实际发放非货币性福利时

借:应付职工薪酬——职工福利　46 800
　贷:主营业务收入　40 000
　　应交税费——应交增值税(销项税额)　5 200

(3) 结转产品成本时

借:主营业务成本　30 000
　贷:库存商品　30 000

将企业拥有的房屋等资产无偿提供给职工使用的,应当根据受益对象,将该住房每期应计提的折旧计入相关资产成本或当期损益,同时确认应付职工薪酬,借记“生产成本”、“制造费用”、“管理费用”等科目,贷记“应付职工薪酬——非货币性福利”科目。并且同时借记“应付职工薪酬——非货币性福利”科目,贷记“累计折旧”科目。

【例 7-11】甲公司为总部各部门经理级别以上职工提供汽车免费使用,同时为副总裁以上高级管理人员每人租赁一套住房。该公司共有部门经理以上职工 30 名,假定每辆汽车每月计提折旧 800 元;该公司共有副总裁以上人员 6 名,每套住房月租金 2 000 元。甲公司的有关会计处理如下：

应确认的应付职工薪酬＝30×800＋6×2 000＝36 000(元)

应计提的折旧费用＝30×800＝24 000(元)

借：管理费用　　36 000

　贷：应付职工薪酬——非货币性福利　　36 000

借：应付职工薪酬——非货币性福利　　24 000

　贷：累计折旧　　24 000

每月支付租金时的核算为：

借：应付职工薪酬——非货币性福利　　12 000

　贷：银行存款　　12 000

(3) 辞退福利的核算。

辞退福利通常采取在解除劳动关系时一次性支付补偿的方式，也有通过提高退休后养老金或其他离职后福利的标准，或者将职工工资支付至辞退后未来某一期间的方式。

【例 7-12】甲公司因和 4 位职工解除劳动关系而给予补偿费用 60 000 元，则相关的账务处理为：

借：管理费用　　60 000

　贷：应付职工薪酬——辞退福利　　60 000

　实际支付费用时：

借：应付职工薪酬——辞退福利　　60 000

　贷：银行存款　　60 000

六、应交税费

应交税费是指企业按照税法等规定计算应交纳的各种税费，目前企业依法交纳的各种税金主要包括增值税、消费税、所得税、资源税、土地增值税、城市维护建设税、房产税、土地使用税、车船使用税等。应交各种费用主要包括教育费附加、矿产资源补偿费等。企业代扣代交的个人所得税的等，也通过应交税费核算。

企业应交的各种税费，应设置“应交税费”账户进行核算。按应交税费的种类设置明细账，进行明细分类核算。

(一) 应交增值税

1. 增值税的征收对象

在中华人民共和国境内销售货物、服务、无形资产、不动产以及进口货物的单位和个人，为增值税的纳税人，应当缴纳增值税。

2. 一般纳税人增值税税率

(1) 纳税人销售货物、提供加工、修理修配劳务，税率为 13%。

(2) 纳税人销售或者进口下列货物，税率为 9%。

粮食、食用植物油；

自来水、暖气、冷气、热水、煤气、石油液化气、天然气、沼气、居民用煤炭制品；

图书、报纸、杂志；

饲料、化肥、农药、农机、农膜；

国务院规定的其他货物。

(3) 纳税人出口货物，税率为零，但是，国务院另有规定的除外。

(4) 提供交通运输、邮政、基础电信、建筑、不动产租赁服务，销售不动产，转让土地使用权，税率为9%。

(5) 提供有形动产租赁服务，税率为13%。

(6) 境内单位和个人发生的跨境应税行为，税率为零。具体范围由财政部和国家税务总局另行规定。

(7) 纳税人发生应税行为，除上述规定外，税率为6%。

(8) 小规模纳税人增值税征收率为3%，财政部和国家税务总局另有规定的除外。

3. 增值税的计算

一般计税方法的应纳税额，是指当期销项税额抵扣当期进项税额后的余额。应纳税额计算公式：

应纳税额＝当期销项税额－当期进项税额

当期销项税额小于当期进项税额不足抵扣时，其不足部分可以结转下期继续抵扣。

销项税额，是指纳税人发生应税行为按照销售额和增值税税率计算并收取的增值税额。销项税额计算公式：

销项税额＝销售额×税率

一般计税方法的销售额不包括销项税额，纳税人采用销售额和销项税额合并定价方法的，按照下列公式计算销售额：

销售额＝含税销售额÷(1＋税率)

进项税额，是指纳税人购进货物、加工修理修配劳务、服务、无形资产或者不动产，支付或者负担的增值税额。

下列进项税额准予从销项税额中抵扣：

(1) 从销售方取得的增值税专用发票(含税控机动车销售统一发票，下同)上注明的增值税额。

(2) 从海关取得的海关进口增值税专用缴款书上注明的增值税额。

(3) 购进农产品，除取得增值税专用发票或者海关进口增值税专用缴款书外，按照农产品收购发票或者销售发票上注明的农产品买价和13%的扣除率计算的进项税额。计算公式为：

进项税额＝买价×扣除率

(4) 从境外单位或者个人购进服务、无形资产或者不动产，自税务机关或者扣缴义务人取得的解缴税款的完税凭证上注明的增值税额。

小规模纳税人，实行按照销售额和征收率计算应纳税额的简易办法，并不得抵扣进项税额。

应纳税额计算公式：应纳税额＝销售额(不含税销售额)×征收率

不含税销售额＝含税销售额÷(1＋3%)。

4. 应交增值税的会计核算

企业为了正确核算增值税的应纳税情况，提供正确的税务资料，需要通过“应交税费——应交增值税”明细账户进行核算。一般纳税人应在“应交增值税”下设置“进项税额”、“销项税额”、“出口退税”、“进项税额转出”、“已交税金”等专栏。小规模纳税人通过“应交增值税”明细账户核算，不需再设专栏。

(1) 一般纳税企业一般购销业务的会计处理。

增值税一般纳税企业，可以使用增值税专用发票和增值税普通发票。纳税人销售货物，应当向购买方开具增值税专用发票，并在增值税专用发票上分别注明销售额和税额。

【例 7-13】甲公司为增值税一般纳税人，202×年 7 月 3 日购入一批原材料，增值税专用发票上注明的原材料价款 500 000 元，增值税为 65 000 元。货款已经支付，材料已经达到并验收入库。(采用实际成本进行日常材料核算)。甲公司账务处理为：

202×年 7 月 3 日购入材料时

借：原材料　　500 000

　　应交税费——应交增值税(进项税额)　　65 000

　　贷：银行存款　　565 000

该企业 202×年 7 月 23 日销售一批商品收入为 80 000 元(不含增值税)，增值税税率为 13%，货款尚未收到，符合收入确认。甲公司账务处理为：

借：应收账款　　90 400

　　贷：主营业务收入　　80 000

　　应交税费——应交增值税(销项税额)　　10 400

(2) 一般纳税企业购入免税产品的会计处理。

购进农产品，按照农产品收购发票或者销售发票上注明的农产品买价和 13%的扣除率计算的进项税额。进项税额计算公式：进项税额＝买价×扣除率。

【例 7-14】乙公司为增值税一般纳税人，202×年 7 月 28 日，收购农业产品一批，实际支付的价款为 300 000 元，收购的农业产品已验收入库，款项已经支付。(该企业采用计划成本进行日常核算)扣除率为 9%，则乙公司的会计处理为：

进项税额＝300 000×9%＝27 000(元)

借：材料采购　　273 000

　　应交税费——应交增值税(进项税额)　　27 000

　　贷：银行存款　　300 000

(3) 有出口产品的小企业出口退税的会计核算。

企业向海关办理报关出口手续后，凭出口报关单等有关凭证，按月向税务机关办理出口货物进项税额的退税。

①实行“免、抵、退”管理办法的小企业，按照税法规定计算的当期出口产品不予免征、抵扣和退税的增值税额，借记“主营业务成本”科目，贷记“应交税费——应交增值税(进项税额转出)”。按照税法规定计算的当期应予抵扣的增值税额，借记“应交税费——应交增值税(出口抵减内销产品应纳税额)”，贷记“应交税费——应交增值税(出口退税)”。因应抵扣的税额大于应纳税额而未全部抵扣，出口产品按照规定应予退回的增值税款，借记

"其他应收款"科目,贷记"应交税费——应交增值税(出口退税)"科目。

②未实现"免、抵、退"管理办法的小企业,出口产品实现销售收入时,应当按照应收的金额,借记"应收账款"等科目,按照税法规定应收的出口退税,借记"其他应收款"科目,按照税法规定不予退回的增值税额,借记"主营业务成本"科目,按照确认的销售商品收入,贷记"主营业务收入"科目,按照税法规定应缴纳的增值税额,贷记"应交税费——应交增值税(销项税额)"。

(4) 交纳增值税的核算。

按期结算后,企业"应交税费——应交增值税"账户的贷方余额,表示应交纳的增值税。企业在规定期限内,以银行存款上交增值税时,借记"应交税费——应交增值税(已交税金)"科目,贷记"银行存款"科目。

【例 7-15】甲公司 202×年 5 月用银行存款交纳本月的增值税 40 000 元,月末结转本月应交未交的增值税 82 000 元。该公司的会计处理为:

借:应交税费——应交增值税(已交税金)　　40 000
　　贷:银行存款　　40 000

月末结转本月应交未交的增值税 82000 元

借:应交税费——应交增值税(转出未交增值税)　　82 000
　　贷:应交税费——未交增值税　　82 000

5. 下列项目的进项税额不得从销项税额中抵扣

(1) 用于简易计税方法计税项目、免征增值税项目、集体福利或者个人消费的购进货物、加工修理修配劳务、服务、无形资产和不动产。纳税人的交际应酬消费属于个人消费。

(2) 非正常损失的购进货物,以及相关的加工修理修配劳务和交通运输服务。

(3) 非正常损失的在产品、产成品所耗用的购进货物(不包括固定资产)、加工修理修配劳务和交通运输服务。

(4) 非正常损失的不动产,以及该不动产所耗用的购进货物、设计服务和建筑服务。

(5) 非正常损失的不动产在建工程所耗用的购进货物、设计服务和建筑服务。

纳税人新建、改建、扩建、修缮、装饰不动产,均属于不动产在建工程。

(6) 购进的旅客运输服务、贷款服务、餐饮服务、居民日常服务和娱乐服务。

已经记入"应交税费——应交增值税(进项税额)科目,如果按规定不得抵扣进项税额项目的,通过"应交税费——应交增值税(进项税额转出)"科目,转入有关的"应付职工薪酬"、"待处理财产损溢"等科目。

【例 7-16】丙企业为增值税一般纳税人,本期购入一批材料,增值税专用发票上注明的增值税额为 156 000 万元,材料价款 1 200 000 万元。材料已经入库,货款已经支付(假如该企业材料采用实际成本进行核算)。

(1) 材料入库时:

借:原材料　　1 200 000
　　应交税费——应交增值税(进项税额)　　156 000
　　贷:银行存款　　1 356 000

(2) 该批材料遭受洪水毁损时:

借：待处理财产损溢——待处理流动资产损溢 1 356 000

贷：原材料 1 200 000

应交税费——应交增值税(进项税额转出) 156 000

6. 小规模纳税企业的会计处理

小规模纳税企业的特点有：一是小规模纳税企业销售货物或者提供应税劳务，不能开具增值税专用发票；二是小规模纳税企业销售货物或提供应税劳务，实行简易办法计算应纳税额，按照销售额的3%计算。应纳税额计算公式：

应纳税额＝销售额(不含税销售额)×3%

不含税销售额＝含税销售额÷(1＋3%)。

【例 7-17】宏伟公司核定为小规模纳税人，202×年6月购入原材料，按照增值税普通发票上记载的原材料价款为30 000元，支付的增值税为900元，该公司开出承兑的商业汇票，材料尚未达到(采用实际成本)。该公司本月含税销售收入为50 000元，假定符合收入确认条件，货款尚未收到。该公司的会计处理为：

(1) 购进货物时

借：在途物资 30 900

贷：应付票据 30 900

(2) 销售货物时

不含税销售额＝50 000÷(1＋3%)＝48543.69(元)

应交增值税＝50 000－48543.69＝1456.31(元)

借：应收账款 50 000

贷：主营业务收入 48 543.69

应交税费——应交增值税 1 456.31

(二) 应交消费税

1. 消费税的征收对象

消费税是国家对某些需要限制和调节的消费品或消费行为征收的一种流转税。在中华人民共和国境内生产、委托加工和进口烟、酒及酒精、化妆品、贵重首饰及珠宝玉石、鞭炮、焰火、成品油、汽车轮胎、摩托车、小汽车、高尔夫球及球具、高档手表、木制一次性筷子、木地板等规定的消费品的单位和个人，为消费税的纳税人，应当缴纳消费税。

2. 消费税的会计核算

企业按规定应交的消费税，通过“应交税费——应交消费税”科目核算。

企业将生产的产品直接对外销售的，应交纳的消费税，通过“营业税金及附加”科目核算；企业用应税消费品对外投资，或者用于在建工程等，按规定应交纳的消费税，应计入有关的成本。

【例 7-18】某企业为增值税一般纳税人，本月销售其生产的应税消费品酒一批，应税消费品的销售价为10 000元(不含销项税额)，产品的成本价为6 000元。增值税税率为13%，消费税税率为10%。产品发出，款项未收到，符合收入确认条件。该企业的会计处理为：

(1) 增值税销项税额＝10 000×13%＝13 000(元)

(2) 应交的消费税额=10 000×10%=10 000(元)

借:应收账款 11 300

贷:主营业务收入 10 000

应交税费——应交增值税(销项税额) 1 300

借:营业税金及附加 1 000

贷:应交税费——应交消费税 1 000

借:主营业务成本 6 000

贷:库存商品 6 000

(三) 其他税费

1. *城市维护建设税、教育费附加和地方教育费附加*

(1) 城市维护建设税,是我国为了加强城市的维护建设,扩大和稳定城市维护建设资金的来源,开征的一种税。城市维护建设税的计算以当期缴纳的增值税和消费税为计税依据。城市维护建设税税率按纳税人所在地分别规定为:市区 7%,县区和镇 5%,乡村 1%。

教育费附加是国家为了发展我国的教育事业,提高人民的文化素质,对缴纳增值税和消费税单位和个人征收的一项税。

地方教育费附加是指各省、自治区、直辖根据国家有关规定,为实施"科教兴省"战略,增加地方教育的资金投入,促进本各省、自治区、直辖教育事业发展,开征的一项地方政府性基金。该收入主要用于各地方的教育经费的投入补充。地方教育附加征收标准为单位和个人实际缴纳的增值税和消费税税额的 2%。

其计算公式如下:

应纳税额=(增值税+消费税)×适用税率

会计核算时在"应交税费"科目下设置相应的明细科目。企业按规定计算应交纳的城市维护建设税、教育费附加和地方教育费附加,借记"营业税金及附加"科目,贷记"应交税费(应交城市维护建设税、应交教育费附加、应交地方教育费附加)"科目。实际上交时,借记"应交税费"科目,贷记"银行存款"科目。

【例 7-19】甲小企业本期应纳增值税额为 50 000 元,消费税 10 000 元。该企业适用的城市维护建设税税率为 7%,教育费附加率为 3%,地方教育费附加率 2%。则该公司的会计处理为:

应交城市维护建设税=(50 000+10 000)×7%=4 200(元)

应交教育费附加=(50 000+10 000)×3%=1 800(元)

应交地方教育费附加=(50 000+10 000)×2%=1 200(元)

借:营业税金及附加 7 200

贷:应交税费——应交城市维护建设税 4 200

—— 应交教育费附加 1 800

——应交地方教育费附加 1 200

(2) 应交城镇土地使用税、房产税、车船税、矿产资源补偿费、排污费。

城镇土地使用税是国家为了合理利用城镇土地,调节土地极差收入,提高土地使用效益，加强土地管理而开征的一种税。

房产税是国家对在城市、县城、建制镇和工矿区征收的由产权所有人缴纳的一种税。

车船税是以车船为征税对象，向拥有车船的单位和个人征收的一种税。

矿产资源补偿费是指国家作为矿产资源所有者，依法向开采矿产资源的单位和个人收取的一项费用。矿产资源补偿费按照矿产品销售收入的一定比例计征，由采矿权人交纳。

排污费是直接向环境排放污染物的单位和个体工商户应当按规定交纳排污费。

小企业按照规定应交纳的城镇土地使用税、房产税、车船税、矿产资源补偿费、排污费，借记“营业税金及附加”科目，贷记“应交税费——应交城镇土地使用税”、“应交税费——房产税”等科目。小企业实际缴纳时，借记“应交税费——应交城镇土地使用税”等，贷记“银行存款”科目。

七、应付利润、应付利息和其他应付款

（一）应付利润

应付利润是指小企业在接受投资或联营、合作期间，按协议或合同规定应支付给投资者或合作伙伴的利润。小企业作为独立核算的经济实体，对其实现的经营成果除了按照税法及有关法规交纳税费外，还必须给投资者一定的回报，向投资者分配利润。利润在尚未支付以前，就形成了一笔流动负债。

企业应设置“应付利润”科目核算应付利润的分配情况，该科目可按投资者进行明细核算。该科目贷方登记应支付的利润；借方登记实际支付的利润；期末贷方余额反映企业应付未付的利润。企业按照规定的利润分配方案，确认应付给投资者的利润时，借记“利润分配——应付利润”科目，贷记“应付利润”科目；向投资者支付利润时，借记“应付利润”科目，贷记“银行存款”等科目。

【例 7-20】202×年度 *A* 小企业宣布向投资者发放利润 180 000 元，其中甲股东 120 000 元，乙股东 60 000 元。小企业用银行存款支付。其会计处理如下：

借：利润分配——应付利润　　180 000
　贷：应付利润——甲股东　　120 000
　　　　　　——乙股东　　60 000
借：应付股利——甲股东　　20 000
　　　　　　——乙股东　　60 000
　贷：银行存款　　80 000

（二）应付利息

应付利息是指企业按照合同约定应支付的利息。企业核算利息费用时，通过设置“应付利息”科目核算，该科目的贷方反映计提的利息费用，根据利息负担的对象，借记“财务费用”、“在建工程”等科目；实际支付利息时，记入该科目的借方，借记“应付利息”科目，贷记“银行存款”等科目。

【例 7-21】甲公司 202×年 4 月 1 日从银行借入 3 年期借款 100 000 元，年利率 6%，该笔款项当日全部用于建造一仓库，建造期为 8 个月，协议约定每半年付息一次。（假设该企业每季度计提一次利息，按 6%的利率确定利息费用）。甲公司的会计处理为：

(1) 202×年 4 月 1 日用借款建造仓库时

借：在建工程　　100 000

　贷：长期借款　　100 000

(2) 202×年 6 月 30 日、202×年 9 月 30 日分别计提利息时

借：在建工程　　1 500

　贷：应付利息　　1 500

(3) 202×年 10 月 1 日用银行存款支付利息时

借：应付利息　　3 000

　贷：银行存款　　3 000

(4) 202×年 12 月 31 日计提利息时

借：在建工程　　1 000

　财务费用　　500

　贷：应付利息　　1 500

（三）其他应付款

其他应付款是指企业除应付账款、应付票据、预收账款、应付职工薪酬、应付利息、应交税费等以外的其他各项应付、暂收的款项，主要包括应付经营租入固定资产和包装物租金、存入保证金（如收取包装物押金）。

为了反映企业其他应付款的收付情况，企业应设置"其他应付款"科目，本科目可按其他应付款的项目和对方单位或个人进行明细核算，贷方登记发生的各种应付、暂收款项，借方登记偿还或转销的各种应付、暂收款项，余额在贷方，表示应付未付的其他应付款项。

企业发生各种应付、暂收款项时，借记"银行存款"、"管理费用"等科目，贷记"其他应付款"科目；支付或退回有关款项时，借记"其他应付款"科目，贷记"银行存款"等科目。

【例 7-22】乙公司 202×年 1 月 1 日，以经营租赁方式租入一座仓库，每月租金 2 000 元，协议约定租金每季末支付一次。该公司的账务处理为：

(1) 202×年 1 月 31 日，202×年 2 月 28 日按根据权责发生制，按月核算租金时

借：管理费用　　2 000

　贷：其他应付款　　2 000

(2) 202×年 3 月 31 日以银行存款支付第一季度租金时

借：其他应付款　　4 000

　管理费用　　2 000

　贷：银行存款　　6 000

【课后习题】

一、单项选择题

1. 企业开出并承兑的商业汇票到期时，如无力支付票款，应进行的账务处理是(　　)。

A. 转作短期借款　　B. 转作应付账款

C. 不进行账务处理　　D. 转作其它应付款

2. 委托加工应纳消费税物资(非金银首饰)收回后用于连续生产应税消费品，其由受托方代扣代缴的消费税，应计入(　　)账户。

A. 管理费用　　B. 税金及附加

C. 委托加工物资　　D. 应交税费——应交消费税

3. 企业利润表中的“税金及附加”项目不包括的税金为(　　)。

A. 消费税　　B. 资源税　　C. 城市维护建设税　　D. 增值税

4. 某企业本期应交房产税 2 万元，应交土地使用税 1 万元，应交印花税 1 万元，因扩建占地应交耕地占用税 6 万元，则本期影响“应交税费”科目的金额是(　　)万元。

A. 9　　B. 3　　C. 10　　D. 4

5. 企业的应付账款确实无法支付，经确认后转作(　　)。

A. 营业外收入　　B. 主营业务收入

C. 其他业务收入　　D. 资本公积

6. 企业收取包装物押金及其他各种暂收款项，应贷记(　　)科目。

A. 营业外收入　　B. 其他业务收入　　C. 其他应付款　　D. 其他应收款

7. 下列项目中不属于职工薪酬的是(　　)。

A. 职工工资　　B. 职工福利费

C. 医疗保险费　　D. 职工出差报销的差旅费

8. 企业将自产商品用于职工生活福利，其应交增值税应列为(　　)。

A. 销项税额　　B. 进项税额　　C. 进项税额转出　　D. 减免税额

9. 应由生产产品、提供劳务负担的职工薪酬，应当计入(　　)。

A. 管理费用　　B. 存货成本或劳务成本

C. 当期费用　　D. 销售费用

二、多项选择题

1. 企业下列行为应视同销售，必须计算交纳增值税销项税的有(　　)。

A. 将货物对外投资　　B. 销售代销货物

C. 委托他人保管货物　　D. 工程项目领用本企业生产的产品

2. 下列哪些项目属于一般纳税人在购入资产时即可确认为进项税额不能抵扣的项目有(　　)。

A. 购入固定资产　　B. 购入工程物资

C. 购入物资用于集体福利　　D. 商品流通企业购入商品

3. 企业按规定应交纳的城市维护建设税，可能计入(　　)科目的借方。

A. 应交税费　　B. 营业税金及附加

C. 其他业务成本　　D. 其他应付款

5. 下列项目中,属于其他应付款核算范围的有(　　)。

A. 职工未按期领取的工资　　B. 应付经营租入固定资产租金

C. 存入保证金　　D. 应付、暂收所属单位、个人的款项

6. 下列项目中,属于职工薪酬的是(　　)。

A. 工资、奖金、津贴和补贴　　B. 住房公积金

C. 工会经费　　D. 职工教育经费

7. 企业分配工资费用时,可能借记的科目有(　　)。

A. 生产成本　　B. 研发支出　　C. 管理费用　　D. 销售费用

8. 下列属于流动负债的是(　　)。

A. 预收账款　　B. 其他应付款

C. 应付股利　　D. 一年内到期的长期借款

三、判断题

1. 现行会计制度规定,企业退休人员的退休金应计入"管理费用"并通过"应付职工薪酬"科目核算。(　　)

2. 企业在建工程领用本企业的产品,在会计上应确认销售收入的实现,并按税法的规定交纳有关税费。(　　)

3. 企业会计核算中,预收账款不多的,也可以不设置"预收账款"科目。企业预收客户货款时,直接将其计入"应付账款"科目的贷方。(　　)

4. 短期借款的利息在计提和实际支付时均应通过"短期借款"科目核算。(　　)

5. 企业自产或委托加工的货物用于非应税项目,由于不是销售,所以不必计算交纳增值税。(　　)

四、计算分析题

1. 某企业202x年1月1日从银行借入90 000元,期限为9个月,年利率8%借款。该借款到期后按期如数归还,利息按月计提,每季末支付。

要求:编制借入款项、按月计提利息、按季支付利息和到期归还本金的会计分录。

2. 某企业202x年4月份发生如下经济业务:

(1) 根据供电部门通知,本月应付电费40 000元。其中生产车间电费30 000元,企业行政管理部门电费10 000元。

(2) 购入一台不需要安装的设备一台,价款200 000元,增值税专用发票上注明的增值税额为26 000元,款项尚未支付。

(3) 建造厂房领用生产用原材料20 000元。

(4) 为甲企业代加工木箱40个,每个收取加工费50元,适用的增值税税率为13%。款项已收到并存入银行。

(5) 接受乙企业委托,加工应税消费品。乙企业交来的原材料成本为14 000元,发生的加工费用6 000元,消费税额为2 200元。两企业均为一般纳税人,适用的增值税税率为13%。有关款项的收付已经银行办妥。

要求:编制上述业务的会计分录

3. 甲公司为增值税一般纳税企业，材料按实际成本核算，适用的增值税税率为13%，202x年9月份发生如下经济业务：

(1) 购入材料一批，增值税专用发票上注明的材料价款为200万元(不含增值税)，增值税为26万元，货款已付，材料已经验收如库。

(2) 工程领用生产用材料8万元，该批材料的计税价格为10万元。

(3) 销售一批产品，销售收入为300万元，增值税为39万元，货款尚未收到。

(4) 从小规模纳税企业购入一批材料，发票上记载的货款为175.5万元，材料已经验收入库，款项尚未支付。

(5) 收购农产品一批，实际支付的价款为20万元，收购的农产品已经验收入库(按9%计算进项税额)。

要求：编制甲公司上述有关业务的会计分录

4. 乙公司为一家电视生产企业，共有职工300名，202×=年6月，公司以其生产的单位成本为2 000元的电视作为福利发放给职工。该电视的市场售价为每台3 000元，公司适用的增值税税率为13%，假定300名职工有200名为生产工人，100名为总部管理人员。

任务二 非流动负债

小企业的非流动负债是指流动负债以外的负债，包括长期借款、长期应付款等。在通常情况下，非流动负债用于解决企业长期资产购建活动对资金的需求。小企业的非流动负债应当按照其实际发生额入账。

一、长期借款

"长期借款"科目核算小企业向银行或其他金融机构借入的期限在1年以上的各项借款本金。本科目应按照借款种类、贷款人和币种进行明细核算。

(1) 小企业借入长期借款，借记"银行存款"科目，贷记"长期借款"科目。

(2) 在应付利息日，长期借款应当按照借款本金和借款合同利率在应付利息日计提利息费用，借记"财务费用"、"在建工程"等科目，贷记"应付利息"科目。

(3) 偿还长期借款本金，借记"长期借款"科目，贷记"银行存款"科目。

(4) "长期借款"科目期末贷方余额，反映小企业尚未偿还的长期借款本金。

小企业会计准则下，不采用实际利率法计算利息，一律按照合同约定的名义利率进行计算。

具体核算见第二篇小企业基本业务的核算任务三小企业筹集资金的核算。

二、长期应付款

长期应付款，是指企业除长期借款以外的其他各种长期应付款项，包括应付融资租入固定资产的租赁费、以分期付款方式购入固定资产发生的应付款项等。

（一）应付融资租入固定资产的价款

融资租入的固定资产的成本，应当按照租赁合同约定的付款总额和在签订租赁合同过程中发生的相关税费等确定。在租赁开始日，按照租赁合同约定的付款总额和在签订合同过程中发生的相关税费等，借记“固定资产”或“在建工程”科目，贷记“长期应付款”科目。

【例 7-23】某小企业融资租入一条生产线，租期为 5 年，按租赁协议确定的租赁总价为 600 000 元，企业另以银行存款支付运杂费、途中保险费、安装调试费等共计 18 000 元。租赁价款分 5 年于每年年末支付 120 000 元，该生产线的折旧年限为 5 年，采用直线法计提折旧（假定不考虑净残值因素）。租赁期满后，该生产线转为承租方所有。

编制会计分录如下：

（1）租入生产线时

借：在建工程　600 000

　贷：长期应付款——应付融资租赁款　600 000

（2）支付运杂费、途中保险、安装调试费等

借：在建工程　18 000

　贷：银行存款　18 000

（3）安装完毕，交付使用

借：固定资产——融资租入固定资产　618 000

　贷：在建工程　618 000

（4）每年年末支付租赁费时

借：长期应付款——应付融资租赁款　120 000

　贷：银行存款　120 000

（5）每月计提折旧时

借：制造费用　10 300

　贷：累计折旧　10 300

（6）租赁期满

借：固定资产——生产经营用固定资产　618 000

　贷：固定资产——融资租入固定资产　618 000

（二）以分期付款方式购入固定资产

小企业应当按照实际支付的购买价款和相关税费（不包括可抵扣的增值税进项税额），借记“固定资产”、“在建工程”等科目，按延期支付的价款总额，贷记“长期应付款”科目。

【例 7-24】甲小企业于 2021 年 1 月 1 日从乙公司购入一台不需要安装的设备，发票价

款为 20 万元，增值税为 2.6 万元。合同约定以后每半年付 5 万元，2022 年 12 月 31 日付清。购入的该项固定资产用银行存款支付运杂费 2 万元、增值税 0.26 万元。设备当日交付车间使用。

(1) 2021 年 1 月 1 日，会计处理为：

借：固定资产　　220 000

　应交税费——应交增值税(进项税额)　　28 600

　贷：银行存款　　48 600

　长期应付款　　200 000

(2) 2021 年 6 月 30 日

借：长期应付款　　50 000

　贷：银行存款　　50 000

任务三　所有者权益

一、实收资本

实收资本，是指投资者按照合同协议约定或相关规定投入到小企业、构成小企业注册资本的部分。

通常小企业应当设置“实收资本”科目，小企业(股份有限公司)应当将本科目的名称改为“3001 股本”科目。

小企业收到投资者出资超过其在注册资本中所占份额的部分，作为资本溢价，在“资本公积”科目核算，不在本科目核算。

(1) 小企业收到投资者的出资，借记“银行存款”、“其他应收款”、“固定资产”、“无形资产”等科目，按照其在注册资本中所占的份额，贷记“实收资本”科目，按照其差额，贷记“资本公积”科目。

(2) 根据有关规定增加注册资本，借记“银行存款”、“资本公积”、“盈余公积”等科目，贷记“实收资本”科目。

根据有关规定减少注册资本，借记“实收资本”科目、“资本公积”等科目，贷记“库存现金”、“银行存款”等科目。

【例 7-25】企业收到甲投资 1 000 000 元，存入银行。一年后乙投入 1 500 000 元，与甲享有同样的权益。

收到甲投资时：

借：银行存款　　1 000 000

　贷：实收资本　　1 000 000

收到乙投资时：

借:银行存款　1 500 000
　贷:实收资本　1 000 000
　资本公积 500 000

二、资本公积

(一) 资本公积概述

资本公积是小企业收到的投资者出资额超出其在企业注册资本或股本中所占份额的部分。主要是指资本溢价,资本溢价是企业收到投资者的超出其在企业注册资本(或股本)中所占份额的投资。

企业应设置"资本公积"科目进行核算,并分别"资本溢价"、"其他资本公积"进行明细核算。

(二) 资本溢价(或股本溢价)的核算

资本公积,是指小企业收到的投资者出资额超过其在注册资本或股本中所占份额的部分。小企业用资本公积转增资本,应当冲减资本公积。小企业的资本公积不得用于弥补亏损。

小企业会计准则下,资本公积仅包括资本公积——资本溢价(或股本溢价),不包括其他资本公积,也不包括各种准备。

在企业创立时,投资者认缴的出资额与注册资本一致,不会产生资本溢价。但在企业重组或有新的投资者加入时,常常会出现资本溢价。因为在企业进行正常生产经营后,其资本利润率通常要高于企业初创阶段,另外,企业有内部积累,新投资者加入企业后,对这些积累也要分享,所以新加入的投资者往往要付出大于原投资者的出资额,才能取得与原投资者相同的出资比例。投资者多缴的部分就形成了资本溢价。

【例 7-26】乙有限责任公司由两位投资者投资 200 000 元设立,每人各出资 100 000 元。一年后,为扩大经营规模,经批准,乙有限责任公司注册资本增加到 300 000 元,并引入第三位投资者加入。按照投资协议,新投资者需缴入现金 120 000 元,同时享有该公司三分之一的股份。A 有限责任公司已收到该现金投资。假定不考虑其他因素,乙有限责任公司的会计分录如下:

借:银行存款　120 000
　贷:实收资本　100 000
　资本公积——资本溢价　20 000

(三) 资本公积转增资本的核算

经股东会或类似机构决议,用资本公积转增资本时,应冲减资本公积,同时按照转增前的实收资本的结构或比例,将转增的金额记入"实收资本"科目下各所有者的明细分类账户。小企业的资本公积不到用于弥补亏损。

【例 7-27】*W* 合伙企业由甲、乙二位投资者合伙创立。注册资本 100 000 元,甲、乙各占 50%,五年后,企业形成资本公积 50 000 元,拟增加注册资本。办理相关增资手续后,

W 合伙企业应作如下会计处理：

借：资本公积　　　　50 000

　贷：实收资本——甲　　　　25 000

　　　　　　——乙　　　　25 000

三、留存收益

留存收益是指企业从历年实现的净利润中提取或直接留存于企业的内部积累。它来源于企业生产经营活动所实现的净利润，包括盈余公积和未分配利润两部分。

（一）盈余公积

盈余公积，是指小企业按照法律规定在税后利润中提取的法定公积金和任意公积金。

按照《公司法》有关规定，公司制企业应当按照净利润（减弥补以前年度亏损）的 10% 提取法定盈余公积。非公司制企业法定盈余公积的提取比例可以超过净利润的 10%。法定盈余公积累计达到注册资本的 50%时可不再提取。

公司制企业可根据股东大会的决议提取任意盈余公积。非公司制企业经类似权力机构批准，也可提取任意盈余公积。

小企业用盈余公积弥补亏损或者转增资本，应当冲减盈余公积。小企业的盈余公积还可以用于扩大生产经营。

1. 提取盈余公积

企业按规定提取盈余公积时，应通过“利润分配”和“盈余公积”等科目核算。

【例 7-28】A 小企业本年实现净利润为 500 000 元，年初未分配利润为 280 000 元。按当年净利润的 10%提取法定盈余公积。假定不考虑其他因素，A 小企业的会计分录如下：

借：利润分配——提取法定盈余公积　　　　500 000

　贷：盈余公积——法定盈余公积　　　　500 000

本年提取盈余公积金额＝5 000 000×10%＝500 000（元）

2. 盈余公积补亏

【例 7-29】经股东会批准，B 有限责任公司用以前年度提取的盈余公积弥补当年亏损，当年弥补亏损的数额为 200 000 元。假定不考虑其他因素，B 有限责任公司的会计分录如下：

借：盈余公积　　　　200 000

　贷：利润分配——盈余公积补亏　　　　200 000

3. 盈余公积转增资本

【例 7-30】因扩大经营规模需要，经股东会批准，C 有限责任公司将盈余公积 400 000 元转增资本，假定不考虑其他因素，C 有限责任公司做会计分录如下：

借：盈余公积　　　　400 000

　贷：实收资本　　　　400 000

（二）未分配利润

未分配利润，是指小企业实现的净利润，经过弥补亏损、提取法定公积金和任意公积金、向投资者分配利润后，留存在本企业的、历年结存的利润。

利润分配是企业根据国家有关规定和投资者决议，对企业当年可供分配的利润进行的分配。当年实现的净利润加年初未分配利润(或减年初未弥补亏损)和其他转入后的余额，为可供分配的利润。利润分配的顺序依次是：(1)提取法定盈余公积；(2)提取任意盈余公积；(3)向投资者分配利润。企业以前年度亏损在未弥补完前，不得提取盈余公积金。在提取盈余公积金前，不得向投资者分配利润。

企业应通过“利润分配”科目，核算企业利润的分配(或亏损的弥补)和历年分配(或弥补)后的未分配利润(或未弥补亏损)。该科目应分别“提取法定盈余公积”、“提取任意盈余公积”、“应付利润”、“盈余公积补亏”、“未分配利润”等进行明细核算。企业未分配利润通过“利润分配——未分配利润”明细科目进行核算。年度终了，企业应将全年实现的净利润或发生的净亏损，自“本年利润”科目转入“利润分配——未分配利润”科目，并将“利润分配”科目所属其他明细科目的余额，转入“未分配利润”明细科目。结转后，“利润分配——未分配利润”科目如为贷方余额，表示累积未分配的利润数额；如为借方余额，则表示累积未弥补的亏损数额。

【例 7-31】D 有限责任公司年初未分配利润为 0，本年实现净利润 500 000 元。本年提取法定盈余公积 50 000 元，宣告发放利润 100 000 元。假定不考虑其他因素，D 有限责任公司会计处理如下：

(1) 结转本年利润

借：本年利润　　500 000

　贷：利润分配——未分配利润　　500 000

如企业当年发生亏损，则应借记“利润分配——未分配利润”科目，贷记“本年利润”科目。

(2) 提取法定盈余公积、宣告发放现金股利

借：利润分配——提取法定盈余公积　　50 000

　——应付利润 100 000

　贷：盈余公积——法定盈余公积　　50 000

　应付利润　　100 000

同时，

借：利润分配——未分配利润　　150 000

　贷：利润分配——提取法定盈余公积　　50 000

　——应付利润　　100 000

结转后，如果“未分配利润”明细科目的余额在贷方，表示累积未分配的利润；如果余额在借方，则表示累积未弥补的亏损。本例中，“利润分配——未分配利润”明细科目的余额在贷方，此贷方余额 350 000 元(本年利润 500 000－提取法定盈余公积 50 000 － 支付利润 100 000)即为 D 有限责任公司本年年末的累积未分配利润。

【课后习题】

一、单项选择题

1. 下列各项,能影响所有者权益总额发生增减变动的是(　　)。

A. 支付已宣告的现金股利　　B. 宣告派发现金股利

C. 宣告派发股票股利　　D. 盈余公积补亏

2. 下列各项,能够引起企业所有者权益减少的是(　　)。

A. 股东大会宣告派发现金股利　　B. 以资本公积转增资本

C. 提取法定盈余公积　　D. 提取任意盈余公积

3. 下列各项中,会引起留存收益总额发生增减变动的是(　　)。

A. 盈余公积转增资本　　B. 盈余公积补亏

C. 资本公积转增资本　　D. 用税后利润补亏

4. 企业增资扩股时,投资者实际缴纳的出资额大于其按约定比例计算的其在注册资本中所占的份额部分,应作为(　　)。

A. 实收资本　　B. 资本溢价

C. 盈余公积　　D. 营业外收入

5. 某企业期初所有者权益如下:实收资本200万,资本公积17万,盈余公积38万,未分配利润32万。则该企业留存收益为(　　)万元。

A. 32　　B. 38　　C. 70　　D. 87

二、多项选择题

1. 企业吸收投资者出资时,下列会计科目的余额可能发生变化的有(　　)。

A. 实收资本　　B. 资本公积　　C. 盈余公积　　D. 利润分配

2. 下列各项中,会使企业所有者权益增加的有(　　)。

A. 当年发生盈利　　B. 用当年税后利润弥补以前年度亏损

C. 接受投资者投资　　D. 以盈余公积弥补亏损

3. 留存收益属于企业的所有者权益,包括(　　)。

A. 实收资本　　B. 资本公积　　C. 盈余公积　　D. 未分配利润

4. 下列各项中,能同时引起资产和所有者权益发生增减变动的有(　　)。

A. 分配股票股利　　B. 接受现金捐赠

C. 用盈余公积弥补亏损　　D. 投资者投入资本

三、判断题

1. 企业年末资产负债表中的未分配利润的金额一定等于"利润分配"科目的年末余额。(　　)

2. 企业以盈余公积向投资者分配现金股利,不会引起留存收益总额发生变化。(　　)

3. 未分配利润的数额等于企业当年实现的税后利润加上年初未分配利润。(　　)

4. 资本公积反映的是企业收到投资者出资额超出其在注册资本或股本中所占份额的部分及直接计入当期损益的利得和损失。(　　)

5. 用盈余公积转增资本或弥补亏损均不导致所有者权益总额发生变化。(　　)

6. 收入能导致所有者权益增加,但导致所有者权益增加的不一定都是收入。(　　)

7. 企业接受的原材料投资，其增值税额不能计入实收资本。（　　）

8. 企业接受非现金资产投资时，应将非现金资产按投资各方确认的价值入账。对于投资各方确认的资产价值超过其在注册资本中所占份额的部分计入营业外收入。（　　）

9. 年度终了，无论企业盈利与否，企业均应将“本年利润”账户余额转入“利润分配——未分配利润”账户（　　）。

四、计算分析题：

1. 甲小企业原由投资者 A 和投资者 B 共同出资成立，每人出资 20 万元，各占 50% 的份额。经营二年后，有一新的投资者 C 要求加入，C 愿出资 30 万元，要求与 AB 二投资者各占公司 1/3 的份额。

要求：作出甲小企业接受 C 投资的会计分录。

2. (1) 东方公司 2007 年税后利润为 80 万元，公司董事会决定按 10% 提取法定盈余公积，25% 提取任意盈余公积，分派现金股利 20 万元。

(2) 东方公司现有股东情况如下：A 公司占 51%，B 公司 30%，C 公司占 10%，D 公司占 9%，。经股东会决议，以盈余公积 50 万元转增资本，并已办妥转增手续。

要求：根据以上资料编制有关会计分录。

项目八　反映收入

【案例导入】

2019 年 10 月 5 日，甲建筑公司与乙生产企业签订生产线建造合同，合同约定项目总金额为 200 万元(不含税)，工期为 4 个月，工程款待生产线竣工验收合格后一次性全额支付。假设截至 2019 年 12 月 31 日，甲建筑公司已发生成本支出 120 万元，预计项目竣工前还将发生成本支出 30 万元。

试分析回答下列问题：

甲建筑公司提供跨年劳务该如何确认企业所得税收入？

【技能目标】

1. 能够通过课堂学习、网络搜索、社会调研等方式，了解小企业收入的确认方法；收入的核算；其他业务收支的核算。

2. 能够根据企业实际情况选择使用小企业会计准则。

【知识目标】

1. 要求学生重点掌握主营业务收支的核算。

2. 掌握一般销售收入、商业折扣和现金折扣条件下收入的账务处理、销售折让的账务处理、销售退回的账务处理的核算。

任务一　收入的概述

一、收入的概念及分类

(一) 收入的概念

收入，是指小企业在日常生产经营活动中形成的、会导致所有者权益增加、与所有者投入资本无关的经济利益的总流入。包括：销售商品收入和提供劳务收入。

(二) 收入的分类

根据不同的标准可以对收入进行不同的分类：按收入形成的原因分为商品销售收入、

提供劳务收入;按小企业经营业务的主次分为主营业务收入和其他业务收入。

二、收入确认的原则

销售商品收入,是指小企业销售商品(或产成品、材料,下同)取得的收入。

通常,小企业应当在发出商品且收到货款或取得收款权利时,确认销售商品收入。

(1) 销售商品采用托收承付方式的,在办妥托收手续时确认收入。

(2) 销售商品采取预收款方式的,在发出商品时确认收入。

(3) 销售商品采用分期收款方式的,在合同约定的收款日期确认收入。

(4) 销售商品需要安装和检验的,在购买方接受商品以及安装和检验完毕时确认收入。安装程序比较简单的,可在发出商品时确认收入。

(5) 销售商品采用支付手续费方式委托代销的,在收到代销清单时确认收入。

(6) 销售商品以旧换新的,销售的商品作为商品销售处理,回收的商品作为购进商品处理。

(7) 采取产品分成方式取得的收入,在分得产品之日按照产品的市场价格或评估价值确定销售商品收入金额。

三、收入确认的金额

小企业应当按照从购买方已收或应收的合同或协议价款,确定销售商品收入金额。

销售商品涉及现金折扣的,应当按照扣除现金折扣前的金额确定销售商品收入金额。现金折扣应当在实际发生时,计入当期损益;销售商品涉及商业折扣的,应当按照扣除商业折扣后的金额确定销售商品收入金额;小企业已经确认销售商品收入的售出商品发生的销售退回(不论属于本年度还是属于以前年度的销售),应当在发生时冲减当期销售商品收入;小企业已经确认销售商品收入的售出商品发生的销售折让,应当在发生时冲减当期销售商品收入。

任务二 收入的核算

一、销售商品收入

(一) 一般商品销售的核算

小企业在确认本期实现的商品销售收入时,应按实际收到或应收的价款,借记“银行存款”、“应收账款”、“应收票据”等科目,按实现的销售收入,贷记“主营业务收入”科目,按专用发票上注明的增值税额,贷记“应交税金—应交增值税(销项税额)”科目。小企业在销售商品过程中，有时会代第三方或客户收取一些款项，如小企业代国家收取增值税，旅行社代客户购买门票、飞机票等收取的票款。这些代收款应作为暂收款项记入相关的负债类科目，不作为小企业的收入处理。

【例 8-1】某小企业本月销售 A 产品 150 台，每台售价 180 元，B 产品 310 台，每台售价 88 元，合计价款 54 280 元，增值税销项税额 9 227.60 元，款项收到并存入银行。

借：银行存款 63 507.6

贷：主营业务收入 54 280

应交税金——应交增值税（销项税额） 9 227.6

【例 8-2】某小企于 202×年 5 月 16 日销售给乙公司商品一批，货物已发出，专用发票上注明的货款为 500 000 元，增值税额为 65 000 元，取得乙公司交来的银行承兑汇票一张（不带息），期限为 3 个月。

甲公司应作会计分录如下：

借：应收票据——乙公司 565 000

贷：主营业务收入 500 000

应交税金——应交增值税（销项税额） 65 000

（二）在特殊情况下的商品销售核算

1. 现金折扣的核算

现金折扣是小企业为了尽快回笼资金而发生的理财费用，因此，应在实际发生时计入财务费用。

【例 8-3】某小企业在 202×年 6 月 12 向乙企业销售一批商品 400 件，增值税发票上注明的售价 40 000 元，增值税额 5 200 元。小企业为了及早收回货款而在合同中规定符合现金折扣的条件为：2/10，1/20，n/30。

（1）6 月 12 日销售实现时，应按总售价作收入：

借：应收账款——乙企业 45 200

贷：主营业务收入 40 000

应交税金——应交增值税（销项税额） 5 200

（2）如 6 月 19 日买方付清货款，则乙企业应享受 904 元（45 200× 2%）的现金折扣，实际付款 44 296 元（45 200－904）。则作会计分录：

借：银行存款 44 296

财务费用 904

贷：应收账款——乙企业 45 200

（3）如 6 月 28 日买方付清货款，则乙企业应享受 452 元（45 200× 1%）的现金折扣，实际付款 44 748（45 200－452）。则作会计分录：

借：银行存款 44 748

财务费用 452

贷：应收账款——乙企业 45 200

（4）如买方在 7 月 15 才付款，应按全额付款，则应作会计分录：

借：银行存款 45 200

贷:应收账款——乙企业 45 200

2. 销售折让的核算

销售折让应在实际发生时直接从当期实现的销售收入中抵减。发生销售折让时,如按规定允许扣减当期销项税额的,应同时用红字冲减"应交税金——应交增值税"科目的"销项税额"专栏。

【例 8-4】甲小企业销售一批商品给乙企业,增值税发票注明售价 40 000 元,增值税额 5 200 元,货到后乙企业发现商品规格与合同不符,要求在价格上给予 5%的折让。甲企业同意乙企业要求并办妥了有关手续。假定此前甲企业已确认该批商品的销售收入。甲企业相关的账务处理如下:

(1) 确认销售收入时

借:应收账款——乙企业 45 200

贷:主营业务收入 40 000

应交税金——应交增值税(销项税额) 5 200

(2) 发生销售折让时

借:主营业务收入 2 000

应交税金——应交增值税(销项税额) 260

贷:应收账款——乙企业 2 260

(3) 实际收到款项时(45 200－2 260＝42 940)

借:银行存款 42 940

贷:应收账款——乙企业 42 940

3. 销售退回与折让

小企业已经确认销售商品收入的售出商品发生的销售退回(不论属于本年度还是属于以前年度的销售),应当在发生时冲减当期销售商品收入。

【例 8-5】某小企业于 2022 年 5 月 1 日销售一批商品 100 件,增值税发票上注明售价 10 000 元,增值税额 1 300 元,上述商品销售成本 7 000 元。6 月 20 日因商品质量问题,购买方将所购商品全部退回,本企业将有关款项如数以银行存款退回。

借:主营业务收入 10 000

应交税金——应交增值税(销项税额) 1 300

贷:银行存款 11 300

借:库存商品 7 000

贷:主营业务成本 7 000

二、提供劳务收入的核算

小企业提供劳务的收入,是指小企业从事建筑安装、修理修配、交通运输、仓储租赁、邮电通信、咨询经纪、文化体育、科学研究、技术服务、教育培训、餐饮住宿、中介代理、卫生保健、社区服务、旅游、娱乐、加工以及其他劳务服务活动取得的收入。

(一) 提供劳务收入确认原则

(1) 同一会计年度内开始并完成的劳务,应当在提供劳务交易完成且收到款项或取得收款权利时,确认提供劳务收入。提供劳务收入的金额为从接受劳务方已收或应收的合同或协议价款。

(2) 劳务的开始和完成分属不同会计年度的,应当按照完工进度确认提供劳务收入。年度资产负债表日,按照提供劳务收入总额乘以完工进度扣除以前会计年度累计已确认提供劳务收入后的金额,确认本年度的提供劳务收入;同时,按照估计的提供劳务成本总额乘以完工进度扣除以前会计年度累计已确认营业成本后的金额,结转本年度营业成本。

【例 8-6】甲公司于 202×年 12 月 1 日接受一项设备安装任务,安装期为 3 个月,合同总收入 300 000 元,至年底已预收安装费 220 000 元,实际发生安装费用 140 000 元(假定均为安装人员薪酬),估计完成安装任务还需发生安装费用 60 000 元。假定甲公司按实际发生的成本占估计总成本的比例确定劳务的完工进度。甲公司采用小企业会计准则核算,甲公司的会计处理如下:

实际发生的成本占估计总成本的比例=140 000÷(140 000+60 000)=70%

2013 年 12 月 31 日确认的劳务收入=300 000×70%−0=210 000(元)

2013 年 12 月 31 日确认的费用=(140 000+60 000)×70%−0=140 000(元).

(1) 实际发生劳务成本 140 000 元:

借:劳务成本 140 000

  贷:应付职工薪酬 140 000

(2)预收劳务款 220 000 元:

借:银行存款 220 000

  贷:预收账款 220 000

(3) 2013 年 12 月 31 日确认提供劳务收入并结转劳务成本:

借:预收账款 210 000

  贷:主营业务收入 210 000

借:主营业务成本 140 000

  贷:劳务成本 140 000

【课后习题】

一、单项选择题

1. 下列项目中,不符合小企业收入定义的是( )。

A. 工业小企业销售材料取得的收入

B. 农业小企业销售农产品取得的收入

C. 交通运输小企业提供道路货物运输取得的收入

D. 工业小企业出售固定资产形成的经济利益的流入

2. 下列各项中,不属于《小企业会计准则》所规范的收入的是( )。

A. 销售商品收入 B. 提供劳务收入

C. 出租固定资产取得的租金收入 D. 出租包装物取得的租金收入

3. 工业小企业出租固定资产所取得的收入，按《小企业会计准则》与企业所得税法的规定，应分别作为(　　)处理。

A. 主营业务收入，租金收入　　B. 其他业务收入，租金收入

C. 其他业务收入，财产转让收入　　D. 营业外收入，财产转让收入

4. 下列有关小企业收入的表述中，正确的是(　　)。

A. 小企业向银行借入款项，增加了库存现金或银行存款，因而增加了收入

B. 小企业取得收入导致所有者权益的增加，是指收入扣除相关成本费用后的净额增加所有者权益

C. 小企业取得收入一定能增加所有者权益，但不会增加"实收资本"

D. 小企业销售产品时代税务机关向客户收取的增值税应增加收入

5. 下列各项企业所得税收入，属于《小企业会计准则》所规范的收入的是(　　)。

A. 转让财产收入　　B. 股息、红利等权益性投资收益

C. 金融保险小企业提供劳务收入　　D. 修理修配小企业提供劳务收入

6. 小企业应当按照(　　)确定销售商品收入金额。

A. 从购买方已收或应收的合同或协议价款　B. 合同或协议价款的现值

C. 公允价值　　D. 全部价款和价外费用

7. 根据收入的确认标准，小企业在发出商品时即确认收入的销售方式是(　　)。

A. 支付手续费方式委托代销商品　　B. 分期收款销售

C. 交款提货　　D. 托收承付

8. 下列项目中，按照《小企业会计准则》的规定，销售企业应当作为财务费用处理的是(　　)。

A. 销售方发生的现金折扣　　B. 销售方发生的商业折扣

C. 销售方发生的销售折让　　D. 销售方发生的销售退回

9. 销售商品涉及商业折扣时，以下各项说法不正确的是(　　)。

A.《小企业会计准则》规定，按照扣除商业折扣后的金额确定销售商品收入金额

B. 企业所得税法规定，按照扣除商业折扣后的金额确定销售商品收入金额

C. 增值税法规定，销售额和折扣额在同一张发票上的"金额"栏或"备注"栏分别注明的，可按折扣后的销售额征收增值税

D. 增值税法规定，销售额和折扣额在同一张发票上的"金额"栏分别注明的，可按折扣后的销售额征收增值税

10. 按《小企业会计准则》规定，关于销售折让、商业折扣和现金折扣，下列理解不正确的是(　　)。

A. 小企业已经确认销售商品收入的售出商品发生的销售折让，应作为财务费用处理

B. 销售商品涉及商业折扣的，应当按照扣除商业折扣后的金额确定销售商品收入金额

C. 销售商品涉及现金折扣的，应当按照未扣除现金折扣前的金额确定销售商品收入金额，现金折扣在实际发生时计入当期损益

D. 享受的现金折扣应冲减当期财务费用

二、多项选择题

1. 下列各项中，属于《小企业会计准则》所界定的收入的有(　　)。

A. 销售商品收入　　B. 提供劳务收入　　C. 让渡资产使用权收入　　D. 营业外收入

2. 下列各项中，符合小企业收入定义的有(　　)。

A. 收入是企业在日常活动中形成的经济利益的总流入

B. 收入会导致企业所有者权益的增加

C. 收入形成的经济利益总流入的形式多种多样，既可能表现为资产的增加，也可能表现为负债的减少

D. 收入与所有者投入资本有关

3. 下列各项企业所得税收入，应作为小企业会计上的收入来认定的有(　　)。

A. 销售货物收入　　B. 提供劳务收入

C. 出租固定资产取得的租金收入　　D. 特许权使用费收入

4. 下列各项企业所得税收入，不应作为小企业会计上的收入来认定的有(　　)。

A. 出租包装物取得的租金收入　　B. 接受捐赠收入

C. 企业资产溢余收入　　D. 逾期未退包装物押金收入

5.《小企业会计准则》与企业所得税法在收入界定上的区别主要体现在以下几个方面(　　)。

A. 企业所得税法中的收入总额，比《小企业会计准则》收入内容更加广泛

B.《小企业会计准则》与企业所得税法界定收入的来源不同

C. 企业所得税法有不征税收入，《小企业会计准则》没有

D. 企业所得税法有免税收入，《小企业会计准则》没有

三、判断题

1.《小企业会计准则》将收入分为销售商品收入、提供劳务收入和让渡资产使用权收入。(　　)

2. 企业所得税法中的租金收入，应作为小企业会计上的收入来认定。(　　)

3. 企业所得税法中的其他收入，包括企业资产溢余收入、逾期未退包装物押金收入、确实无法偿付的应付款项、已作坏账损失处理后又收回的应收款项、债务重组收入、补贴收入、违约金收入、汇兑收益等，应统一作为小企业的营业外收入进行会计处理。(　　)

4. 已作坏账损失处理后又收回的应收款项，按《小企业会计准则》规定进行会计处理时，不增加利润，按企业所得税法规定应确认为收入，因此，进行企业所得税汇算时应调整增加应纳税所得额。(　　)

5. 不同结算方式下，《小企业会计准则》与企业所得税法对销售商品收入确认实现的时点规定一致。(　　)

四、实务题

1. 方正公司符合小企业标准，属于增值税一般纳税企业，适用的增值税税率为13%。202×年5月1日，向甲公司销售A商品2000件，每件标价1000元，实际售价900元(不

含增值税),已开出增值税专用发票,商品已交付给甲公司。为了及早收回货款,方正公司在合同中规定的现金折扣条件为:2/10,1/20,n/30。

要求:

(1) 编制方正公司销售商品时的会计分录(假定计算现金折扣时不考虑增值税;"应交税费"科目要求写出明细科目及专栏)。

(2) 根据以下假定,分别编制方正公司收到款项时的会计分录。

① 甲公司在5月9日按合同规定付款,方正公司收到款项并存入银行。② 甲公司在5月18日按合同规定付款,方正公司收到款项并存入银行。③ 甲公司在5月27日按合同规定付款,方正公司收到款项并存入银行。

项目九　反映费用

【案例导入】

HY公司最近一个月在生产过程中发生成本5万元，财务费用0.2万，销售费用1万，管理费用0.6万，试分析回答下列问题：

1. 公司产品成本怎么确认？
2. 这些业务怎么进行会计核算？

【技能目标】

1. 成本和费用的含义。
2. 简单的成本核算、掌握期间费用的核算。

【知识目标】

1. 成本的费用、财务费用、营业费用、管理费用的核算内容。
2. 产品成本的简单确认方法。

任务一　费用概述

一、费用的概念

费用是指小企业在日常活动中发生的、会导致所有者权益减少的、与向所有者分配利润无关的经济利益的总流出。费用是企业为管理和组织经营活动所发生的活劳动和物化劳动耗费的货币表现，费用的多少，直接影响着企业的经济效益。为了提高经济效益，企业应在合理、可行的条件下努力降低费用支出。

二、费用的分类

生产费用可以按不同的标准分类，其中最基本的是按生产费用的经济内容和经济用途的分类。

(一) 生产费用按经济内容分类

产品的生产过程,也是物化劳动(包括劳动对象和劳动手段)和活劳动的耗费过程。具体划分如下:

(1) 外购材料费用。指小企业为进行生产而耗用的一切从外部购入的各种原材料、辅助材料、半成品、包装物、低值易耗品和修理用备件等。

(2) 外购燃料费用。指小企业为进行生产而耗用的一切从外部购入的各种燃料。

(3) 外购动力费用。指小企业为进行生产而耗用的从外部购入的各种动力,如热气、蒸气、冷气、水、电等。

(4) 工资费用。指小企业计入生产费用的职工工资。包括支付的生产工人工资、企业管理人员工资等

(5) 提取的职工福利费。指小企业按工资总额的14%计提的职工福利费用。

(6) 折旧费用。指小企业所拥有或控制的固定资产所计提的折旧费用。

(7) 利息费用。指小企业为筹集生产经营资金而发生的利息支出。

(8) 税金。指小企业计入费用的各种税金。如印花税、房产税、土地使用税、车船使用税等。

(9) 其他生产费用。指不属于上述项目的支出。

(二) 生产费用按经济用途分类

以工业企业为例,企业在生产经营中发生的费用,首先可以分为计入产品成本的生产费用和直接计入当期损益的期间费用两类。

1. 生产费用

(1) 直接材料。直接材料是指企业在生产产品和提供劳务过程中所消耗的直接用于产品生产,构成产品实体的材料、外购购半成品和其他材料。

(2) 直接人工。直接人工是指企业在生产生产产品和提供劳务过程中,直接参加产品生产工人的工资及按生产工人工资总和,包括企业直接从事产品生产人员的工资、奖金、津贴和补贴。以及按14%提提的职工福利费用。

(3) 其他直接费用。其他直接费用是指企业发生的除直接材料、直接人工费用以外的,与生产产品或提供劳务有直接关系的费用。

(4) 制造费用。制造费用是指工业企业的生产车间(分厂)在组织生产和管理生产过程中,发生的各项间接费用。包括工资及福利费、折旧费、修理费、办公费、水电费、机物料消耗、劳动保护费及其他制造费用。

企业可根据生产特点和管理要求对上述成本项目做适当调整。对于管理上需要单独反映、控制和考核的费用,以及产品成本中比重较大的费用,应专设成本项目;比重较小的可以简化核算,不必专设成本项目,而统一在“生产费用”科目核算。

2. 期间费用

工业企业的期间费用按照经济用途可分为营业费用、管理费用和财务费用。营业费用、管理费用和财务费用,不管各期开支多少,全额计入当期损益,会计上称为期间费用。

任务二　费用的核算

成本费用包括主营业务成本、其他业务成本、营业税金及附加等。期间费用是指企业日常活动发生的不能计入特定核算对象的成本，而应计入发生当期损益的费用。期间费用包括销售费用、管理费用和财务费用等。

一、销售费用

销售费用，是指小企业在销售商品或提供劳务过程中发生的各种费用。包括：销售人员的职工薪酬、商品维修费、运输费、装卸费、包装费、保险费、广告费、业务宣传费、展览费等费用。

小企业（批发业、零售业）在购买商品过程中发生的费用（包括：运输费、装卸费、包装费、保险费、运输途中的合理损耗和入库前的挑选整理费等）也构成销售费用。

企业应通过“销售费用”科目，核算销售费用的发生和结转情况。期末转入本年利润中，期末无余额。

【例 9-1】某公司销售部 8 月份共发生费用 220 000 元，其中：销售人员薪酬 100 000 元，销售部专用办公设备折旧费 50 000 元，业务费 70 000 元（均用银行存款支付）。假设采用小企业会计准则核算，会计处理如下：

借：销售费用　　220 000

　贷：应付职工薪酬　　100 000

　　累计折旧　　50 000

　　银行存款　　70 000

【例 9-2】某公司销售一批产品，销售过程中发生运输费 5 000 元、装卸费 2 000 元，均用银行存款支付。假设采用小企业会计准则核算，会计处理如下：

借：销售费用　　7 000

　贷：银行存款　　7 000

二、管理费用

（一）管理费用核算内容

管理费用，是指小企业为组织和管理生产经营发生的其他费用。包括：小企业在筹建期间内发生的开办费、行政管理部门发生的费用（包括：固定资产折旧费、修理费、办公费、水电费、差旅费、管理人员的职工薪酬等）、业务招待费、研究费用、技术转让费、相关长期待摊费用摊销、财产保险费、聘请中介机构费、咨询费（含顾问费）、诉讼费等费用。

小企业（商品流通）管理费用不多的，可不设置“管理费用”科目，本科目的核算内容可并入“销售费用”科目核算。

（二）管理费用的会计处理

（1）开办费。小企业在筹建期间内发生的开办费，包括人员薪酬、办公费、培训费、差旅费、印刷费、注册登记费以及不计入固定资产成本的借款费用等在实际发生时，借记“管理费用”（开办费），贷记“银行存款”等科目。

【例9-3】某企业筹建期间发生办公费、差旅费等开办费25 000元，均用银行存款支付。假设采用小企业会计准则核算，会计处理如下：

借：管理费用——开办费　　25 000

　贷：银行存款　　25 000

（2）行政管理部门人员的职工薪酬及其他职工薪酬（包括因解除与职工的劳动关系给予的补偿），借记“管理费用”，贷记“应付职工薪酬”科目。

（3）行政管理部门计提的固定资产折旧和发生的修理费，借记“管理费用”，贷记“累计折旧”“银行存款”等科目。

【例9-4】某企业当月行政管理部门发生固定资产折旧费用45 000元，行政管理部门发生设备日常修理费用1 000元（以现金支付），均不满足固定资产确认条件。假设采用小企业会计准则核算，会计处理如下：

借：管理费用　　46 000

　贷：累计折旧　　45 000

　　库存现金　　1 000

（4）发生的办公费、水电费、业务招待费、聘请中介机构费、咨询费、诉讼费、技术转让费、排污费等，借记“管理费用”，贷记“银行存款”等科目。

【例9-5】某企业行政部9月份共发生费用224 000元，其中：行政人员薪酬150 000元，行政部专用办公设备折旧费45 000元，报销行政人员差旅费21 000元（假定报销人均未预借差旅费），其他办公、水电费8 000元（均用银行存款支付）。假设采用小企业会计准则核算，会计处理如下：

借：管理费用　　224 000

　贷：应付职工薪酬　　150 000

　　累计折旧　　45 000

　　库存现金　　21 000

　　银行存款　　8 000

（5）按规定计算确定的应交矿产资源补偿费、房产税、车船使用税、土地使用税，借记“管理费用”，贷记“应交税费”科目。企业缴纳的印花税时，借记“管理费用”，贷记“银行存款”科目。

【例9-6】某企业当月按规定计算确定的应交房产税为3 000元、应交车船使用税为2 600元、应交土地使用税为4 300元。假设采用小企业会计准则核算，会计处理如下：

借：管理费用　　9 900

　贷：应交税费——应交房产税　　3 000

　　——应交车船使用税　　2 600

——应交土地使用税　　　　4 300

三、财务费用

财务费用，是指小企业为筹集生产经营所需资金发生的筹资费用。包括：利息费用（减利息收入）、汇兑损失、银行相关手续费、小企业给予的现金折扣（减享受的现金折扣）等费用。

小企业为购建固定资产在竣工决算前发生的借款费用，应当计入固定资产的成本，而不计入财务费用。

小企业发生的财务费用，借记“财务费用”，贷记“银行存款”、“应付利息”等科目。发生的应冲减财务费用的利息收入等，借记“银行存款”等科目，贷记“财务费用”。

【例 9-7】某企业于 202×年 1 月 1 日向银行借入生产经营用短期借款 360 000 元，期限 6 个月，年利率 5%，该借款本金到期后一次归还，利息分月预提，按季支付。假定 1 月份其中 120 000 元暂时作为闲置资金存入银行，并获得利息收入 400 元，假定所有利息均不符合利息资本化条件。假设采用小企业会计准则核算，会计处理如下：

1 月末，预提当月份应计利息＝360 000×5%÷12＝1 500（元）

借：财务费用　　　　1 500

　　贷：应付利息　　　　1 500

同时，当月取得的利息收入 400 元应作为冲减财务费用处理。

借：银行存款　　　　400

　　贷：财务费用　　　　400

四、营业税金及附加

（1）小企业会计准则：小企业按照规定应交纳的城镇土地使用税、房产税、印花税、车船税、矿产资源补偿费、排污费，计入“营业税金及附加”。

（2）企业会计准则：企业应交的土地使用税、房产税、印花税、车船税、矿产资源补偿费，计入“管理费用”。注：企业缴纳的印花税、耕地占用税、契税、车辆购置税等不需要预计应交的税金，可以不通过应交税费核算。

项目十　利润及利润分配

【案例导入】

HY 小企业的注册资本中，小张占 80%，小李占 20%。由于疫情影响，收到政府补贴 1 万元，应该如何处理？假设年末取得净利润 12 万元，按净利润的 10%提取法定盈余公积，5%提取任意盈余公积，向投资者分配现金 5 万元，应当如何账务处理？

【技能目标】

能够根据企业实际情况熟练掌握各项利润的计算、营业外收入和营业外支出的核算、所得税的核算、利润结转和利润分配的核算。

【知识目标】

1. 了解利润的含义。
2. 掌握营业外收入和营业外支出的核算内容、利润分配顺序。

任务一　利润形成及利润分配概述

一、利润的概念及构成

利润，是指小企业在一定会计期间的经营成果，包括营业利润、利润总额和净利润。

营业利润，是指主营业务收入加上其他业务收入减去主营业务成本、主营业务税金及附加、其他业务支出、销售费用、财务费用、管理费用，加上投资收益(减去投资损失)后的金额。

利润总额，是指营业利润加上营业外收入，减去营业外支出后的金额。

小企业的营业外收入包括：非流动资产处置净收益、政府补助、捐赠收益、盘盈收益等。小企业的营业外支出包括：非流动资产处置损失、非常损失等。

净利润，是指利润总额减去所得税费用后的金额。

二、利润分配基本原则

(一)依法分配原则

企业的收益分配必须依法进行。为了规范企业的收益分配行为,维护各利益相关者的合法权益,国家颁布了相关法规。

(二)分配与积累并重原则

企业通过经营活动赚取收益,既要保证企业简单再生产的持续进行,又要不断积累企业扩大再生产的财力基础。恰当处理分配与积累之间的关系,留存一部分净收益以供未来分配之需,能够增强企业抵抗风险的能力,同时,也可以提高企业经营的稳定性与安全性。

(三)兼顾各方利益原则

企业的收益分配必须兼顾各方面的利益。企业是经济社会的基本单元,企业的收益分配涉及国家、企业股东、债权人、职工等多方面的利益。

(四)投资与收益对等原则

企业进行收益分配应当体现“谁投资谁受益”、收益大小与投资比例相对等的原则。

三、利润分配的一般程序

利润分配程序是指公司制企业根据适用法律、法规或规定,对企业一定期间实现的净利润进行分派必须经过的先后步骤。

根据我国《公司法》等有关规定,企业当年实现的利润总额应按国家有关税法的规定作相应的调整,然后依法交纳所得税。交纳所得税后的净利润按下列顺序进行分配。

1. 弥补以前年度的亏损

按我国财务和税务制度的规定,企业的年度亏损,可以由下一年度的税前利润弥补,下一年度税前利润尚不足于弥补的,可以由以后年度的利润继续弥补,但用税前利润弥补以前年度亏损的连续期限不超过5年。5年内弥补不足的,用本年税后利润弥补。本年净利润加上年初未分配利润为企业可供分配的利润,只有可供分配的利润大于零时,企业才能进行后续分配。

2. 提取法定盈余公积金

根据《公司法》的规定,法定盈余公积金的提取比例为当年税后利润(弥补亏损后)的10%。

当法定盈余公积金已达到注册资本的50%时可不再提取。法定盈余公积金可用于弥补亏损、扩大公司生产经营或转增资本,但公司用盈余公积金转增资本后,法定盈余公积金的余额不得低于转增前公司注册资本的25%。

3. 提取任意盈余公积

根据《公司法》的规定,公司从税后利润中提取法定公积金后,经股东会或者股东大会决议，还可以从税后利润中提取任意公积金。

4. 向投资者分配利润

根据《公司法》的规定，公司弥补亏损和提取公积金后所余税后利润，可以向股东（投资者）分配股利（利润），其中有限责任公司股东按照实缴的出资比例分取红利，全体股东约定不按照出资比例分取红利的除外；股份有限公司按照股东持有的股份比例分配，但股份有限公司章程规定不按持股比例分配的除外。

根据《公司法》的规定，在公司弥补亏损和提取法定公积金之前向股东分配利润的，股东必须将违反规定分配的利润退还公司。

任务二　核算利润形成及利润分配

一、本年利润

企业应设置“本年利润”科目，核算企业当期实现的净利润（或发生的净亏损）。月度终了结转利润时，小企业可以将“主营业务收入”、“其他业务收入”、“营业外收入”科目的余额，转入“本年利润”，借记“主营业务收入”、“其他业务收入”、“营业外收入”科目，贷记“本年利润”；将“主营业务成本”、“主营业务税金及附加”、“其他业务支出”、“销售费用”、“财务费用”、“管理费用”、“营业外支出”科目的余额，转入“本年利润”，借记“本年利润”，贷记“主营业务成本”、“主营业务税金及附加”、“其他业务支出”、“销售费用”、“财务费用”、“管理费用”、“营业外支出”科目。将“投资收益”科目的贷方余额，转入“本年利润”，借记“投资收益”科目，贷记“本年利润”；如为借方余额，做相反的会计分录。结转后“本年利润”的贷方余额为当期实现的净利润；借方余额为当期发生的净亏损。年度终了，应当将本年收入和支出相抵后结出的本年实现的净利润，转入“利润分配”科目，借记“本年利润”，贷记“利润分配——未分配利润”科目；如为净亏损，做相反的会计分录。结转后“本年利润”应无余额。

【例 10-1】甲公司 202×年 12 月末有关损益账户的余额为（该公司采用表结法年末一次结转损益类账户）：“主营业务收入”账户贷方余额 3 560 000 元；“其他业务收入”账户贷方余额 240 000 元；“营业外收入”账户贷方余额 40 000 元；“投资收益”账户贷方余额 50 000 元；“主营业务成本”账户借方余额 2 140 000 元；“营业税金及附加”账户借方余额 120 000 元；“其他业务成本”账户借方余额 160 000 元；“销售费用”账户借方余额 40 000 元；“管理费用”账户借方余额 86 000 元；“财务费用”账户借方余额 4 000 元；“营业外支出”账户借方余额 48 000 元。

（1）将损益类中各收益账户发生额转入“本年利润”账户

借：主营业务收入　　3 560 000

　　其他业务收入　　240 000

投资收益 50 000
营业外收入 40 000
贷:本年利润 3 890 000

(2) 将损益类中各费用、损失账户余额转入"本年利润"账户

借:本年利润 2 598 000
贷:主营业务成本 2 140 000
营业税金及附加 120 000
其他业务成本 160 000
营业费用 40 000
管理费用 86 000
账务费用 4 000
营业外支出 48 000

二、利润分配

1. 未分配利润的核算

企业应通过"利润分配"科目,核算企业利润的分配(或亏损的弥补)和历年分配(或弥补)后的未分配利润(或未弥补亏损)。该科目应分别通过"提取法定盈余公积"、"提取任意盈余公积"、"应付利润"、"盈余公积补亏"、"未分配利润"等进行明细核算。企业未分配利润通过"利润分配——未分配利润"明细科目进行核算。年度终了,企业应将全年实现的净利润或发生的净亏损,自"本年利润"科目转入"利润分配——未分配利润"科目,并将"利润分配"科目所属其他明细科目的余额转入"未分配利润"明细科目。结转后,"利润分配——未分配利润"科目如为贷方余额,表示累积未分配的利润数额;如为借方余额,则表示累积未弥补的亏损数额。

【例 10-2】甲公司年初未分配利润为 0,本年实现净利润 2 000 000 元,本年提取法定盈余公积 200 000 元,宣告发放现金股利 800 000 元。假定不考虑其他因素,甲公司会计处理如下:

(1) 结转本年利润:

借:本年利润 2 000 000
贷:利润分配——未分配利润 2 000 000

(2) 提取法定盈余公积、宣告发放现金股利:

借:利润分配——提取法定盈余公积 200 000
——应付利润 800 000
贷:盈余公积 200 000
应付利润 800 000

同时

借:利润分配——未分配利润 1 000 000
贷:利润分配——提取法定盈余公积 200 000

——应付利润　　800 000

2. 盈余公积的处理

(1) 提取盈余公积。

小企业(公司制)按照法律规定提取盈余公积,借记“利润分配——提取法定盈余公积、提取任意盈余公积”科目,贷记“盈余公积(法定盈余公积、任意盈余公积)”。

小企业(外商投资)按照规定提取的储备基金、企业发展基金、职工奖励及福利基金,借记“利润分配——提取储备基金、提取企业发展基金、提取职工奖励及福利基金”科目,贷记“盈余公积(储备基金、企业发展基金)”、“应付职工薪酬”科目。

(2) 盈余公积弥补亏损或转增资本。

经股东大会或类似机构决议,用盈余公积弥补亏损或转增资本,借记“盈余公积”,贷记“利润分配——盈余公积补亏”、“实收资本”或“股本”科目。

(3) 合作期间归还投资者的投资。

小企业(中外合作经营)根据合同规定在合作期间归还投资者的投资,应按实际归还投资的金额,借记“实收资本——已归还投资”科目,贷记“银行存款”等科目;同时,借记“利润分配——利润归还投资”科目,贷记“盈余公积(利润归还投资)”。

【例 10-3】某小企业当年净利润为 1 000 000 元,经董事会决议,除按净利润的 10%和5%计提法定盈余公积、其余的净利润全部转增资本。则会计分录如下:

(1) 提取盈余公积

借:利润分配——提取法定盈余公积　　100 000

　贷:盈余公积——法定盈余公积　　100 000

任务三　两准则在权益、收入、费用与利润核算上的区别

一、在收入确认上的区别

《小企业会计准则》不再要求遵循实质重于形式的原则,而是要求小企业采用发出商品或者提供劳务交易完成和收到货款或取得收款权利作为标准,减少关于风险与报酬转移的职业判断,同时就几种常见的销售方式明确规定了收入确认的时点。同时《小企业会计准则》在收入计量方面,不再要求小企业按照从购买方已收或应收的合同或协议价款或者应收的合同或协议价款的公允价值确定收入的金额,而是要求按照从购买方已收或应收的合同或协议价款确定收入的金额。

二、在营业外收支核算内容上的区别

（一）营业外收入

《小企业会计准则》中小企业的营业外收入包括：非流动资产处置净收益、政府补助、捐赠收益、盘盈收益、汇兑收益、出租包装物和商品的租金收入、逾期未退包装物押金收益、确实无法偿付的应付款项、已作坏账损失处理后又收回的应收款项、违约金收益等。而《企业会计准则》中营业外收入主要包括：非流动资产处置利得、盘盈所得、罚没所得、捐赠所得、无法支付的应付账款、政府补助利得、非货币性资产交换利得、债务重组利得等。

（二）营业外支出

《小企业会计准则》中规定小企业的营业外支出包括：存货的盘亏、毁损、报废损失，非流动资产处置净损失，坏账损失，无法收回的长期债券投资损失，无法收回的长股权投资损失，自然灾害等不可抗力因素造成的损失，税收滞纳金，罚金，罚款，被没收财物的损失，捐赠支出，赞助支出等。而《企业会计准则》规定营业外支出主要包括：非流动性资产处置损失、盘亏损失、罚款支出、公益性捐赠支出、非常损失、非货币性交换损失、债务重组损失等。

三、在营业税金核算上的区别

《小企业会计准则》中小企业按照规定应交纳的城镇土地使用税、房产税、印花税、车船税、矿产资源补偿费、排污费，计入“营业税金及附加”。而《企业会计准则》中规定企业应交的土地使用税、房产税、印花税、车船税、矿产资源补偿费，计入“管理费用”。

四、在所得税费用确认上的区别

《企业会计准则》中对所得税的确认采用资产负债表债务法，需确认递延所得税费用；而《小企业会计准则》中对所得税的确认采用应付税款法，不需要确认递延所得税费用。

【课后习题】

一、单项选择题

1. 某小企业本期主营业务利润为100万元，其它业务利润为20万元，管理费用为10万元，投资收益为25万元，所得税费用为30万元。假定不考虑其他因素，该企业本期营业利润为（　　）万元

A. 105　　B. 95　　C. 120　　D. 110

2. 下列各项中，不属于《小企业会计准则》所规范的收入的是（　　）。

A. 销售商品收入

B. 提供劳务收入

C. 出租固定资产取得的租金收入

D. 出租包装物取得的租金收入

3. 下列各项中，符合收入会计要素定义，可以确认收入的是(　　)。

A. 出售固定资产收取的价款　　B. 出售无形资产收取的价款

C. 出售原材料收取的价款　　D. 出售股票收取的价款

4. 下列各项应列为“管理费用”的是(　　)。

A. 广告费支出　　B. 银行借款利息费支出

C. 企业的捐赠支出　　D. 企业管理部门人员的工资

5. 下列各项，可以采用完工百分比法确认收入的是(　　)。

A. 分期收款销售商品

B. 委托代销商品

C. 在同一会计年度开始并完成的劳务

D. 多个会计年度才能完成的劳务

二、多项选择题

1. 下列项目中，应记入“营业外支出”的有(　　)。

A. 对外捐赠支出　　B. 处理固定资产净损失

C. 违反经济合同的罚款支出　　D. 对外投资支出

2. 下列各项中，属于期间费用的有(　　)。

A. 制造费用　　B. 销售费用　　C. 管理费用　　D. 财务费用

3. 下列各项费用中，不应记入产品成本的有(　　)。

A. 制造费用　　B. 销售费用　　C. 管理费用　　D. 所得税费用

4. 下列项目中，应记入“财务费用”的有(　　)。

A. 销售方给予购货方的现金折扣

B. 购货方享受销售方给予的现金折扣

C. 销售方支付的银行承兑汇票的手续费

D. 固定资产达到预定使用状态后支付的基建借款利息

5. 下列各项中，影响小企业销售商品收入金额的有(　　)。

A. 从购货方应收的合同或协议价款

B. 现金折扣

C. 商业折扣

D. 代垫购货方的运杂费

6. 下列各项中，属于《小企业会计准则》所界定的收入的有(　　)。

A. 销售商品收入　　B. 提供劳务收入

C. 让渡资产使用权收入　　D. 营业外收入

三、判断题

1. 在采用完工百分比法确认劳务收入时，其本年相关的劳务成本应以实际发生的全部支出确认。(　　)

2. 企业支付的广告费，应记入“管理费用”。(　　)

3. 在采用分期收款方式销售商品时，只有在符合收入确认条件的前提下，才能按合同约定的收款日期确认商品销售收入。(   )

4. 小企业在销售商品时如提供有商业折扣的，在确认收入时应将商业折扣的部分扣除。(   )

5. 小企业在销售收入确认之后发生的销售折让，应在实际发生时冲减发生当期的收入，并同时冲减已结转的成本。(   )

6. 小企业已经确认销售商品收入的售出商品发生的销售退回，不论此销售业务属于本年度还是属于以前年度，均应当在发生时冲减退回当期销售商品收入。(   )

四、业务题

1. 某小企业为一般纳税人，税率为13%，5月8日销售电视机40台，每台售价3 000元、每台成本2 400元。当日收到价款存入银行。

要求：编制有关会计分录。

2. 某小企业向外地销售商品一批，价款1 500 000元，增值税195 000元，另以银行存款为购货方代垫运费6 000元，现已办妥异地托收承付结算手续。

要求：编制有关会计分录。

3. 某小企业2021年10月18日销售商品一批，售价5万元，增值税率13%，成本3万元。合同规定的折扣条件为2/10,1/20,N/30。买方于10月28日付款(假定计算折扣时不考虑增值税)。如果该批产品于2022年2月8日被退回入库，价款以银行存款退付。

要求：编制有关会计分录。

4. 某小企业销售商品一批，增值税专用发票上注明的售价为100 000元，增值税13 000元，货款已收到。买方收到货后发现商品的质量与合同不符，经协商，企业按售价给予买方5%的销售折让，有关折让款已退回。

要求：编制有关会计分录。

5. 小企业10月19日销售商品一批，售价共计80 000元，增值税13 600元，成本50 000元。合同规定现金折扣条件为：2/10,1/20,N/30。买方于10月28日付款，享受现金折扣1 600元。当年12月20日，该商品因不符合质量要求，同意对方退货，并以存款退回货款。

要求：编制有关会计分录。

6. 2021年7月1日某公司与一客户签订一项劳务合同，预计2022年12月31日完工；合同总金额为1 200万元，预计总成本为1 000万元。截止2021年底，该劳务实际发生合同成本300万元。假定该劳务合同的结果能够可靠计量。

要求：计算2021年度该劳务合同应确认的收入为多少万元？并编制相关会计分录。

项目十一　编制和识读财务报表

【案例导入】

小李是一名刚刚大学毕业参加工作的HY公司新员工，他工作努力，钻研业务，HY公司主管会计非常喜欢小李，就让他单独编制上个月报表，编好拿给主管看看怎么样。小李就开始思考下列问题：

1. 资产负债表怎么编制，需要特别注意哪些问题？

2. 利润表怎么编制？

【技能目标】

1. 能够通过课堂学习、网络搜索等方式，了解小企业财务报表的相关知识，对小企业财务报表有一定的认识。

2. 能够根据企业实际情况编制财务报表。

【知识目标】

1. 了解小企业财务报表的基本内容。

2. 理解小企业不同财务报表之间的区别。

3. 掌握小企业会计准则的编制。

任务一　认识财务报表

《小企业会计准则》第七十九条规定："财务报表，是指对小企业财务状况、经营成果和现金流量的结构性表述。"小企业的财务报表至少应当包括下列组成部分：(一)资产负债表；(二)利润表；(三)现金流量表；(四)附注。即"三表一注"(《企业会计准则》是"四表一注")。

小企业应当按照企业会计准则统一规定的报表种类、内容、格式、编制方法，按月度、季度、年度对外报送财务报表。小企业对外提供的年度财务报表应按有关规定经过注册会计师审计。财务报表是小企业会计核算的重要内容。

一、财务报表的作用

小企业会计报表是小企业会计核算的最终产品，是对各种会计核算资料加以整理、汇总加工而形成的具有内在联系、相互配合、相互补充的综合性信息资料。它是会计要素确认、计量的结果和综合性描述。

财务报表提供的有关资料，有利于小企业及其他各方信息使用者考核、分析财务状况和经营成果，评价小企业生产经营工作的质量，分析、研究、预测小企业生产经营前景，做出正确的决策，加强财务管理。

二、小企业财务报表的组成

财务报表是对企业财务状况、经营成果和现金流量的结构性表述。小企业财务报表体系通常主要由基本财务报表和报表附注两部分组成。小企业对外提供的财务报表包括资产负债表、利润表和现金流量表三张报表。财务报表附注是对财务报表的补充说明，也是财务报表体系的重要组成部分。

资产负债表是反映企业在某一特定日期的财务状况的会计报表。企业编制资产负债表的目的是通过如实反映企业的资产、负债和所有者权益情况，有助于报表使用者评价企业资产的质量以及短期偿债能力、长期偿债能力和利润分配能力等。

利润表是反映企业在一定会计期间的经营成果的会计报表。企业编制利润表的目的是通过如实反映企业实现的收入、发生的费用和取得的利润等金额及其结构情况，有助于报表使用者分析评价企业的盈利能力及其构成与质量。

现金流量表是反映企业在一定会计期间的现金和现金等价物流入和流出情况的会计报表。企业编制现金流量表的目的是通过如实反映企业各项活动的现金流入、流出情况，有助于报表使用者评价企业的现金流和资金周转情况。

附注是对在会计报表中列示项目所作的进一步说明，以及对未能在这些报表中列示的项目的说明等。企业编制附注的目的是通过对财务报表本身作补充说明，以更加全面、系统地反映企业财务状况、经营成果和现金流量的全貌，向报表使用者提供更为详细的信息。

三、小企业财务报表的编制要求

为了使会计报表能够最大限度地满足各有关方面的需要，实现编制会计报表的基本目的，充分发挥其作用，企业在编制财务报表时应当做到真实可靠、相关可比、全面完整、编报及时、便于理解。

（一）数字真实

企业财务报表必须如实地反映企业的财务状况、经营成果和现金流量情况，使财务报表各项目的数据建立在真实可靠的基础之上。因此，会计报表必须根据核实无误的账簿资料编制，不得以任何方式弄虚作假；否则会导致报表使用者对企业的财务状况、经营成果和现金流量等情况作出错误的评价与判断，从而作出错误决策。

（二）内容完整

企业财务报表应当全面地披露企业的财务状况、经营成果和现金流量情况，完整地反映企业经济活动的过程和结果，以满足各有关方面对财务会计信息资料的需要。为了保证报表内容的全面完整，企业在编制财务报表时应当按照会计准则、制度规定的格式和内容填写；对于某些重要事项，还应当按照要求在会计报表附注中予以说明，不得漏编、漏报。

（三）计算准确

（四）编报及时

企业财务报表所提供的资料具有很强的时效性。只有及时编制和报送会计报表，才能向报表使用者及时提供决策所需的信息；否则，即使会计报表的编制非常真实可靠、全面完整且相关可比，但由于编报不及时，也会失去其应有的价值。随着市场经济和信息技术的迅速发展，会计报表的及时性将变得日益重要。

（五）一致性和可比性

企业财务报表所提供的财务会计信息必须与报表使用者进行决策所需要的信息相关，并且便于报表使用者在不同企业之间及同一企业前后各期之间进行比较。企业财务报表只有提供相关且可比的信息，才能使报表使用者分析该企业在整个社会特别是同行业中的地位，对比分析该企业过去与现在的情况，预测企业未来的发展趋势，从而作出正确决策

（六）做好准备工作

（七）手续齐备

任务二 编制资产负债表

一、资产负债表的概念与作用

（一）资产负债表的概念

资产负债表是反映企业在某一特定日期（如年末、季末、月末等）财务状况的会计报表。由于它是对企业某一时点财务状况的反映，所以又称静态报表。资产负债表是依据“资产＝负债＋所有者权益”这一会计等式，按照一定的分类标准和顺序，把企业在一定日期的全部资产、负债和所有者权益项目进行适当分类、汇总、排列后编制而成。所以，会计等式“资产＝负债＋所有者权益”是编制资产负债表的依据。特定日期包括：月末、季末、半年末和年末。

(二)资产负债表的作用

资产负债表可以提供的信息主要有：

(1)小企业在某一时点上所拥有的经济资源及这些经济资源的分布和构成情况。

(2)小企业资金来源的构成情况，包括小企业所承担的债务及所有者权益各个项目的状况。

(3)小企业所负担的债务以及小企业的偿债能力(包括短期和长期的偿债能力)。

(4)小企业未来财务状况变动趋势。

二、资产负债表的内容和结构

(一)资产负债表的内容

小企业资产负债表的内容主要反映以下三个方面：

1. 资产

资产按其流动性分为流动资产和非流动资产，在资产负债表上按其类别分项列示。

2. 负债

负债按其偿还期的长短分为流动负债和非流动负债，在资产负债表上按其类别分项列示。

3. 所有者权益

所有者权益按照实收资本、资本公积、盈余公积和未分配利润分项列示。

(二)资产负责表的结构

资产负债表一般由表头、基本内容和补充资料三部分组成。

表头部分应列明报表名称、编制单位名称、编制日期、货币单位和报表编号。

基本内容部分是资产负债表的主体和核心，采用账户式结构，报表分为左右两方，左方列示资产各项目，反映全部资产的分布及存在形态；右方列示负债和所有者权益各项目，反映全部负债和所有者权益的内容及构成情况。资产负债表左右双方平衡，资产总计等于负债和所有者权益总计。即："资产＝负债＋所有者权益"，分设"年初余额"和"期末余额"两栏，如表11-1所示。

表11-1 资产负债表

编制单位： 年 月 日 单位：元

资产	行次	期末余额	期初余额	负债和所有者权益	行次	期末余额	年初余额
流动资产：				流动负债：			
货币资金	1			短期借款	31		
短期投资	2			应付票据	32		
应收票据	3			应付账款	33		

表 11-1 续表

资产	行次	期末余额	期初余额	负债和所有者权益	行次	期末余额	年初余额
应收账款	4			预收账款	34		
预付账款	5			应付职工薪酬	35		
应收股利	6			应交税费	36		
应收利息	7			应付利息	37		
其他应收款	8			应付利润	38		
存货	9			其他应付款	39		
其中:原材料	10			其他流动负债	40		
在产品	11			流动负债合计	41		
库存商品	12			非流动负债:			
周转材料	13			长期借款	42		
其他流动资产	14			长期应付款	43		
流动资产合计	15			递延收益	44		
非流动资产:				其他非流动负债	45		
长期债券投资	16			非流动负债合计	46		
长期股权投资	17			负债合计	47		
固定资产原价	18						
减:累计折旧	19						
固定资产账面价值	20						
在建工程	21						
工程物资	22						
固定资产清理	23						
生产性生物资产	24			所有者权益(或股东权益):			
无形资产	25			实收资本(或股本)	48		
开发支出	26			资本公积	49		
长期待摊费用	27			盈余公积	50		
其他非流动资产	28			未分配利润	51		
非流动资产合计	29			所有者权益(或股东权益)合计	52		
资产总计	30			负债和所有者权益(股东权益)总计	53		

(三) 资产负债表项目排列的特点

(1) 左方是资产,按资产的流动性大小排列的。流动性大、变现能力强的资产排在前面;流动性小、变现能力弱的资产排在后面。依此,流动资产在前,非流动资产在后。

(2) 右方是负债和所有者权益,一般按求偿权先后顺序排列。因为负债是企业必须清偿的债务,而所有者权益则是剩余权益,企业在正常经营条件下不需要偿还,所以,负债排在前,所有者权益排在后,即先列示负债,再列示所有者权益,体现了破产清偿的顺序。

负债按偿还时间由近到远进行分项列示,即偿还期近的负债项目排在前面,偿还期较远的负债项目排在后面。依此,流动负债排在前,非流动负债排在后。体现了归还的顺序;

所有者权益是按照稳定性程度高低顺序排列,稳定性程度较高的项目排在前面,稳定性程度较低的项目排在后面。因为实收资本(或股本)是企业按照法定程序注册登记的资本金,一般不会改变,稳定性最高,所以排在最前面;其次是资本公积、盈余公积和未分配利润项目。

资产负债表的左右两方都设有"金额"栏,以反映报告期期末各项指标的数值。为了向报表使用者提供所需指标的相关分析资料,在"金额"栏内增设"年初余额"栏。通过"年初余额"与"期末余额"进行比较,以分析企业的财务状况和发展趋势。我国会计制度规定的这种格式的资产负债表实际是一种比较资产负债表。

三、资产负债表项目的内容及填列方法

(一) 资产负债表编制前的准备工作

在编制年度资产负债表前,一是应对本企业有关库存物资、固定资产等进行财产清查;对应收、应付款项进行核对;对银行存款、库存现金进行盘点核对,以保证账实相符,账账相符,总账与明细账相符。二是应对各账户的期末余额进行试算平衡,以保证正式编制的资产负债表数字正确。

(二) 资产负债表的填列方法

小企业资产负债表的编制有以下两点需要注意的:

1. 资产负债表"年初余额"栏的填列方法

"年初余额"栏内各项数字,应根据上年末资产负债表"期末余额"栏内所列数字填列。

2. 资产负债表"期末余额"栏的填列方法

"期末余额"栏内各项数字,应根据各科目余额分析填列,具体规定如下:

(1) "货币资金"项目,反映小企业库存现金、银行存款的合计数。本项目应根据"库存现金"和"银行存款"科目的期末余额合计填列。

(2) "短期投资"项目,反映小企业购入的各种能随时变现、并准备随时变现的、持有时间不超过 1 年(含 1 年)的股票、债券和基金的余额。本项目应根据"短期投资"科目的期末余额填列。

(3) "应收票据"项目,反映小企业收到的未到期收款也未向银行贴现的应收票据,包

括商业承兑汇票和银行承兑汇票。本项目应根据“应收票据”科目的期末余额填列。

(4)“应收账款”项目,反映小企业因销售商品、提供劳务应向购买单位或个人收取的销货款。本项目应根据“应收账款”的期末余额填列。

(5)“预付账款”项目,反映小企业按照合同规定预付的款项,包括根据合同规定预付的购货款、租金。本项目应根据“预付账款”科目的期末余额填列。

(6)“应收股利”项目,反映小企业因股权投资而应收取的现金股利。本项目应根据“应收股利”科目的期末余额填列。

(7)“应收利息”项目,反映小企业因债权投资而应收取的利息。企业购入到期一次还本付息债券应收的利息,不包括在本项目内。本项目应根据“应收利息”科目的期末余额填列。

(8)“其他应收款”项目,反映小企业对其他单位和个人应收和暂付的除销货款外的各种款项。本项目应根据“其他应收款”科目的期末余额填列。

(9)“存货”项目,反映小企业期末在库、在途和在加工中的各项存货的成本,包括各种原材料、在产品、半成品、产成品、商品、包装物、低值易耗品、消耗性生物资产等。本项目应根据“在途物资”、“原材料”、“生产成本”、“库存商品”、“包装物”、“低值易耗品”、“消耗性生物资产”等科目的期末余额合计填列。

(10)“其他流动资产”项目,反映小企业除以上流动资产项目外的其他流动资产。本项目应根据有关科目的期末余额填列。

(11)“长期债券投资”项目,反映小企业不准备在1年内(含1年)变现的各种债权性质的投资的成本。本项目应根据“长期债权投资”科目的期末余额填列。

(12)“长期股权投资”项目,反映小企业不准备在1年内(含1年)变现的各种股权性质的投资的成本。本项目应根据“长期股权投资”科目的期末余额填列。

(13)“固定资产原价”和“累计折旧”项目,反映小企业的各种固定资产原价及累计折旧。这两个项目应根据“固定资产”科目和“累计折旧”科目的期末余额填列。

(14)“固定资产账面价值”项目,反映小企业固定资产原价扣除累计折旧后的余额。本项目应根据“固定资产”科目的期末余额减去“累计折旧”科目的期末余额后的金额填列。

(15)“固定资产清理”项目,反映小企业因出售、毁损和报废等原因转入清理但尚未清理完毕的固定资产的净额,以及固定资产清理过程中所发生的清理费用和变价收入等各项金额的差额。本项目应根据“固定资产清理”科目的期末借方余额填列;如“固定资产清理”科目期末为贷方余额,以“—”号填列。

(16)“生产性生物资产”项目,反映小企业生产性生物资产的账面价值。本项目应根据“生产性生物资产”科目的期末余额减去“生产性生物资产累计折旧”科目的期末余额后的金额填列。

(17)“无形资产”项目,反映小企业无形资产的账面价值。本项目应根据“无形资产”科目的期末余额填列。

(18)“长期待摊费用”项目,反映小企业尚未摊销的摊销期限在1年以上的各种费用。本项目应根据“长期待摊费用”科目的期末余额填列。

(19)“其他非流动资产”项目，反映小企业除以上非流动资产以外的其他非流动资产。本项目应根据有关科目的期末余额填列。

(20)“短期借款”项目，反映小企业借入尚未偿还的1年期以下(含1年)的借款。本项目应根据“短期借款”科目的期末余额填列。

(21)“应付账款”项目，反映小企业购买原材料、商品和接受劳务供应等应付给供应单位或个人的购货款。本项目应根据“应付账款”科目的期末余额填列。

(22)“预收账款”项目，反映小企业根据合同规定销售产品、商品、提供劳务预收购买单位或个人的购货款。本项目应根据“预收账款”科目的期末余额合计填列。

(23)“应付职工薪酬”项目，反映小企业应付未付的职工薪酬。本项目应根据“应付职工薪酬”科目期末贷方余额填列。

(24)“应交税费”项目，反映小企业期末未交、多交或未抵扣的各种税费。本项目应根据“应交税费”科目的期末贷方余额填列；如“应交税费”科目期末为借方余额，以“－”号填列。

(25)“应付利息”项目，反映小企业尚未支付的借款利息。本项目应根据“应付利息”科目的期末余额填列。

(26)“应付利润”项目，反映小企业尚未向投资者支付的利润。项目应根据“应付利润”科目的期末余额填列。

(27)“其他应付款”项目，反映小企业所有应付和暂收其他单位和个人的款项。本项目应根据“其他应付款”科目的期末余额填列。

(28)“其他流动负债”项目，反映小企业除以上流动负债以外的其他流动负债。本项目应根据有关科目的期末余额填列。

(29)“长期借款”项目，反映小企业借入、尚未偿还的1年期以上(不含1年)的借款本金。本项目应根据“长期借款”科目的期末余额填列。

(30)“递延收益”项目，反映小企业收到的应在以后期间计入收入的款项。本项目应根据“递延收益”科目的期末余额填列。

(31)“其他非流动负债”项目，反映小企业除以上非流动负债项目以外的其他非流动负债。本项目应根据有关科目的期末余额填列。

(32)“实收资本(或股本)”项目，反映小企业各投资者实际投入构成注册资本的资本总额。本项目应根据“实收资本”科目的期末余额填列。

(33)“资本公积”项目，反映小企业资本公积的期末余额。本项目应根据“资本公积”科目的期末余额填列。

(34)“盈余公积”项目，反映小企业盈余公积的期末余额。本项目应根据“盈余公积”科目的期末余额填列。

(35)“未分配利润”项目，反映小企业尚未分配的利润。本项目应根据“本年利润”科目和“利润分配”科目的余额计算填列。未弥补的亏损，在本项目内以“－”号填列。

任务三　编制利润表

一、利润表的概念与作用

利润表是反映企业在一定会计期间经营成果的会计报表。利润表反映的基本内容是企业在一定会计期间经济活动的成果，属于动态报表。利润表由收入、费用、利润（或亏损）三个要素构成，并按“收入－费用＝利润”这一平衡式联系起来，该平衡式是编制利润表的依据。

利润表比较完整地反映了企业在一定时期取得的营业利润、投资净收益和营业外收支净额等损益情况。通过利润表可以从总体上了解企业的收入、成本、费用、净利润（或亏损）的实现及构成情况；利润表还提供了不同时期的比较数字（如本期金额、上期金额），可据以分析企业的获利能力及未来发展趋势，了解投资者投入资本的保值增值情况；利润表中的信息与资产负债表中的相关信息是进行财务分析的基本资料，如可以计算应收账款周转率、存货周转率、资产收益率等指标，以了解企业资金周转的情况以及企业的盈利能力和水平。

二、利润表的结构及编制步骤

我国企业的利润表采用多步式结构。

多步式利润表在形式上由表头和基本内容两部分组成。

表头部分主要包括报表名称、编制单位名称、编制日期、货币单位和报表编号等内容。

基本内容部分主要反映报表的各项指标内容。多步式利润表以企业收入为起点，计算出当期的利润总额和净利润。利润总额和净利润的计算分为以下四个步骤：

第一步，计算营业利润。

营业利润＝营业收入－营业成本－营业税金及附加－销售费用－管理费用－财务费用－资产减值损失＋公允价值变动损益（－公允价值变动损失）＋投资收益（－投资损失）

其中：营业收入＝主营业务收入＋其他业务收入

营业成本＝主营业务成本＋其他业务成本

第二步，计算利润总额。

利润总额＝营业利润＋营业外收入－营业外支出

第三步，计算净利润。

净利润＝利润总额－所得税费用

利润表各项目均需填列“本期金额”和“上期金额”两栏。其中“上期金额”栏内的各项数字应根据上年同期利润表的“本期金额”栏内所列数字直接填列。“本期金额”栏内各期数字，应当按照相关科目的本期发生额分析填列。如“营业收入”项目，应根据“主营业务收入”、“其他业务收入”科目的本期发生额分析计算填列；“营业成本”项目，应根据“主营业务成本”、“其他业务成本”科目的本期发生额分析计算填列。其他项目均按照各该科目的本期发生额分析填列。

多步式利润表格式如表 11-2 所示：

表 11-2 利润表

编制单位： 年 月 单位：元

项目	行次	本年累计金额	本月金额
一、营业收入	1		
减：营业成本	2		
营业税金及附加	3		
其中：消费税	4		
营业税	5		
城市维护建设税	6		
资源税	7		
土地增值税	8		
城镇土地使用税、房产税、车船税、印花税	9		
教育费附加、矿产资源补偿费、排污费	10		
销售费用	11		
其中：商品维修费	12		
广告费和业务宣传费	13		
管理费用	14		
其中：开办费	15		
业务招待费	16		
研究费用	17		
财务费用	18		
其中：利息费用(收入以“－”号填列)	19		
加：投资收益(损失以“－”号填列)	20		
二、营业利润(亏损以“－”号填列)	21		
加：营业外收入	22		
其中：政府补助	23		
减：营业外支出	24		
其中：坏账损失	25		

表 11-2 续表

项目	行次	本年累计金额	本月金额
无法收回的长期债券投资损失	26		
无法收回的长期股权投资损失	27		
自然灾害等不可抗力因素造成的损失	28		
税收滞纳金	29		
三、利润总额(亏损总额以“－”号填列)	30		
减:所得税费用	31		
四、净利润(净亏损以“－”号填列)	32		

三、利润表项目的内容及其填列方法

利润表应一般根据账户的本期发生额分析填列。

(1)“营业收入”项目,反映小企业销售商品和提供劳务所实现的收入总额。本项目应根据“主营业务收入”科目和“其他业务收入”科目的发生额合计填列。

(2)“营业成本”项目,反映小企业所销售商品的成本和所提供劳务的成本。本项目应根据“主营业务成本”科目和“其他业务成本”科目的发生额合计填列。

(3)“营业税金及附加”项目,反映小企业开展日常生产活动应负担的消费税、营业税、城市维护建设税、资源税、土地增值税、城镇土地使用税、房产税、车船税、印花税和教育费附加、矿产资源补偿费、排污费等。本项目应根据“营业税金及附加”科目的发生额填列。这儿应注意:营业税金及附加核算内容增加了。房产税、车船使用税、土地使用税、印花税以及矿产资源补偿费、排污费,这“四税两费”在《小企业会计制度》中核算为管理费用。

(4)“销售费用”项目,反映小企业销售商品或提供劳务过程中发生的费用。本项目应根据“销售费用”科目的发生额填列。

(5)“管理费用”项目,反映小企业为组织和管理生产经营发生的其他费用。本项目应根据“管理费用”科目的发生额填列。这儿应注意:管理费用的核算内容减少了,有些内容分别转入了“营业外支出”或“营业税金及附加”。

(6)“财务费用”项目,反映小企业为筹集生产经营所需资金发生的筹资费用。本项目应根据“财务费用”科目的发生额填列。

(7)“投资收益”项目,反映小企业股权投资取得的现金股利(或利润)、债券投资取得的利息收入和处置股权投资和债券投资取得的处置价款扣除成本或账面余额、相关税费后的净额。本项目应根据“投资收益”科目的发生额填列。

(8)“营业利润”项目,反映小企业当期开展日常生产经营活动实现的利润。本项目应根据营业收入扣除营业成本、营业税金及附加、销售费用、管理费用和财务费用,加上投资收益后的金额填列。

(9)“营业外收入”项目,反映小企业实现的各项营业外收入金额。包括:非流动资产处置净收益、政府补助、接受捐赠收益、盘盈收益、汇兑收益、出租包装物和商品的租金收入、逾期未退包装物押金收益、确实无法偿付的应付款项、已作坏账损失处理后又收回的应收款项、违约金收益等。本项目应根据“营业外收入”科目的发生额填列。注:营业外收入的核算内容变化很大。以上的一些项目在小企业会计制度中,原来分别核算为资本公积、其他业务收入或冲减管理费用或财务费用。

(10)“营业外支出”项目,反映小企业发生的各项营业外支出金额。包括:存货盘亏、毁损、报废损失,非流动资产处置净损失,坏账损失,无法收回的长期债券投资损失,无法收回的长期股权投资损失,自然灾害等因素造成的损失,税收滞纳金,罚款,罚金,被没收财物的损失,捐赠支出,赞助支出等。本项目应根据“营业外支出”科目的发生额填列。注:营业外支出的核算内容增加了。以上的一些项目在小企业会计制度中,原来分别核算为管理费用、投资收益或冲减管理费用。

(11)“利润总额”项目,反映小企业当期实现的利润总额。本项目应根据营业利润加上营业外收入减去营业外支出后的金额填列。

(12)“所得税费用”项目,反映小企业根据企业所得税法确定的应从当期利润总额中扣除的所得税费用。本项目应根据“所得税费用”科目的发生额填列。

(13)“净利润”项目,反映小企业当期实现的净利润。本项目应根据利润总额扣除所得税费用后的金额填列。如为净亏损,以“—”号填列。

任务四　编制现金流量表

一、现金流量表的概念和作用

(一)现金流量表的概念

现金流量表是反映小企业在一定会计期间的现金和现金等价物流入和流出情况的会计报表,属于动态报表。它揭示了小企业在一定期间内各项活动所产生的现金流入、现金流出和现金变动净额,全面反映小企业的现金从期初到期末的变化过程。有助于小企业投资者、债权人和其他报表使用者评估小企业的偿债能力和向所有者分配股利或利润的能力,评价小企业的经营状况、盈利能力及未来获取现金流量的能力,以作出正确决策。

(二)现金流量表的作用

(1)现金流量表能够说明小企业一定期间内现金流入和流出的原因。

现金流量表将现金流量划分为三种活动分别反映,能反映出现金流入和流出的原因,便于报表使用者掌握小企业的现金流动情况。

(2)现金流量表有助于预测小企业未来获取现金的能力。

经营活动产生的现金流量,代表小企业运用经济资源创造现金流量的能力;

投资活动产生的现金流量代表小企业运用资金产生现金流量的能力;

筹资活动产生的现金流量代表小企业筹集资金获取现金的能力。

通过这些信息及现金流量表的其他信息,可以分析小企业未来获取或支付现金的能力。

(3) 现金流量表有助于评价小企业净利润的质量、支付能力、偿债能力和周转能力。

企业一定期间内获得的利润并不代表真正具有偿债能力。在某种情况下,虽然小企业利润表上利润很可观,但财务十分困难。

现金流量表以收付实现制为编制基础,反映出小企业实际的现金流动情况以及由此形成的实际偿付能力。

(4) 现金流量表有助于分析小企业投资和理财活动对经营成果和财务活动的影响。

二、现金流量的含义及分类

小企业现金流量表是以现金为基础编制的。现金流量表所指的现金是指小企业的库存现金以及可以随时用于支付的银行存款和其他货币资金。现金流量是指一定时期内小企业的现金流入和流出量。企业一定时期内现金流入量减去现金流出量就是企业的现金净流量。现金流量按其产生的原因和支付的用途不同,经营活动产生的现金流量、投资活动产生的现金流量和筹资活动产生的现金流量。小企业现金形式的转换不会产生现金流入和现金流出,如从银行提取现金或将现金存入银行,现金并未流出企业,不构成现金流量。

(一) 经营活动产生的现金流量

经营活动,是指小企业投资活动和筹资活动以外的所有交易和事项。具体包括以下项目:

(1) 销售产成品、商品、提供劳务收到的现金。

(2) 购买原材料、商品、接受劳务支付的现金。

(3) 支付的职工薪酬。

(4) 支付的税费。

(二) 投资活动产生的现金流量

投资活动,是指小企业固定资产、无形资产、其他非流动资产的购建和短期投资、长期债券投资、长期股权投资及其处置活动。具体包括的项目见报表。

(三) 筹资活动产生的现金流量

筹资活动,是指导致小企业资本及债务规模和构成发生变化的活动。具体包括的项目见报表。

三、现金流量表的结构

小企业现金流量表采用报告式结构(见表11-3)。分三类活动反映产生的现金流量，最后汇总反映现金的净增加额。每一类现金流量，具体分为现金流入和现金流出。分设“本月金额”和“本年累计金额”两栏。本表“本年累计金额”栏反映各项目自年初起至报告期末止的累计实际发生额。本表“本月金额”栏反映各项目的本月实际发生额；在编报年度财务报表时，应将“本月金额”栏改为“上年金额”栏，填列上年全年实际发生额。

表11-3　现金流量表

编制单位：　　　　　　　　　　年　月　　　　　　　　　　单位：元

项目	行次	本年累计金额	本月金额
一、经营活动产生的现金流量：			
销售产成品、商品、提供劳务收到的现金	1		
收到其他与经营活动有关的现金	2		
购买原材料、商品、接受劳务支付的现金	3		
支付的职工薪酬	4		
支付的税费	5		
支付其他与经营活动有关的现金	6		
经营活动产生的现金流量净额	7		
二、投资活动产生的现金流量：			
收回短期投资、长期债券投资和长期股权投资收到的现金	8		
取得投资收益收到的现金	9		
处置固定资产、无形资产和其他非流动资产收回的现金净额	10		
短期投资、长期债券投资和长期股权投资支付的现金	11		
购建固定资产、无形资产和其他非流动资产支付的现金	12		
投资活动产生的现金流量净额	13		
三、筹资活动产生的现金流量：			
取得借款收到的现金	14		
吸收投资者投资收到的现金	15		
偿还借款本金支付的现金	16		
偿还借款利息支付的现金	17		
分配利润支付的现金	18		
筹资活动产生的现金流量净额	19		
四、现金净增加额	20		
加：期初现金余额	21		
五、期末现金余额	22		

四、现金流量表的填列原理

(一) 经营活动产生的现金流量

(1)“销售产成品、商品、提供劳务收到的现金”项目，反映小企业本期销售产成品、商品、提供劳务收到的现金。本项目可以根据“库存现金”、“银行存款”和“主营业务收入”等科目的本期发生额分析填列。

(2)“收到其他与经营活动有关的现金”项目，反映小企业本期收到的其他与经营活动有关的现金。本项目可以根据“库存现金”和“银行存款”等科目的本期发生额分析填列。

(3)“购买原材料、商品、接受劳务支付的现金”项目，反映小企业本期购买原材料、商品、接受劳务支付的现金。本项目可以根据“库存现金”、“银行存款”、“其他货币资金”、“原材料”、“库存商品”等科目的本期发生额分析填列。

(4)“支付的职工薪酬”项目，反映小企业本期向职工支付的薪酬。本项目可以根据“库存现金”、“银行存款”、“应付职工薪酬”科目的本期发生额填列。

(5)“支付的税费”项目，反映小企业本期支付的税费。本项目可以根据“库存现金”、“银行存款”、“应交税费”等科目的本期发生额填列。

(6)“支付其他与经营活动有关的现金”项目，反映小企业本期支付的其他与经营活动有关的现金。本项目可以根据“库存现金”、“银行存款”等科目的本期发生额分析填列。

(二) 投资活动产生的现金流量

(1)“收回短期投资、长期债券投资和长期股权投资收到的现金”项目，反映小企业出售、转让或到期收回短期投资、长期股权投资而收到的现金，以及收回长期债券投资本金而收到的现金，不包括长期债券投资收回的利息。本项目可以根据“库存现金”、“银行存款”、“短期投资”、“长期股权投资”、“长期债券投资”等科目的本期发生额分析填列。

(2)“取得投资收益收到的现金”项目，反映小企业因权益性投资和债权性投资取得的现金股利或利润和利息收入。本项目可以根据“库存现金”、“银行存款”、“投资收益”等科目的本期发生额分析填列。

(3)“处置固定资产、无形资产和其他非流动资产收回的现金净额”项目，反映小企业处置固定资产、无形资产和其他非流动资产取得的现金，减去为处置这些资产而支付的有关税费等后的净额。本项目可以根据“库存现金”、“银行存款”、“固定资产清理”、“无形资产”、“生产性生物资产”等科目的本期发生额分析填列。

(4)“短期投资、长期债券投资和长期股权投资支付的现金”项目，反映小企业进行权益性投资和债权性投资支付的现金。包括：企业取得短期股票投资、短期债券投资、短期基金投资、长期债券投资、长期股权投资支付的现金。本项目可以根据“库存现金”、“银行存款”、“短期投资”、“长期债券投资”、“长期股权投资”等科目的本期发生额分析填列。

(5)“购建固定资产、无形资产和其他非流动资产支付的现金”项目，反映小企业购建固定资产、无形资产和其他非流动资产支付的现金。包括：购买机器设备、无形资产、生产性生物资产支付的现金、建造工程支付的现金等现金支出，不包括为购建固定资产、无形资产和其他非流动资产而发生的借款费用资本化部分和支付给在建工程和无形资产开发项目人员的薪酬。为购建固定资产、无形资产和其他非流动资产而发生借款费用资本化部分，在“偿还借款利息支付的现金”项目反映；支付给在建工程和无形资产开发项目人员的薪酬，在“支付的职工薪酬”项目反映。本项目可以根据“库存现金”、“银行存款”、“固定资产”、“在建工程”、“无形资产”、“研发支出”、“生产性生物资产”、“应付职工薪酬”等科目的本期发生额分析填列。

（三）筹资活动产生的现金流量

（1）“取得借款收到的现金”项目，反映小企业举借各种短期、长期借款收到的现金。本项目可以根据“库存现金”、“银行存款”、“短期借款”、“长期借款”等科目的本期发生额分析填列。

（2）“吸收投资者投资收到的现金”项目，反映小企业收到的投资者作为资本投入的现金。本项目可以根据“库存现金”、“银行存款”、“实收资本”、“资本公积”等科目的本期发生额分析填列。

（3）“偿还借款本金支付的现金”项目，反映小企业以现金偿还各种短期、长期借款的本金。本项目可以根据“库存现金”、“银行存款”、“短期借款”、“长期借款”等科目的本期发生额分析填列。

（4）“偿还借款利息支付的现金”项目，反映小企业以现金偿还各种短期、长期借款的利息。本项目可以根据“库存现金”、“银行存款”、“应付利息”等科目的本期发生额分析填列。

（5）“分配利润支付的现金”项目，反映小企业向投资者实际支付的利润。本项目可以根据“库存现金”、“银行存款”、“应付利润”等科目的本期发生额分析填列。

任务五　了解会计报表附注

一、财务报表附注的概念

小企业财务报表附注，是指对在资产负债表、利润表和现金流量表等报表中列示项目的文字描述或明细资料，以及对未能在这些报表中列示项目的说明等。

附注是财务报表不可或缺的组成部分。附注与三张主表具有同等的重要性，报表使用者要了解企业的财务状况、经营成果和现金流量，应当全面阅读附注。

二、附注披露的基本要求

（1）附注披露的信息应是定量、定性信息的结合，从而能从量和质两个角度对小企业经济事项完整的进行反映，也才能满足信息使用者的决策需求。

（2）附注应当按照一定的结构进行系统合理的排列和分类，有顺序地披露信息。

由于附注的内容繁多，因此更应按逻辑顺序排列，分类披露，条理清晰，具有一定的组织结构，以便于使用者理解和掌握，也更好地实现财务报表的可比性。

（3）附注相关信息应当与资产负债表、利润表、现金流量表等报表中列示的项目相互参照，以有助于使用者联系相关联的信息，并由此从整体上更好地理解财务报表。

任务六　比较两准则在财务报表方面的区别

兼顾报表使用者决策和编报的成本效益原则。小企业的财务报表进行了简化，不编制所有者权益变动表，只包括资产负债表、利润表、现金流量表和附注。小企业的财务报表资产负债表以历史成本为原则，不考虑部分资产的公允价值，对部分资产（存货、应收账款、固定资产、长期股权投资）采用账面余额填列，并不按照账面价值填列；简化了现金流量表内容，只进行直接法填报等。总之，《小企业会计准则》对以上 3 种报表都进行了项目和结构的调整，增强了报表的清晰度和实用性。

一、资产负债表的区别

（1）投资类变化："交易性金融资产、可供出售金融资产、持有至到期投资、长期股权投资"被替换为"短期投资、长期债券投资、长期股权投资"，删除了"交易性金融负债、应付债券"。

（2）"预付款项"修改为"预付账款"，"预收款项"修改为"预收账款"。

（3）删除了"长期应收款、投资性房地产、油气资产、商誉、递延所得税资产、应付股利、专项应付款、预计负债、递延所得税负债"

（4）增加了"递延收益"

二、利润表的区别

小企业会计准则利润表项目比企业会计准则利润表的项目更加详细；但也删除了资产减值损失和公允价值变动损益等小企业会计准则不存在的项目。

三、现金流量表的区别

小企业会计准则现金流量表要求必须编制。小企业会计准则现金流量表是企业会计准则现金流量表的简化版，但是相关项目的名称发生了较大变化。

第三篇 小企业会计核算实务

项目十二　小规模商品批发企业会计实务

【案例导入】

小李大学毕业后，应聘到一家刚成立不久商贸企业担任会计主管，该商贸主营日用品的批发，由于该商贸企业购进日用品品种繁多，购销比较频繁，小李在建账时对如何选择适合的会计核算方法犯了难，通过本章学习试分析回答一下问题：

（1）商品流通企业会计核算方法那些？分别适用那些企业？

（2）小规模批发企业日常购进、销售的会计核算有什么特点？

【技能目标】

1. 商品购销的范围；购销商品的交接方式。

2. 商品流通企业的会计核算方法；商品购进的一般业务程序、商品购进的入账时间和入账价格。

3. 商品购进核算的账户设置、商品购进的核算。

4. 商品销售的入账时间和入账价格；商品销售核算的账户设置；商品销售的核算。

5. 库存商品的明细核算；商品销售成本的结转、商品销售成本的计算方法。

【知识目标】

1. 了解商品购销的范围、购销商品的交接方式。

2. 掌握商品流通企业的会计核算方法。

3. 了解商品购进的一般业务程序、商品购进的入账时间和入账价格。

4. 掌握商品购进核算的账户设置、商品购进的核算。

5. 了解商品销售的入账时间和入账价格。

6. 掌握商品销售核算的账户设置、商品销售的核算。

7. 了解商品储存核算的一般原则；掌握库存商品挑选整理的核算；掌握商品销售成本的结转、商品销售成本的计算方法。

任务一　商品流通企业会计核算概述

商品流通是指社会产品通过货币结算，由生产领域转移到消费领域的过程。要完成商品从生产领域转移到消费领域的整个流通过程，一般要经过批发商品流通和零售商品流通两个环节：批发商品流通是商品流通企业从生产部门购进商品出售给零售企业以便继续转卖，或出售给生产企业继续加工的商品交易活动。它处于商品流通的起点；零售商品流通是商品流通企业从批发企业或生产单位购进商品售予城乡居民和工厂、机关、团体、学校等集体消费单位，以进行直接消费的商品交易活动。它是商品流通的最后环节。从事批发商品流通的企业称为批发企业，从事零售商品流通的企业称为零售企业。

一、商品购销的范围

（一）商品购进的范围

商品购进是商品流通企业为转卖或加工后转卖，通过现金或转账结算付出货币取得商品或商品所有权的交易行为。商品购进范围包括：从工业、农业和其他部门购进的商品；向城市居民和农村集体或个人购进的商品；从国外进口的商品。凡未通过货币结算而收入的商品都不作为商品购进，如加工收回成品、收入为其他单位代销的商品、无偿收入的赠品或样品、溢余的商品等。购进专供本企业自行消费的商品和销货退回，虽然通过现金或转账结算，但前者不是为销售而购入，后者属于冲销原交易性质，所以均不作为商品购进。

（二）商品销售的范围

商品销售是商品流通企业通过现金或转账结算，付出商品取得货款或收取货款权利的交易行为。商品销售的范围包括销售与工业、农业、手工业、服务性行业和其他部门作为继续加工生产或耗用的商品；售予居民个人消费和机关团体消费的商品以及出口的商品，凡未通过货币结算付出的商品都不属于商品销售范围，如拨付加工的商品、商品内部移库、拨出委托他人代销或代管的商品、商品损耗和损失以及赠送样品等。进货退出虽通过货币结算，但属于撤销原交易性质，所以不作为商品销售。

二、购销商品的交接方式

（一）提货制

又称取货制，是购货方派专人或委托他人到供货方仓库或指定地点提取商品的一种商品交接方式。

（二）送货制

送货制是供货方将商品送到购货方仓库或指定地点交货的一种商品交接方式。

（三）发货制

发货制是供货方根据合同或要货函件所规定的日期、商品品种、规格、数量，将商品委托运输部门发运支购货方所在地的车站、码头、或指定地点交货的一种交接方式。当购货方接到运输部门的到货通知后，凭承运部门提货单到车站或码头提货，然后检验入库。

三、商品流通企业的会计核算方法

商品流通企业的会计核算方法主要有数量进价金额核算法、数量售价金额核算法、售价金额核算法和进价金额核算法。批发企业广泛采用数量进价金额核算法，零售企业广泛采用售价金额核算法。

（一）数量进价金额核算法

数量进价金额核算法是对库存商品总分类核算实行按进价金额核算和监督的同时，对库存商品的明细核算既提供各种商品的进价金额指标也反映其实物数量指标的核算方法。其基本内容是：

1. 进价记账

会计部门对库存商品总账和明细账的进、销、存金额均按进价记载。

2. 在库存商品总账控制下，按商品的品名、规格、等级和编号分户进行明细核算

库存商品明细账对每种库存商品的增减和结存情况，既反映金额又反映数量。如果企业经营的规模较大，同种库存商品存放地点不一，还可同时按商品存放的地点分户记载。

3. 采用适当方法随时或定期结转销售商品成本

数量进价金额核算法对商品实物数量和进价金额实行双重控制，有利于满足业务部门开展销售业务、会计部门加强资金管理、保管部门明确责任和保护商品的安全。但这种核算方法要求每笔购销业务均提供数量和金额的收付凭证，并逐笔登记明细账，工作量较大。此方法适用于能按商品品种提供收会数量及金额的商品流通企业。目前批发企业广泛采用此方法。有的经营品种较单纯，可取得销售商品品种数量金额凭证的零售企业也采用此方法。

（二）数量售价金额核算法

这是以实物数量和售价金额两种计量单位，反映商品进、销、存情况的一种核算方法。主要内容基本与数量进价金额核算法相同，都是按商品品种设明细账，实行数量和金额双重控制。其不同的有两点：

（1）“库存商品”总分类账、类目账和明细账均按售价记账。

（2）设置“商品进销差价”账户，记载售价金额和进价金额之间的差额，定期分摊已销商品进销差价，计算已销商品进价成本和结存商品的进价金额。

由于采用售价记账，逢商品售价变动，就要盘点库存商品，调整商品金额和差价，核算工作量较大，因此，数量售价金额核算法一般适用于经营金额较小、批量较少的小型经营批发的企业，以及经营零售的企业的库存商品和贵重商品的核算。

（三）进价金额核算法

这是以进价金额控制库存商品进、销、存的一种核算方法。其主要内容包括：

（1）库存商品总分类账和明细分类账一律以进价入账，只记金额，不记数量。

（2）库存商品明细账按商品大类或柜组设置，对需要掌握数量的商品，可设置备查

簿。

(3) 平时销货账务处理,只核算销售收入,不核算销售成本。月末采取"以存计销"的方法,通过实地盘点库存商品,倒挤商品销售成本。其计算公式为:

本期商品销售成本=期初库存商品+本期进货总额-期末库存商品进价金额

采用进价金额核算方法,可以简化核算手续,节约人力、物力,但手续不够严密,平时不能掌握库存情况,且对商品损耗或差错事故不能控制,一般适用于鲜活商品的核算。

(四) 售价金额核算法

售价金额核算法也称"售价记账、实物负责制",是按照售价金额核算企业库存商品的增减变动和结存状况的一种方法。其基本内容包括以下几个方面:

(1) 售价记账,金额控制。财会部门对库存商品的增减变动和结存情况,均按商品的售价金额入库存商品总账和明细账,库存商品总账和明细账只登记售价金额,不登记数量,通过库存商品的金额来控制商品数量。这一内容是区别于其他方法的主要方面。

(2) 设置"商品进销差价"账户。用来高速库存商品记录的售价金额,以正确反映库存商品的实际成本。

(3) 建立实物负责制。

(4) 切实加强库存商品的实地盘点。

(5) 加强物价管理,健全有关制度。采用售价金额控制商品数量,要做到账实相符,就必须要商品进、销、存各项业务手续制度,加强物价管理、商品管理、销货款管理,严格复核制度。

售价金额核算法与数量进价金额核算法相比,具有如下优点:第一,将繁多的按商品品名设置的库存明细账户改为按实物负责人设置明细账户,简化了记账工作,保证了核算的正确性与及时性,又可使用权财会售货员有较多时间深入实际开展调研,为不断改善经营管理献计献策。第二,简化了销货手续,节约了人力物力,提高劳动效力和服务质量,利于扩大商品流通。售价金额核算也存在着一定缺点,主要是账面上不能提供商品的购、销、结存数量;不便于确定商品溢缺和货款长短的性质和原因。为了弥补其不足,对于企业经营的贵重商品和其他需要掌握数量的商品,应当设置商品数量账或商品数量备查簿,登记商品数量,以加强商品管理;对于商品溢缺和货款长短,也应分别情况,采取措施予以解决。

目前,零售企业广泛采用这种方法,因为这些企业一般规模不大,多数综合经营,经营商品的品种规格复杂;库存数量不大,并且有相当数量的商品陈列在营业现场,在一般情况下,柜台商品和大库商品结合在一起,由同一实物负责人进行管理;商品销售对象是广大消费者,交易数量零星,次数频繁,除对集体销售贵重大件保修商品外,一般不填制销售发票。基于以上几点,零售企业业务上不能够提供销售商品的品种、数量等凭证,对库存商品的核算很难采用数量进价进价金额核算法,而适宜采用售价金额核算法。

任务二　核算商品购进

一、商品购进的业务程序

(一) 本地购进

本地商品购进是由商业企业向当地的生产企业或批发企业进货。一般采用“送货制”和“提货制”的交接货方式接收商品。货款大多采用支票结算和委托收款结算方式。进货时，由业务部门根据供货单位的“专用发票”核对所列商品的品名、规格、数量、单价、金额是否与合同规定相符。经核对无误后如由于专用发票联次不足，可填制一式多联“收货单”。存根联由业务部门留存；收货联由仓库凭以验收商品和登记商品保管账；结算联由财会部门凭以结算货款；记账联经仓库收货加盖“收货”章后转财会部门凭以记账。

(二) 异地购进

异地商品购进是由商业企业向外地生产企业或批发企业进货，一般采用“发货制”交接货方式接收商品，货款结算大多采用“托收承付”、“委托收款”、“商业汇票”、“银行汇票”、“汇兑”等结算方式。以采用托收承付结算方式而言，其一般业务程序是：商业企业财会部门接到开户银行转来供货单位托收凭证、专用发票和代垫运费单据时，先送业务部门与合同核对，经核对无误后退还财会部门凭以办理承付货款手续，同时由业务部门填制“收货单”，留存一联外，其余交储运部门提货。商品到达后，仓库根据“收货单”及供货单位的发货单(随货同行联)办理商品验收入库手续后，留一联据以登记商品保管账，其余连同专用发票送财会部门编制记账凭证入账。

二、商品购进的核算内容

(一) 账户设置

1. “在途物资”账户，属资产类账户

用来核算商品购入、在途、验收入库和货款结算以及计算商品采购成本。企业从国内采购或国外进口的各种商品，不论是否进入本企业仓库，凡是通过本企业结算货款的，都在本账户进行核算。它的借方登记购入商品付款数；贷方登记转入“库存商品”账户的商品采购成本，期末借方余额表示企业在途商品的实际采购成本。该账户应按供货单位、商品类别等设置明细账。

2. “库存商品”账户，属资产类账户

用来核算全部自有的库存商品，包括存放在仓库、门市部和寄存在外库的商品，委托其他单位代管、代销的商品，陈列展览的商品等。借方登记由“在途物资”账户转来购入商品的采购成本及盘盈之数；贷方登记商品销售及盘亏之数，期末余额表示库存商品的实存数额。该账户可按商品类别、品名、规格、等级、存放地点等设置明细账。

（二）商品采购成本的确定

(1) 国内购进用于国内销售和用于出口的商品，以进货时所支付的价税款扣除按规定计算的进项增值税款后的数额作为采购成本，购进商品所发生的进货费用作为当期损益列入销售费用。

(2) 企业进口的商品，其采购成本包括进口商品的国外进价、应分摊的外汇价差、关税和佣金。如以离岸价格成交的，其离岸后应由企业负担的运费、保险费等，亦应计入采购成本。

(3) 企业委托其他单位代理进口的商品，其采购成本为实际支付给代理单位的全部价税款，扣除按规定计算的进项税额后的数额。

(4) 企业购进免税农业产品，其采购成本为支付的收购价款扣除按规定计算的进项税款后的数额。

（三）本地购进的核算

本地商品购进，由于企业与供货单位在同一城市，商品验收与货款结算一般在同一天办理。

【例 12-1】某商业企业向本市新海内衣厂购进 42 支男棉毛衫 1 000 包(一包 10 件)，每包单价 86 元，计 86 000 元；进项税率 13%，计 11 180 元。价税合计 97 180 元，商品全部到达，并验收入库。货款以转账支票支付。财会部门根据仓库交来的“收货单”和供货单位的“专用发票”以及转账支票存根作会计分录如下：

借：库存商品——42 支男棉毛衫　　86 000
　　应交税费——应交增值税(进项税额)　　11 180
　　贷：银行存款　　97 180

如果商品验收入库和支付货款不是同时进行的，有两种情况：

1. 支付货款，商品未到，其会计分录如下：

借：在途物资——新海厂　　86 000
　　应交税费——应交增值税(进项税额)　　11 180
　　贷：银行存款　　97 180

商品到达后，验收入库，再作会计分录如下：

借：库存商品——42 支男棉毛衫　　86 000
　　贷：在途物资——新海厂　　86 000

2. 商品验收入库，货款采用商业汇票结算方式，则其会计分录如下：

借：在途物资——新海厂　　86 000
　　应交税费——应交增值税(进项税额)　　11 180
　　贷：应付票据——商业汇票　　97 180

同时，作会计分录如下：

借：库存商品——42 支男棉毛衫　　86 000

　　贷：在途物资——新海厂　　　　86 000

商业汇票到期付款，作会计分录如下：

借：应付票据　　97 180

　　贷：银行存款　　97 180

（四）异地购进的核算

异地商品购进，由于企业与供货单位不在同一城市，商品由供货单位委托运输部门发运，而托收凭证由银行通过邮寄传递，因此，商品与托收结算凭证到达企业的时间可能会出现三种情况：一是托收凭证先到，商品后到；二是商品先到，托收凭证后到；三是托收凭证和商品同时到达。这三种情况的会计核算方法有所不同，同时，按"发货制"要求，购进商品的运费由供货单位垫付，并随同货款一并向企业托收。

1. 托收凭证先到，商品后到

这是指托收承付结算凭证已到而商品尚在运输途中的情况。财会部门应根据银行转来的托收凭证和"专用发票"，9 经业务部门与合同核对无误后承付货款。

【例 12-2】某商业企业向天津百货批发公司购入香皂 20 000 块，单价 2.20 元，进项税率 13%，价税共计 49 720 元，供货单位代垫运费 1 000 元，货款及代垫运费均取得增值税专用发票(交通运输业税率 9%)，贷款及代垫运费均取货款结算采用"异地托收承付"结算方式。

(1) 接到银行转来天津百货批发公司的托收凭证、"发货单"结算联和代垫运费清单，经审核无误，作会计分录如下：

借：在途物资——香皂　　　　44 910

　　应交税费——应交增值税(进项税额)　　5 810

　　贷：银行存款　　　　50 720

本例进货运费 1 000 元，进项税款 9%计 90 元，运费计入所购存货成本，应交税费为 5 810 元(44 000×13%+1 000×9%)。

(2) 商品运到，经仓库点验入库，根据仓库送来的"收货单"和供货单位的"专用发票"，审核无误后，作会计分录如下：

借：库存商品——香皂　　44 910

　　贷：在途物资——香皂　　44 910

2. 商品先到，托收凭证后到

这是指商品已到而托收凭证未到，尚不能承付货款的情况。在会计核算上，按制度规定，这种情况暂不作账务处理；月末按暂估进价，作会计分录如下：

借：库存商品——香皂　　44 000

　　贷：应付账款——天津百货　　44 000

(1) 下月初对月末尚未付款的商品用红字冲回。

借：库存商品——香皂　　44 000

　　贷：应付账款——天津百货　　44 000

(2) 接到银行转来托收凭证、"专用发票"和代垫运费清单，经审核无误，承付货款作会计分录如下：

借:在途物资——香皂 44 910
　应交税费——应交增值税(进项税额) 5 810
　　贷:银行存款 50 720

同时,根据仓库“收货单”和供货单位的“专用发票”,审核无误后,作会计分录如下:

借:库存商品——香皂 44 910
　贷:在途物资——香皂 44 910

3. 托收凭证与商品同日到达

所谓托收凭证与商品同日到达,是指承付货款和商品点验入库手续可以在同一天内办完,不存在商品在途和不能承付货款的情况,可以按本地商品购进核算方法处理。财会部门在接到银行转来的托收凭证、“专用发票”、代垫运费清单和仓库送来的“收货单”,经审核无误承付货款,作会计分录如下:

借:库存商品——香皂 44 910
　应交税费——应交增值税(进项税额) 5 810
　　贷:银行存款 50 720

(五)农业产品收购的核算

农业产品收购是指商业企业向农村集体经济组织和个人收购农业产品的一种商品交易。农业产品品种繁多,包括油、粮、棉、麻、烟、糖、果、药材、禽、蛋、畜等。

1. 农业产品收购一般程序

收购农业产品时,在做好验质、定级、计价、点数、过秤和入库验收等一系列工作后,由收购人员根据收购的大宗农业产品和零星农业产品,分别填制一式多联“农业产品收购凭证”和“农业产品收购计数单”,每日或定期按品名汇总编制“农业产品收购汇总表”办理付款,并报送财会部门。

2. 收购农业产品的核算

直接收购农业产品的核算。直接收购农业产品是指商业企业设置收购网点,以自筹资金直接向生产者收购农业产品的业务活动。

购进免税农业产品,按买价依照10%的扣除率计算进项税额。

【例12-3】“某收购站收购免税农业产品,计价78 000元,以银行存款支付,作会计分录如下:

借:在途物资——A农产品[78 000×(1−9%)] 70 980
　应交税费——应交增值税(78 000×10%) 7 020
　　贷:银行存款 78 000

商品验收入库:

借:库存商品——A农产品 70 980
　贷:在途物资——A农产品 70 980

(六)购进商品溢余和短缺的核算

商品购进后,企业应严格验收数量和质量。在验收时如发现实收数多于或少于应收数量,即为购进商品溢余和短缺。

购进商品发生溢余和短缺的原因很多,有的是由于商品本身性能和自然条件的变化而造成的商品升溢或损耗;有的是由于供货单位的工作差错,多发或少发;也有的是运输单位的失职而造成的丢失、破坏等事故。

购进商品发生溢余和短缺情况,应由验收部门会同运输单位作出详细记录和鉴定证明,并填制"商品溢余(短缺)报告单"报有关部门作为清查和处理的依据。

购进商品发生溢余和短缺,在未查明原因以前,先按商品实收数入库,并根据"商品溢余(短缺)报告单"将溢余或短缺商品先以"待处理财产损溢——待处理流动资产损溢"账户处理,对于"待处理财产损溢",一般不考虑增加增值税进项税额;但若购进商品发生毁损与短缺,属于正常性的情况,可以减少增值税进项税额,属于非正常性的情况,则不得抵扣。

"待处理财产损溢"账户属资产类账户。用来核算企业已经发生而未查明原因等待处理的各项资产的盘盈、盘亏、溢余和短缺。其下设"待处理固定资产损溢"和"待处理流动资产损溢"两个明细账户。"待处理财产损溢——待处理流动资产损溢"账户的借方登记商品短缺发生数和商品溢余转销数;贷方登记商品溢余发生数和商品短缺转销数;借方余额表示尚未处理的商品短缺数额;贷方余额表示尚未处理的商品溢余数额。

1. 购进商品发生溢余的核算

【例 12-4】某商业企业从外地购进白砂糖 2 000 千克,每千克 3 元,计价款 6 000 元,增值税税率 13%,计 780 元,另供货方垫付装卸费 90 元,采用托收承付结算方式结算贷款。

(1) 收到银行转来托收凭证,经审核无误,承付货款及装卸费。作会计分录如下:

借:在途物资——×单位　　6 090
　　应交税费——应交增值税(进项税额)　　780
　　贷:银行存款　　6 870

(2) 商品运到,经点验实收数量为 2050 千克,溢余 50 千克,计价 150 元,原因待查。作会计分录如下:

借:库存商品——砂糖　　6 240
　　贷:在途物资——×单位　　6 090
　　待处理财产损溢——待处理流动资产损溢　　150

(3) 经查明原因,上项白砂糖溢余,其中 20 千克属自然升溢,30 千克属供货单位多发,经与对方联系,同意补作购进,货款已汇出。按规定,运输途中商品自然升溢,应作为本单位收益,作营业外收入处理。如属供货单位多发,应与对方联系,同意作为本企业购进的,根据供货方补来的专用发票补付货款及进项税额;如果不同意本企业购进,则转为代管商品。按白砂糖溢余原因,作会计分录如下:

借:待处理财产损溢——待处理流动资产损溢　　150.00
　　应交税金——应交增值税(进项税额)　　11.70
　　贷:营业外收入　　60.00
　　银行存款　　101.70

2. 购进商品发生短缺的核算

【例 12-5】仍用上例,设点验商品,实收数量为 1 950 千克,短缺 50 千克,原因待查。

(1) 收到银行转来托收凭证，经审核无误，承付货款及装卸费。作会计分录如下：

借：在途物资——×单位　　6 090
　应交税金——应交增值税(进项税额)　　780
　贷：银行存款　　6 870

(2) 商品运到，经点验实收数量为1950千克，短缺50千克，计价150元，原因待查，作会计分录如下：

借：库存商品——白砂糖　　5 940
　待处理财产损溢——待处理流动资产损溢　　150
　贷：在途物资——×单位　　6 090

(3) 经查明原因，上项白砂糖短缺，其中20千克系运输途中自然损耗；15千克为供货方少发。经与对方联系，同意补发商品(商品已运到)；另15千克属运输单位责任事故，经联系，同意赔偿损失。按规定，运输途中商品自然损耗，作经营费用处理；供货单位少发商品，经与对方联系，要求补发商品或退还货款；事故损失属于运输部门责任，应由运输单位赔偿；如属责任人事故，应由责任人负责赔偿，转入“其他应收款”账户；属于本企业责任，应由企业作“管理费用”处理。按白砂糖短缺原因，作会计分录如下：

借：营业外支出——自然损耗　　60
　库存商品——砂糖　　45.00
　其他应收款——运输单位　　45.00
　贷：待处理财产损溢——待处理流动资产损溢　　150.00

短缺商品属于本企业作为费用或损失处理的或由其他单位或责任人赔偿的，其价值应包括增值税在内，同时要转出抵扣的进项税额。

任务三　核算商品销售

一、商品销售一般业务程序

企业出售商品时，由于商品交接方式和货款结算方式不同，其销售业务的程序也不同。库存商品销售可根据不同情况分别采用提货制、送货制和发货制的商品交接方式。一般来说，本地商品销售采用提货制，货款结算大多采用支票、委托收款结算方式；外地销售采用发货制，货款结算大多采用托收承付、委托收付结算方式。

采用“提货制”交接方式，一般由购货员到供货单位去选购商品，由供货单位的业务部门填制统一规定的“专用发票”，如联次不够，可增开补充联或另开发货单作附件。除留下存根联备查外，其余各联交购货单位采购员办理结算货款和提货手续。供货单位财会部门在收到货款后，在发票联上加盖收款戳记，留下“记账联”，其余联次退还给购货单位采购员到指定的仓库提货。

企业出售商品采用送货制方式有两种做法:一种是购货方式先付货款,然后由供方将商品送到购货方,经购货单位验收后,再汇货款。采用第一种做法时,其业务程序与提货制商品的业务程序基本相同,其中送货运费根据合同或由供方负担,或由供方定期向购货方结算。采用第二种做法时,一般要有一个送货验收的过程,其业务程序是:由供货单位业务部门根据购销合同或要货单,填制“专用发票”,留下存根联备查,其余各联交储运部门向仓库提货送往购货单位,将发票联、税款抵扣联交购货单位凭以验收商品,结算货款。当购货方验收商品后,由送货人验证将对方验收凭证带回,连同记账联转财会部门。货款由财会部门办理托收,或由购货方通过银行转来。采用“发货制”交接方式,一般由供货单位的业务部门填制“专用发票”,留下存根联备查,其余各联交储运部门向仓库提货,并办理商品发运手续。商品发出时,储运部门将发票联、税款抵扣联和记账联连同商品必运证明,垫付运输费用清单,一并送交财会部门。账会部门审核无误后留下记账联,其余凭证据以开户银行办理托收货款手续。

二、商品销售的入账时间和入账价格

(一) 商品销售的入账时间

商品销售的入账时间,一般以发出商品,收入货款或取得收取货款的权利的时间作为依据。在商品已经发出,收到货款或者虽未收到货款,但已办妥结算手续或取得购货方的收货证明即可作为销售入账。根据商品交接货方式和货款结算方式的不同,商业企业商品销售入账时间有以下几种情况:

(1) 采用现金、支票、本票、汇票等结算方式的,在收到现金、支票、本票、汇票时,作为商品销售入账。

(2) 采用异地托收承付结算方式的,以办妥委托银行收款手续时,作为商品销售入账。

(3) 采用汇兑结算方式的,以发出商品并取得运输部门的商品发运证明时,作为商品销售入账。

(4) 采用送货制销售方式时,以发出商品并取得购货单位的收货凭证或收到货款时,作为商品销售入账。

(5) 采用分期收款销售方式时,以发出商品后,实际收到货款时,作商品销售入账。

(6) 采用预收货款销售方式时,以实际发出商品时,作为商品销售入账。

(7) 商品出口销售以收到运输部门有关单据并向银行办理交单时间作为入账

(二) 商品销售的入账价格

(1) 批发价,是批发企业将商品销售给零售企业或其他企业的价格。

(2) 零售价,是零售企业将商品销售给个人或集体消费者的价格。

企业在确定商品销售收入时,不考虑各种预计可能发生的现金折扣和销售折让,现金折扣在实际发生时作为当期财务费用;销售折让在发生时直接冲减当期收入。

三、商品销售核算的账户设置

（一）“主营业务收入”账户

“主营业务收入”账户核算商品流通企业销售商品等日常活动中所产生的收入。其借方登记冲减商品销售收入数额和期末结转“本年利润”数额；贷方登记企业实现销售收入数额；期末结转后该账户应无余额。明细账应按主营业务的种类设置。

（二）“主营业务成本”账户

“主营业务成本”账户核算商品流通企业销售商品等日常活动中所产生的实际成本。其借方登记结转商品销售成本的数额；贷方登记冲减商品销售成本各期末转入“本年利润”数额；期末结转后该账户应无余额。明细账应按主营业务的种类设置。

四、商品销售的核算

（一）一般销售的处理

1. 本地商品销售

批发商品本地销售，数量较多，品种规格复杂，每天要填制大量专用发票，为简化手续，每天营业终了，业务部门根据当天开出的专用发票“记账联”，按品种、规格汇总销售数量和金额，填制“销货日报表”送交财会部门；收款部门根据专用发票“存根联”填制“收款日报表”连同当天收到的支票、现金、送存银行的“进账单”，一并送交财会部门。财会部门将“销货日报表”与“收款日报表”核对后进行账务处理。

【例 12-6】某商业企业本日本地批发商品销售收入 45 000 元，销项增值税率 13%，计 5 850 元，共计 50 850 元，销货款送存银行。财会部门根据业务部门报来“销货日报表”和收款处报来的“收款日报表”核对无误后，作会计分录如下：

借：银行存款　　　　50 850

　　贷：主营业务收入　　　　45 000

　　应交税费——应交增值税（销项税额）　　　　5 850

假如采用委托收款或商业承兑汇票进行结算，即为送货制。在商品已发出，货款尚未收回或取得商业汇票时，财会部门可作会计分录如下：

借：应收账款（或应收票据）　　　　50 850

　　贷：主营业务收入　　　　45 000

　　应交税费——应交增值税（销项税额）　　　　5 850

收到货款或汇票到期承兑时：

借：银行存款　　　　50 850

　　贷：应收账款（或应收票据）　　　　50 850

批发商品销售的核算，除反映商品销售收入外，还应反映商品销售成本。批发商品销售成本的计算和结转，一般有逐日结转和定期结转两种方法。如果采用逐日结转的方法，则在反映商品销售收入以后，同时反映商品销售成本，以计算商品销售毛利。仍用上例，设商品销售成本为 41 230 元，同时作会计分录如下：

借：主营业务成本　　41 230

　　贷：库存商品——××　　41 230

2. 异地商品销售

批发商品异地销售，一般采用发货制和托收承付、委托收款结算方式，办妥结算手续后，先以“应收账款”账户进行处理，待接银行通知收款后，才冲销应收款项。

为购货单位代垫的运费，也应通过“应收账款”账户进行处理，一并向对方收取。如果垫付的费用，当天即可办妥委托银行托收手续，也可以不通过“应收账款”账户，直接以“银行存款”核算。

【例 12-7】某商业企业售于外地某批发企业人造革包 1 000 个，单价 24 元，应交增值税率 13%，代垫运费 360 元，以银行存款支付。

(1) 业务部门填制“专用发票”，通知运输部门向仓库提货并办理发运手续。另以转账支票垫付运费 360 元。作会计分录如下：

借：应收账款——垫付运费　　360

　　贷：银行存款　　360

(2) 商品发运后，根据承运单位的“发运证明”、“专用发票”及代垫运费清单等凭证，填制托收凭证，向开户银行办理托收手续，根据“托收凭证”回单联，作会计分录如下：

借：应收账款——×批发单位　　27 120

　　贷：主营业务收入　　24 000

　　应交税费——应交增值税(销项税额)　　3 120

(二) 商品销售过程中其他业务的核算

1. 销售折扣与折让的核算

(1) 销售折扣的核算。销售折扣有商业折扣和现金折扣两种。商业折扣通常是在商品价目表上根据批发、零售、特约经销等不同销售对象给予一定幅度的折扣。现金折扣是企业为了尽早回笼资金而鼓励买方早日偿还所欠货款，允诺在一定的还款期限内给予规定的折扣优惠，现金折扣是一种理财费用。在有商业折扣的情况下，企业出售商品采用扣减商业折扣后的价格成交，此时，“主营业务收入”账户以实际成交价格记账。在有现金折扣的情况下，“主营业务收入”账户应按未扣除现金的价格记账，对于给予买方的现金折扣，在实际发生时直接计入当期财务费用。

【例 12-8】某商业企业销售商品一批，货款计 10 000 元，销项增值税率为 13%。付款条件是：应在 30 天内付清全部货款。如果能在 10 天内支付全部货款，则可得 2%现金折扣，超过 30 天付款，视同违约或拖欠。

(1) 发出商品时，作会计分录如下：

借：应收账款——购货单位　　11 300

　　贷：主营业务收入　　10 000

　　应交税金——应交增值税(销项税额)　　1 300

(2) 购货单位在 10 天内支付全部货款时，给予约定的现金折扣，假设计算折扣时不

考虑增值税,作会计分录如下:

借:银行存款　　11 100

　财务费用　　200

　贷:应收账款——购货单位　　11 300

(3) 如果购货单位在折扣期后支付全部货款,则作会计分录如下:

借:银行存款　　11 300

　贷:应收账款　　11 300

(2) 销售折让的核算。销货折让是指企业所售商品因品种、质量等原因而给予买方的折扣。在有销售折让的情况下,“主营业务收入”账户应按未扣除销售折让的价格记账,对于发生的销货折让则在实际发生时直接从当期实现的销售收入中抵减。具体处理方法为:购货方尚未进行会计处理,也未付款,销售方应在收到购货方转来的增值税专用发票的发票联折扣联上注明“作废”字样。该业务如属当月销售,销货方也未进行账务处理,则只需根据双方协商的折让的价款和增值税额,重新生开具增值税专用发票并进行账务处理。如属以前月份销售,销货方已进行账务处理,则应根据扣除折让后的价款和增值税额,重新开具增值税专用发票,按原开的增值税专用发票联和抵扣联与新开的专用发票的记账联的差额,冲销当月销售收入和销项税额。

(3) 销售退回的核算。商品销售后由于商品质量、品种不符合要求等原因购货方要求退货,经企业同意后可将销货退回。发生销售退回业务时,企业必须收回原开出的增值税专用发票并注明“作废”字样,或取得买方提供的有效证明,据此开出红字专用发票入账,按企业会计制度规定,销售退回应当分别情况处理:①未确认收入的已发出商品的退回,不作账务处理。②已确认收入的销售商品退回一般情况下直接冲减退回当月的销售收入、销售成本等。企业发生的销售退回,按允许扣减当期销项税额的营业收入、借记“主营业务收入”账户,按允许扣减当期销项税额的增值税额。借记“应交税费——应交增值税(销项税额)”账户,按已付或应付的金额,贷记“银行存款”、“应付账款”账户。按退回商品的成本,借记“库存商品”账户,贷记“主营业务成本”账户。如果该项销售已发生现金折扣,应在退回当月一并处理。

2. 商品销售购货方拒付货款和拒收商品的核算

在销售商品过程中,有时由于发出商品的品种、规格、数量、质量等与合同规定不符而遭到购货方拒收商品和拒付货款。当企业接到购货方提出的“拒付理由书”时,需经业务部门查明原因研究解决。在未解决前,购货方拒付货款部分仍应保留在“应收账款”账户中。如经协商购货方已购进商品,并将货款汇来,则借记“银行存款”账户,贷记“应收账款”账户;如经联系,查明确系商品错发或质量不符,同意拒付货款,则应由对方退回原开出的增值税专用发票或提供有效证明,据此填开红字专用发票入账,根据销售额,借记“主营业务收入”账户,按销项税额,借记“应交税金——应交增值税(销项税额)”账户,按销售额与销项税额,贷记“应收账款”账户;所垫运费应转作企业的营业费用处理,借记“营业费用”账户,贷记“应收账款”账户;如该批销售商品已结转成本,还应冲减“主营业务成本”账户。对于购货方拒收暂由其代为保管的商品,可在“库存商品”账户中设置“购货方拒收商品”专户核算,以区别于正常的库存商品。

3. 销货退、补价

企业销售商品，由于计价错误等原因，造成多计或少计货款，发生实际售价与原结算售价的差异，需要办理退价和补价手续。销售商品退价是指实际售价低于原结算的售价，其差额应由企业退还给购货单位。销售商品补价是指实际售价高于原结算的售价，其差额应由购货单位补付给企业。发生退、补价时，应由业务部门填制红蓝字“专用发票”，同时填制“销货更正单”作附件，财会部门据以办理收款或付款手续。因为退、补价是销售金额的调整，不涉及商品数量，只需增加或减少“主营业务收入”账户和销项税的数额，不调整“库存商品”账户和“主营业务成本”账户的数额。

任务四 核算商品储存

商品储存是指商业企业购进的商品在销售之前在企业停留的状态，是保证商品销售的基础。批发商品储存核算具有商品储存量大、占用资金多、核算任务繁重等特点。批发企业各部门应配合财会部门做到库存结构合理、商品保管完好、收发制度严密、定期盘点商品，以达到账实相符，并正确计算商品销售成本，以保证企业利润核算的准确性。

一、库存商品的明细核算

（一）库存商品明细账的设置方法

按照既要满足业务、财会和仓库部门所需要的资料，又要保护商品安全和简化核算手续的要求，批发商品库存明细账有三种设置方法：

(1) 业务、保管、财会部门各设一套库存商品明细账。即业务部门设商品调拨账，仓库设保管账，财会部门设库存商品明细账。前两套账一般只记数量、不记金额，财会部门的库存商品明细账，同时核算数量和金额。

(2) 业务和财会部门合并设置一套库存商品明细账，既记录数量又记录金额，同时提供业务和财会部门所需要的合并商品明细资料；仓库设保管账，只记录数量。

(3) 业务、仓库和财会部门合设一套库存商品明细账，既记数量又记金额，同时提供业务、保管和财会部门所需的库存商品明细资料。

（二）库存商品明细账的分户和类目账的设置

1. 库存商品明细账的分户

(1) 按商品的品名、编号、规格、等级分户。不论其进价年批次是否相同，都在同一分户账页上连续登记。其优点是同一品名、编号、规格、等级商品的增、减、结存情况得到完整反映；其缺点是计算商品销售成本的工作比较复杂。

(2) 按商品的品名、编号、规格、等级，结合同一进货单价分户。优点是计算销售商品进价较方便，计算结果准确；缺点是增加了明细账户。

(3) 按商品的品名、编号、规格、等级,结合进货批次分户。适用于整批购进、整批销售或整批购进、分批购进、分批销售,以及分批保管的商品。优点是可按原价计算商品销售成本,计算结果准确;缺点是增加了核算工作量。

2. 库存商品类目账的设置

类目账是按商品大类设置的库存商品明细账。这种做法是在库存商品总账的按商品品名、编号、规格、等级等设置的库存商品明细账之间,再按商品大类设置一层库存商品的类目账,各类目账受库存商品总账控制,某一类目账又控制这类商品所属的各明细账。这样设置账簿,有利于核对账目和检查错误,同时还可以分类提供商品动态资料,计算销售成果,进行商品资金分析。

(三) 库存商品明细账的登记

库存商品明细账一般采用"三栏式"账页,只记金额,不记数量,但如果该大类商品所属的各种商品的实物计量单位相同,也可同时核算数量和金额。

按商品的品名、编号、规格、等级等设置的库存商品明细账,一般采用"数量金额"式账页,凡是购进商品,在"借方"栏登记购进数量、单价和金额;非购进增加的商品,如已结转销售进价的销货退回和购货方拒收商品转入、加工商品收回、商品溢余等,在"借方"栏登记购进其他数量、单价和金额。销售商品在栏登记购进数量登记销售数量,是否登记单价和金额,依成本结转方法而定,如随时结转销售成本,则登记;若月末集中结转销售成本,则平时不登记,月末将销售进价汇总记入贷方"金额"栏登记;非销售而减少的商品,如商品损耗和损失、委托代销商品和委托加工商品等,在"贷方"栏登记购进数量、单价和金额;未结转销售进价销货退回和购货方拒收商品,用红字记入"销售数量"栏。平时结出的商品结存数量,在"结存"栏内登记,如随时结转销售成本,平时还应结出结存金额,如月末集中结转销售成本,则"结存"栏的"单价"和"金额"栏待月末时才登记。库存商品的存入地点及数量,应在"存放地点及数量"栏中进行登记。

二、商品盘点和库存商品溢缺的核算

(一) 商品盘点

批发企业储存的大量商品是保证市场供应、满足生产和人民生产需要的物质基础。但是,这些商品在储存过程中,由于自然条件或人为原因,可能会引起商品数量上的短缺或溢余以及质量上的变化,因此必须建立和健全各项规章制度,并采取财产清查的措施,以确保商品的安全。财产清查是提高商品储存质量的必要手段,它的方法主要是进行定期盘点和不定期盘点。通过盘点,清查商品在数量上有无短缺损耗和溢余,在质量上有无残次、损坏、变质等情况。同时,通过盘点还可以发现在库存结构上可能出现呆滞冷背商品、销小存大商品等问题,这样就能及时采取措施,减少企业损失,达到保护企业财产安全和改善企业经营管理的目的。

商品盘点是一项细致复杂的工作,必须有领导、有组织、有计划地进行。在盘点前,应根据盘点的范围,确定参加盘点的人员与组织分工,财会部门与储运部门应将有关商品收发业务的凭证全部登记入账，并结出余额，以便与盘点出来的实存数量进行核对。盘点时，要根据商品的特点，采用不同的盘点方法和操作规程，避免发生重复盘、遗漏盘和错盘的现象。盘点以后，由保管人员负责填制“商品盘存表”，先根据账面资料填写商品名称、规格、单价及账存数量，再填列实存数量。“商品盘存表”上账存数与实存数如不相符，应填制“商品盘点短缺溢余报告单”一式数联，其中一联转交财会部门，财会部门据以将商品短缺或溢余的金额分别转入“待处理财产损溢”账户，以做到账实相符。等查明原因后，再区别情况，转入各有关账户。

（二）库存商品溢缺的核算

库存商品盘点溢缺的账务处理与商品购进发生溢缺的账务处理基本相同，在未查明原因前，应先通过“待处理财产损溢——待处理流动资产损溢”账户调整“库存商品”账户的账面记录，查明原因后再分别不同情况从“待处理财产损溢——待处理流动资产损溢”账户转入有关账户。

任务五　计算与结转商品销售成本

商品销售成本是指已销商品的进价成本，即购进价格。由于批发商品的进货渠道、进货批量、进货时间和付款条件的不同，同种规格的商品，前后进货的单价也可能不同。除了能分清批次的商品可以按原进价直接确定商品销售成本外，一般情况下，出售的商品都要采用一定的方法来确定一个适当的进货单价，以计算商品销售成本和确定库存价值，据以核算商品销售损益，以反映经营成果。

一、商品销售成本的结转时间

商品销售成本的结转时间，有按日与定期两种。除经营品种简单、简明整进整出分批销出并能分清批次的企业和制度明确规定的业务采用按日结转外，一般企业都采用定期结转。定期结转一般为按月结转。

二、商品销售成本的计算方法

商品销售成本的计算程序，有顺算和倒算两种方法。顺算法先计算商品销售成本，再据以计算期末结存金额；倒算法先计算期末结存金额，再据以计算商品销售成本。

顺算法的计算公式：

本期商品销售成本＝本期商品销售数量×进货单价

期末结存商品金额＝期末结存数量×进货单价

倒算法的计算公式：

期末结存金额＝期末结存数量×进货单价

本期商品销售成本＝期初结存金额＋本期增加金额－本期非销售减少金额－期末结存金额

按照以上计算方法和商品的不同特点，商品销售成本的计算方法有以下几种：

（一）先进先出法

先进先出法是假定按最早购入的商品进价作为出售或发出商品成本的一种方法，即先购入先销售。因此，每次发出的商品都假定是库存最久的存货，期末库存则是最近购入的商品。这种方法一般适用于先入库必须先发出的商品，如易变质的鲜活商品。

采用先进先出法计算商品销售成本，可以逐笔结转，不需计算商品单价，但工作量较大，如购进批次多，而单价又各异，则计算工作较为复杂，一般适用于经营品种简单的企业。

（二）加权平均法

加权平均法是以每种商品库存数量和金额计算出加权平均单价，再以平均单价乘以销售数量和期末库存金额的一种方法。其计算公式为：

加权平均单价＝（期初库存金额＋本期购入金额）/（期初库存数量＋本期购入数量）

本期商品销售成本＝本期销售数量×加权平均单价

期末库存金额＝期末库存数量×加权平均单价

采用加权平均法计算的商品销售成本比较均衡，计算结果亦较准确，但工作量较大，一般适用于经营品种较少，前后进价相差幅度较大的商品。

（三）移动加权平均法

移动加权平均法是在每次购入商品以后，根据库存数量及总成本算出新的平均单位成本的一种方法。其计算公式如下：

移动加权平均单价＝（结存金额＋购进金额）/（结存数量＋购进数量

采用移动加权平均法计算商品销售成本比较均衡，但也存在企业经营商品品种多，每月进销业务频繁时计算工作量较大的问题。一般适用于品种简单，前后进货单价相差幅度较大的商品。

（四）个别计价法

个别计价法是以每一批商品的实际进价作为计算销售成本的一种方法。其计算公式如下：

每批商品销售成本＝每批商品销售数量×该批商品实际进货单价

采用个别计价法，会计部门应按进货批次设置商品明细账；业务部门应在发货单上注明进货批次；仓库部门应按进货批次分别堆放商品。

这种方法便于逐笔结转商品销售成本，计算比较正确，但工作量较大，适用于直运商品和进货批次少、销售能分清进货批次的商品。

（五）毛利率法

毛利率法是一种对商品销售成本估算的方法。即用估计的毛利率（按上季实际毛利率或本季计划毛利率）计算商品销售成本。其计算公式如下：

商品销售成本＝本月商品销售额×[1－上季实际(或本季计划)毛利率]

采用毛利率法,计算手续简便,但计算的商品销售成本不够准确,因为这种方法是按照企业全部商品或大类商品计算的。通常只有在季度的第一、第二两个月采用,季末应选用其他五种成本计算方法中的一种进行调整。一般适宜于经营品种较多,月度计算商品销售成本有困难的企业。

以上五种商品销售成本的方法各有特点,企业应结合业务情况选择采用。但一经选定,在一个年度内不能随意更换,以保持年度商品销售成本计算口径一致。

三、商品销售成本的结转方法

商品销售成本结转的方式有分散结转和集中结转两种。

分散结转方式是按照库存商品明细账户逐一计算商品销售成本,逐笔登记结转的方式。这种方式计算工作量较大,但能提供每个品种的商品销售成本详细资料。

集中结转方式是按照库存商品明细账户的期末结存数量乘以进货单价,计算出期末结存金额,然后按大类汇总,在商品类目账上倒算出商品销售成本,并进行集中结转,不再逐笔计算和结转每个品种的商品销售成本的方式。这种方式工作简化,但不能提供每一种商品的销售成本。

此外,对非商品销售的发出商品的计算和结转,包括加工商品发出、商品短缺等,采用随发生随结转的方式。对其计算的单价确定有两种方法:一是采用逐日结转商品销售成本的,按商品明细账的当日结存商品的单价计算;二是采用定期结转商品销售成本的,按期初结存商品的单价计算。

【课后习题】

一、单选

1. 企业购进商品支付货款时,实际发生现金折扣,应计入(　　)账户。

A.“销售费用”　　B.“财务费用”

C.“主营业务收入”　　D.“在途物资”

2. 南海百货批发公司日前售给春风百货商店搪瓷烧锅800只,每只11.56元,今发现单价开错,每只应为11.66元,当即开出更正发票予以更正,该笔业务属于(　　)。

A. 购进商品退价　　B. 购进商品补价

C. 销售商品退价　　D. 销售商品补价

3. 在商品购进业务中,采取预付货款方式的,应以(　　)时,作为购进商品的入账时间。

A. 预付货款　　B. 承付货款

C. 实际收到商品　　D. 签订合同

4. 批发企业商品盘点发生短缺时,经查明属于自然损耗的,经批准可以入(　　)。

A. 管理费用　　B. 待处理财产损溢

C. 营业外支出　　D. 销售费用

5. 进价金额核算适用于(　　)。

A. 商品批发企业　　B. 农副产品收购企业

C. 经营鲜活商品的零售企业　　D. 专业性零售企业

6. 在商品先到货款未付的情况下发生因商品品种、质量与合同不符而拒付货款时，购货方在会计上应(　　)。

A. 不作会计账务处理　　B. 冲"应付账款"

C. 冲"销售费用"　　D. 列作"其他应付款

二、多选题

1. 对批发商品购进的核算，应设置的账户有(　　)。

A. 商品采购

B. 应交税费——应交增值税(进项税额)

C. 应交税费——应交增值税(销项税额)

D. 库存商品

2. 购进商品发生拒付货款和拒收商品一般会出现下列情况(　　)。

A. 先拒收商品，后拒付货款　　B. 先拒付货款，后拒收商品

C. 先商品验收入库，后拒付货款　　D. 先支付货款，后拒收商品

3. 直运商品销售的核算具有的特点是(　　)。

A. 商品的购进和销售业务同时发生　　B. 一般不通过"库存商品"账户核算

C. 直接以"商品采购"账户核算　　D. 随时结转成本

4. 商品流通企业的会计核算方法具体有(　　)。

A. 数量进价金额核算法　　B. 数量售价金额核算法

C. 售价金额核算法　　D. 进价金额核算法

5. 按《企业会计准则》的规定，企业计算发出商品成本，可采用的计算方法有(　　)。

A. 个别计价法　　B. 加权平均法

C. 毛利率法　　D. 先进先出法

6. 对批发商品销售的核算，应设置的账户有(　　)。

A. 主营业务收入

B. 应交税费——应交增值税(销项税额)

C. 应交税费——应交增值税(进项税额)

D. 主营业务成本

7. (　　)是指企业购进商品，有时因供货单位的计价错误或按暂作价计算等原因，使商品的进价与实际进价发生差异。

A. 进货退价　　B. 进货补价

C. 进货退出　　D. 进货折扣

8. 流通企业常用的商品交接方式有(　　)。

A. 提货制　　B. 发货制

C. 送货制　　D. 代理制

9. 按《企业会计准则》规定，(　　)在发生时，冲减当期销售收入。

A. 商业折扣　　B. 现金折扣

C. 销售折让　　　　D. 销售退回

三、判断题

1. 企业在预付货款时，不能作为商品购进，只有在收到商品时才能作为商品购进。(　　)

2. 享有商业折扣和现金折让的情况虽然是不同的，但它们在核算上都是以实际支付的货款作为商品的采购成本。(　　)

3. 售价金额核算企业购进商品短缺或溢余时，应按商品售价记入“待处理财产损溢”账户。(　　)

4. 商品流通企业的业务主要包括商品生产，商品销售，商品储存三个环节。(　　)

5. 采用售价金额核算的企业购进商品退补价时，若只更正购进价格，只需调整“商品进销差价”账户和“应交税费”账户，而不调整“库存商品”账户。(　　)

四、业务题

1. 大连鞋帽公司202×年4月份发生下列经济业务(商品账进)：

(1) 1日，业务部门转来大连制帽厂开来的增值税发票，开列童帽375箱，，每箱300元，合计货款112 500元，增值税14 625元，并收到自行填制的收货单(结算联)467号，经审核无误，当即签发转账支票付讫。

(2) 3日，向大连运动鞋厂订购26码运动鞋5 000双，每双37.50元，合同规定先预付货款的30%，15天后交货时，再支付货款的70%。当日签发转账支票，预付大连运动鞋厂运动鞋的货款56 250元。

(3) 4日，储运部门转来收货单(入库联)467号，向大连制帽厂购进的375箱童帽，每箱300元，已全部验收入库，结转童帽的采购成本。

(4) 14日，银行转来厦门运动鞋厂的托收凭证，附来增值税专用发票(发票联)555号，开列23公分运动鞋2 000双，每双30元，合计货款168 000元，增值税税额28 560元，运费330元，并收到自行填制的收货单(结算联)470号，471号，经审核无误，当即承付。

(5) 18日，业务部门转来大连运动鞋厂开来的增值税专用发票，开列26公分运动鞋5 000双，每双37.5元，合计货款187 500元，增值税税额24 375元，并收到自行填制的收货单(结算联)472号，今扣除已预付的30%货款后，签发转账支票，付清其余70%的货款及全部增值税税额。

2. 玉林市百货批发站，为一般纳税人。某月发生下列购进商品业务，根据相关凭证作出会计分录。

(1) 从南宁购进商品20 000千克，单价0.5元，计价款10 000元，进项税额1 300元。采用托收承付方式结算货款。开户银行转来托收承付凭证及供货方发票结算联，审核无误后同意付款。

(2) 商品验收入库存，“商品溢余报告单列示溢余880千克”。

(3) 经查明，溢余中有80千克计40元，属运输途中的自然升溢。

(4) 经查明，溢余商品中有800千克计400元系供货方多发，经协商后同意补作购进，立即付款，取得增值税专用发票。

项目十三　小规模商品零售企业会计实务

【案例导入】

小张是一家小型超市的会计主管，该超市直接面对消费者进行零售服务。交易的方式也是一手交钱一手交货，交易的次数频繁，数量零星，而且一般也不需要向消费者开具发票。对于这些经营品种繁多，规格复杂的商品如何进行管理？日常销售收入如何确认记录？商品库存盘点如何进行？请结合本章学习内容为小张提出一个合理的方案。

【技能目标】

1. 商品购进的一般业务程序，商品购进核算的账户设置，商品购进的核算。
2. 商品销售的一般业务程序，商品销售核算的账户设置，商品销售的核算。
3. 库存商品盘点的核算，库存商品调价的核算，库存商品内部调拨的核算。
4. 库存商品的明细核算，商品销售成本的计算和结转。

【知识目标】

1. 了解商品购进的一般业务程序，掌握商品购进核算的账户设置，商品购进的核算。
2. 了解商品销售的一般业务程序，掌握商品销售核算的账户设置，商品销售的核算。
3. 了解库存商品的明细核算，掌握库存商品盘点的核算，库存商品调价的核算。
4. 库存商品内部调拨的核算，商品销售成本的计算和结转。

任务一　核算商品购进

一、零售商品的经营特点

零售商品的供应对象主要是广大消费者。其经营特点是：

(1) 经营品种多，规格复杂，直接为消费者服务，交易次数频繁，数量零星。

(2) 交易方式主要是一手交钱、一手交货的现金交易，成交时间短。除集团购买或贵重商品外，一般不需填制销货凭证。

按照零售商品经营的特点，一般采用售价金额核算，又称“拨货计价、实物负责制”，这是一种售价记账与实物负责相结合的一种核算制度。因此,零售商品按售价金额核算,不仅是一种核算方法,也是一种商品管理制度。

二、零售商品核算的内容

(一) 建立实物负责制

企业经营的商品,按商品品种和存放地点划分为若干实物负责小组,并确定小组负责人,对小组所经营的商品数量、质量负全部经济责任。

(二) 库存商品按售价记账,金额控制

库存商品的总分类账和明细分类账一律按销售价记账,只记金额,不记数量。总分类账总括反映库存商品进、销、存情况;明细分类账按实物负责小组或小组负责人设置,详细反映库存商品进、销、存情况。

(三) 设置"商品进销差价"账户

由于库存商品按售价记账,而购进商品按进价付款,为了正确反映企业库存商品资金实际占用额,就必须设置"商品进销差价"账户,用来核算商品进价与售价之间的差额,并定期计算和分摊已销商品的进销差价。

(四) 加强商品盘点

实行售价金额核算,库存商品只有金额控制,没有数量记录。因此,只有通过对库存商品的实地盘点,确定库存商品数量才能核实库存商品的金额,检查实物负责人的经济责任。在正常情况下,企业必须对各实物负责小组所经营的商品进行一次全面盘点,发现账货不符,应及时查明原因,作出处理。

(五) 健全手续制度

企业要建立健全企业各个业务环节的手续制度,包括商品购进、销售、储存、交接等手续制度。严格商品和销货款管理。对大件、贵重商品要建立数量账,以弥补售价金额核算的不足。

(六) 严格价格管理

零售商品按售价金额入库,实物负责人所经营的商品以售价金额控制,如售价一有变动,就会直接影响库存商品总额。因此,必须严格价格管理,明码标价。

零售商品按售价核算,对于经营品种繁多、交易次数频繁的企业,可以简化核算手续。其不足之处是由于只记金额,不记数量,不能掌握实物进、销、存数量情况,一旦发生差错,难以查明原因。

三、零售商品购进的一般业务程序

零售商品购进,一般由实物负责人根据商品库存和销售情况,自行组织进货。设有专职采购员的企业,可由实物负责小组提出要货计划,由采购员组织进货。

企业购进商品，一般以本地为主，从当地批发企业或生产单位购进，一些规模较大的企业为了扩大花色品种，增加货源，也有从外地购进商品的。

企业在本地购进商品，通常采用提货制和送货制，提货制由企业自行提货，送货制由供货单位根据企业要货单送货上门。不论是提货制还是送货制，其结算方式一般采用支票结算方式，通过购销双方协商，也可采用银行本票和商业汇票结算。

企业从外地购进商品，通常采用发货制，结算方式一般采用银行汇票、汇兑、委托收款和商业汇票等。

不论采用何种商品交接方式，在商品运达后，由实物负责人根据发票所列内容，逐一清点商品数量，检查商品质量，核对商品编号、品名、数量、质量、单价和金额无误后，填制“商品验收单”一式数联，分送有关部门入账。

设有供配货中心的企业，商品运到后，应由仓库保管员负责验收。

四、商业企业商品购进的账务处理

(一) 账户设置

商品购进过程，是货币资金转化为商品资金的过程。购进的商品应用商品实际进价核算。购进时，应记入“在途物资”账户，以核算商品采购成本。但由于零售商品实行“售价金额”核算，购入商品在验收入库时，不是按照原来进价而是按照售价记入“库存商品”账户。这样“库存商品”中就包括商品的实际进价和未实现的进销差价(含销项税额)两部分。为了真实反映财产情况，在按售价记入“库存商品”账户的同时，还必须要将商品进价和售价之间的差额另设“商品进销差价”进行登记。

“商品进销差价”账户是资产类账户，实质上它是资产的调整账户，对库存商品起调整作用。贷方登记购进商品售价大于进价的差额、商品调价以及财产溢余增值等因素增加的差价；借方登记购进商品售价小于进价的差额、销售商品已实现的差价以及商品短缺和调价减值等而转销的差价，余额表示库存商品的进销差价。

(二) 购进商品的处理办法

实行增值税后，零售商品购销业务的核算比批发商品较为复杂，既要保持多年形成的售价核算方法，又要按照增值税的要求核算进项税额、销项税额、应交税金等有关内容，因此，在核算上要求采用一种简便可行的办法。

目前大多数企业对零售商品购进作如下处理：在购进时按不含税成本记入“在途物资”账户；按进项税额记入“应交税金——应交增值税(进项税额)”账户；按全部价税总额付款数记入“银行存款”或“应付账款”账户。而在商品入库时，则按含税的售价记入“库存商品”账户；按含税的进销差价记入“商品进销差价”账户，按不含税的进价转销“在途物资”账户数额。具体地说，由于商品交接货和结算方式不同，核算方法也有所不同。

1. 本地商品购进

本地商品购进，一般是购进和货款结算同时办理的。财会部门应根据实物负责小组转来的商品入库验收单、专用发票和付款凭证入账。

【例 13-1】某商店从本市某公司购入小百货一批，计进价 6 000 元，售价 7 200 元(不含税)，进项税额 780 元。货款以转账支票付讫，商品由百货组验收，按专用发票，作会计分录如下：

(1) 支付价款时，按商品进价、进项税额分别转账：

借：在途物资——百货组　　6 000
　应交税金——应交增值税(进项税额)　　780
　贷：银行存款　　6 780

(2) 商品入库时，为简化库存商品日常核算工作，平时营业柜组以库存商品售价(进价＋毛利)加上销项税额入账(设销项税率为 13%)，商品入库时的售价应包含销项增值税在内。

借：库存商品——百货组(售价 7 200 元＋销项税额 936 元)　　8 136
　贷：在途物资——百货组　　6 000
　商品进销差价——百货组(毛利 1 200 元＋销项税额 1 224 元)　　2 136

2. 异地商品购进

异地商品购进，由于采用发货制交接方式，商品的发运时间和结算凭证的传递时间不一致，通常会发生先付款，后到货；先到货，后付款；以及到货与付款同时进行三种情况。

【例 13-2】设前例为向市外×单位购进百货商品一批，供货单位代垫运费 400 元，价款及运费已通知银行承付。

(1) 假设先承付货款和运费，后到货。

接到银行转来托收凭证，经审核无误后，承付货款，根据有关凭证作会计分录如下：

借：在途物资——百货组　　6 364
　应交税金——应交增值税(进项税额)　　816
　贷：银行存款　　7 180

商品运到，由百货组验收，根据有关凭证，按含税售价入账，作会计分录如下：

借：库存商品——百货组　　8 136
　贷：在途物资——百货组　　6 364
　商品进销差价　　1 772

(2) 假设商品先到，后付款。

商品运到，验收入库，平时不作账务处理，月末如仍未付款，按暂估进价入账，作会计分录如下：

借：库存商品——百货组　8 136
　贷：应付账款　　6 363
　商品进销差价　　1 772

下月初用红字冲回：

借：库存商品——百货组　　8 136
　贷：应付账款　　6 364
　商品进销差价　　1 772

接到银行转来托收凭证，承付货款，作会计分录如下：

借:在途物资——百货组 6 364
　应交税金——应交增值税(进项税额) 816
　　贷:银行存款 7 180

同时,作会计分录如下:

借:库存商品——百货组 8 136
　贷:在途物资——百货组 6 364
　　商品进销差价 1 772

(3) 假设承付货款与到货同一天,作会计分录如下:

借:在途物资——百货组 6 364
　应交税金——应交增值税(进项税额) 816
　　贷:银行存款 7 180

同时,作会计分录如下:

借:库存商品——百货组 8 136
　贷:在途物资——百货组 6 364
　　商品进销差价 1 772

五、商业企业购进商品发生溢余和短缺的核算

企业在组织商品购进过程中,由于自然因素和差错事故等因素,发生商品溢余和短缺,应及时按规定转入“待处理财产损溢”账户,查明原因,进行处理。

(一) 商品溢余的核算

购进商品发生溢余,先按实收数入库,将溢余数按不含税进价转入“待处理财产损溢”账户。查明原因后,再分别情况进行处理。如系供货单位多发,在企业作同意购进情况下,由供货单位补开发货单,补付货款;如系运输途中自然升溢,作减少商品损耗处理。

【例 13-3】某商品从外地购进食品 500 千克,每千克进价 20 元,进项税额 1 300 元,售价 24 元(不含税),供货单位垫付运费 500 元,货款已承付。商品运到后,验收时发现多 20 千克,原因待查。

1. 承付货款及运费时,作会计分录如下:

	购进价	进项税	零售价	销项税	毛利
付款数	10 000 元	1 300 元	12 000 元	1 560.00 元	2 000 元
溢余数	400 元		480 元	62.40 元	80 元
合计	10 400 元	1 300 元	12 480 元	1 622.40 元	2 080 元

借:在途物资——食品组 10 455
　应交税金——应交增值税(进项税额) 1 345
　　贷:银行存款 11 800

2. 商品运到,按实收数入账,原因待查,作会计分录如下:

借:库存商品——食品组 12 480

贷:在途物资——食品组　10 455

商品进销差价　1 625

待处理财产损溢　400

3. 经查明上项溢余商品系供货单位多发,经协商同意购进处理,对方补来专用发票,在付清货款时:

借:待处理财产损溢　400

应交税金——应交增值税(进项税额)　52

贷:银行存款　452

(二) 商品短缺的核算

购进商品发生短缺,先按实收数入库,将短缺数和相应的进项税额一起转入"待处理财产损溢"账户,查明原因后再分别情况进行处理。如系供货单位少发,要求对方补货或退款;如系运输部门或有关经办人员责任事故,向对方索赔,转入"其他应收款"账户;如系自然损耗,作为商品损耗处理;如系意外事故,作非常损失处理。

【例 13-4】设上例验收时发现短缺 20 千克。

(1) 承付货款及运费时,作会计分录如下:

借:在途物资——食品组　10 455

应交税金——应交增值税(进项税额)　1 345

贷:银行存款　11 800

(2) 商品运到,按实收数入账,原因待查,作会计分录如下:

借:库存商品——食品组　11 520

待处理财产损溢　400

贷:在途物资——食品组　10 455

商品进销差价　1 465

(3) 经查明上项短缺商品中 10 千克系供货单位少发,经联系由对方补发商品,商品已收到。另 10 千克系运输部门责任事故,应由其赔偿。

借:库存商品——食品组　240

其他应收款——运输部门　200

贷:商品进销差价　40

待处理财产损溢　400

任务二　核算商品销售

零售企业商品销售的过程是商品从流通领域进入消费领域的过程,也是商品价值实现的过程,这一过程是实现社会再生产的前提。而零售企业的销售对象,除少量售予企事业单位外,绝大多数是售予广大的个人消费者,零售企业的工作直接影响到人民的生活。因此,零售企业必须积极地组织货源,以满足市场需求。

一、商品销售的一般业务程序

零售企业的商品销售业务，一般按营业柜组或门市部组织进行。商品销售的业务程序，根据企业的规模、经营商品的特点以及经营管理的需要而有所不同。

零售企业的商品销售收入，除少数企事业单位采取转账结算外，主要是收取现金。收款的方式有分散收款和集中收款两种。分散收款，是指营业员直接收款，除了企事业单位外，一般不填制销售凭证，手续简便，交易迅速，但销货与收款由营业员一人经手，容易发生差错与弊端。集中收款是指设立收款台，由营业员填制销货凭证，消费者据以向收款台交款，然后由消费者凭盖有收款台“现金收讫”印章的销货凭证向营业员领取商品；或者由营业员收款后连同填制的销货凭证由内部传递给收款台，收款员收款盖章后退回销货凭证，营业员据以向消费者交付商品。采用集中收款，每日营业结束后，营业员应根据销货凭证计算出销货总金额，并与收款台实收金额进行核对，以检查收款是否正确，这种方式由于钱货分管，职责分明，制度严密，因此不易发生差错，但手续繁琐。

零售企业销货除了采用现金结算外，也有少量采用转账支票、银行本票和商业汇票结算的。

不论采用哪一种收款方式，均应在当天解缴销货款，解缴的方式有分散解缴和集中解缴两种。分散解缴就是在每天营业结束后，若采取分散收款的，由各营业柜组或门市部安排专人负责；若采取集中收款的，则由收款员负责，都按其所收的销货款，填制解款单，将现金直接解存银行，取得解款单回单后，将其送交财会部门。集中解缴是每天营业结束后，若采取分散收款的，由各营业柜组或门市部安排专人负责；若采取集中收款的，则由收款员负责，都按其所收的销货款填制商品销售收入缴款单“。商品销售收入缴款单一式两联，连同销货款一并送交财会部门，财会部门应当面点收，加盖”收讫“戳记，一联退还缴款部门，作为其缴款的依据；一联留在财会部门，作为收款的入账凭证。财会部门将各营业柜或门市部的销货款集中汇总后填制解款单，将销货收入的现金全部解存银行。

二、商品销售核算的账户设置

零售企业商品销售业务是通过“主营业务收入”和“主营业务成本”账户进行核算。为了简化核算手续，平时在“主营业务收入”账户中反映含税的销售收入，期末再将其调整为真正的商品销售额，即不含税的销售额。商品销售后，财会部门要反映商品销售收入和收入货款的情况，同时为了能及时反映商品实物负责小组库存商品的购销动态和结存情况，便于各实物负责小组随时掌握其经管商品的价值，明确其所承担的经济责任，需要随时转销已销库存商品的成本。由于零售企业库存商品是按售价反映的，因此，转销库存商品的金额同反映商品销售收入增加的金额是一致的。而商品进价与售价之间的差价，在“商品进销差价”账户内反映，所以，当已销商品按售价从“库存商品”账户内转销时，从理论上讲，应该同时将这部分已销商品的进销差价也从“商品进销差价”账户内转销，将已销商品的成本调整为进价，即在“主营业务成本”账户内用进价反映。但是，每天计算已销商品进销差价的工作量很大，因此，在实际工作中，平时把已销商品按售价转入“主营业务成本”账户，月末一次计算出当月已销商品的进销差价，再加上“受托代销商品”账户余额与本期商品销售收入之和，计算出本期商品的综合差价率，再乘以本期商品销售收入，计算出已销商品的进销差价，其计算公式如下：

综合差价率＝结转前商品进销差价账户余额÷（期末库存商品账户余额＋本期商品销售收入）×100％

本期已销商品进销差价＝本期商品销售收入×综合差价率

【例 13-5】浦江商厦 12 月 31 日有关账户的资料如下：

结转前商品进销差价账户余额 198 608

库存商品账户余额 394 800

商品销售收入账户余额 396 200

用综合差价率推算法计算并结转已销商品进销差价：

综合差价率＝198 608÷（394 800＋396 200）×100％＝25.11％

本期已销商品进销差价＝396 200×25.11％＝99 485.82（元）

根据计算的结果，作分录如下：

借：商品进销差价　　99 485.82

　　贷：主营业务成本　　99 485.82

三、商品销售业务的核算

实行销售金额核算的企业，一般在每日营业终了时各实物负责人清点当日销货款并送存银行，财会部门应根据有关凭证按含税销售额反映商品销售收入和银行存款的增加，借记“银行存款”账户，贷记“主营业务收入”账户；同时按含税的售价，借记“主营业务成本”账户，贷记“库存商品”账户，以注销库存商品，反映实物负责人反经管商品的实存额和经济责任。待计算出已销商品应分摊的进销差价后，再贷记“主营业务成本”账户，将含税的售价调整进价成本。为简化手续，对已销商品应分摊的进销差价不予逐日调整，而是到月末按一定的方法计算出已销商品应分摊的进销差价集中调整。

【例 13-6】某零售商品采用售价金额核算，1999 年 9 月 5 日购进 *B* 商品一批，进价 10 000 元，支付的进项税额 1 300 元，同时支付运费 100 元，取得承运部门开具的运费普通发票，款项通过银行转账；该批商品的含税售价为 14 000 元；9 月 20 日，该批商品全部售出，并收到货款，增值税率为 13％，假设 9 月初无期初同类商品的存货，则该零售店应作如下账务处理：

（1）商品售出收到销货款

借：银行存款　　14 000

　　贷：主营业务收入　　14 000

借：主营业务成本　　14 000

　　贷：库存商品　　14 000

（2）月份终了，按规定的方法计算不含税销售额和销项税额

不含税销售额＝14000÷(1＋13％)＝12 389.38(元)

销项税额＝12 389.38×13％＝1 610.62(元)

借:主营业务收入　　1 610.62

　　贷:应交税金—应交增值税(销项税额)　　1 610.62

(3) 月末结转商品进销差价

借:商品进销差价　　4 000

　　贷:主营业务成本　　4 000

任务三　核算商品储存

商品储存与商品购进及商品销售是相互联系、相互制约的三个环节。零售企业为了使商品流转正常进行,满足市场的需求,就需要保持适当的商品储存。由于采用售价金额核算,因此平时应特别加强对库存商品的管理和监督,以保护企业财产的安全与完整。

一、库存商品的明细核算

实行售价金额核算法的企业,库存商品的明细核算一般有两种做法:

(1) 按实物负责人分户设置库存商品明细账,采用“三栏式”账页进行登记。

(2) 以各实物负责人报来的“商品进销存日报表”代替库存商品明细账。

由于“商品进销存日报表”包括“库存商品明细账”的全部内容,因此,财会部门可不另设库存商品明细账,而是根据各实物负责人报来的“商品进销存日报表”中的一联,按日期先后须序分实物负责人装订成册,或汇总成“商品进销存汇总表”代替库存商品明细账;另一联“商品进销存日报表”签章后退给实物负责人按日期须序装订成册,作为各实物负责人的库存商品明细账。

二、商品盘点和商品盘点缺溢的核算

(一) 商品盘点

零售企业对库存商品采取售价金额核算时,库存商品明细分类账一般按营业柜组或门市部设置,平时只反映和掌握各营业柜组或门市部商品进、销、存的售价金额,而不反映和掌握各种商品的结存数量。因此,只有通过商品盘点,逐项计算出各种商品的售价金额及售价总金额,再与当天“库存商品”账户余额进行核对,才能了解和控制各种商品的实存数量,确保账实相符。通过商品盘点,可以检查商品的保管情况,如果发现商品残损变质,应及时采取措施,改进商品保管方法,从而减少商品损失。通过商品盘点,还可以为企业决策部门了解和掌握商品库存结构状况、制订最佳进货计划提供依据,促使企业合理使用商品资金,以保证零售企业商品流转的正常进行。

零售企业要严格遵守和执行商品盘点制度，根据规定，每个月至少进行一次定期的全面盘点。在发生部门实物负责人调动、企业内部柜组调整、商品调价等情况时，可根据具体需要，进行不定期的全面盘点或局部盘点，以加强对库存商品的管理。

商品盘点是零售企业的一项重要工作，应力求做到准确、迅速。在商品盘点前，要做好组织安排，确定参加盘点的人员及分工，共整理商品，核对商品标价，校准度量衡器等。在商品盘点时，要有条不紊，做到不重复、不遗漏、不点错。并根据商品盘点的数量，按品名、规格、等级、销售单价填入"商品盘存表"内、在商品盘点后，要正确计算商品盘存表上的售价金额和商品售价总金额，然后与各营业柜组商品明细账的结存金额进行核对，如与账面金额相差较大时，应进行复盘，以防止盘点差错。

（二）商品盘点溢余的核算

商品盘点溢余是指商品盘存金额大于账面结存金额的差额。造成溢余的原因是多方面的，包括商品自然升溢和多收、少付的差错等因素。在未查明原因以前，为使账货相符，先调整账面，按溢余商品售价金额记入"库存商品"账户，同时按进销差价金额，记入"待处理财产损溢——待处理流动资产损溢"和"商品进销差价"账户。待查明原因后进行处理，再从"待处理财产损溢"账户转入有关账户。

【例 13-7】某企业月末盘点，××实物负责小组实际库存金额大于账面结存金额 240 元，按上月末分类差价率 14%计算，进销差价金额为 33.60 元，原因待查，作会计分录如下：

借：库存商品——××实物小组　　240.00

　贷：待处理财产损溢——待处理流动资产损溢　　206.40

　　商品进销差价　　33.60

上项溢余商品经查明属于自然溢余，经批准作冲减管理费用处理。

借：待处理财产损溢——待处理流动资产损溢　　206.40

　贷：管理费用　　206.40

（三）商品盘点短缺的核算

商品盘点短缺是指商品盘存金额小于账面结存金额的差额。造成短缺的原因也是多方面的。包括商品自然损耗，少收、多付的差错，以及贪污、盗窃等因素。在未查明原因以前，为使账货相符，先调整账面，按短缺商品售价记入"库存商品"账户，同时按上月末进销差价率计算短缺商品的进价和进项税额，以及进销差价金额，分别记入"应交税金——应交增值税（进项税额）"、"待处理财产损溢——待处理流动资产损溢"和"商品进销差价"账户。待查明原因后，再从"待处理财产损溢"账户转入有关账户。

【例 13-8】某企业月末盘点，××实物负责小组实际库存商品金额小于账面结存金额 180 元，按上月末进销差价率 15%计算，进项税率为 13%，进销差价金额为 27 元，原因待查，作会计分录如下：

借：待处理财产损溢——待处理流动资产损溢　　172.89

　商品进销差价　　27.00

　贷：库存商品——××实物负责小组　　180.00

应交税费——应交增值税(进项税额转出) 19.88

在实际工作中,为简化核算手续,对商品盘点中发生的溢余和短缺,在未查明原因前,也可先按售价金额转入“待处理财产损溢”;待查明原因后处理时,再调整“商品进销差价”账户。

上项短缺商品经查明属于定额范围内自然损耗,经批准作增加管理费用处理。

借:管理费用——商品损耗 172.89

贷:待处理财产损溢——待处理流动资产损溢 172.89

如果上项短缺商品原因属于自然灾害造成的损失,应将扣除残料价值和保险公司赔款后的净损失作“营业外支出——非常损失”处理。

三、商业企业商品调价的核算

商业企业根据有关政策、市场情况,有时对某些商品进行适当的调价。零售商品按售价核算,商品销售价格的变动直接影响库存商品的金额。因此,对于因调价而增值或减值的金额要在“库存商品”账户中作增减记录。商品调价时,由物价管理部门根据实际库存数量计算调整金额,填制一式数联的“调价商品差价调整单”,分送有关部门。财会部门接到调价单,经审核无误后,作会计分录如下:

1. 调高销售价时,按调增的差价总额。

借:库存商品——××实物负责小组 ×××

贷:商品进销差价 ×××

2. 调低销售价时,按调减差价总额。

借:商品进销差价 ×××

贷:库存商品——××实物负责小组 ×××

四、商业企业商品内部调拨的核算

商品内部调拨是指企业所属不独立核算单位的营业组、门市部之间调剂余缺而进行的商品调拨。调拨商品时,一般由调出单位填制一式数联“商品内部调拨单”,作为调拨双方办理商品交接、转账之用。财会部门接到商品调拨单及时调整账面记录,作会计分录如下:

借:库存商品——××实物负责小组(调入方) ×××

贷:库存商品——××实物负责小组(调出方) ×××

借:商品进销差价——××实物负责小组(调出方) ×××

贷:商品进销差价——××实物负责小组(调入方) ×××

内部商品调拨,只是在企业内部各营业组之间的转移,因此,“库存商品”总分类账户余额不变,只是在“库存商品”明细账中进行调整。“商品进销差价”账户如果未按实物负责小组进行明细分类核算,也可不必进行调整。

任务四　计算与结转商品销售成本

零售企业在采用售价金额核算的情况下，每日商品销售后，随时按售价注销已销商品的成本，并转入“主营业务成本”科目。平时不计算和结转已销商品进销差价，全部保留在“商品进销差价”科目上。因此，“主营业务成本”科目反映不出已销商品的进价成本，而只是已销商品的售价金额，月末需要采用一定的方法计算出已销商品进销差价，把主营业务成本调整为进价成本。所以，正确计算已销商品的进销差价对于正确计算主营业务成本，正确核定期末库存商品价值和计算企业经营损益都具有重要意义。

已销商品进销差价的计算方法，有差价率计算法和实际差价计算法两种，企业应根据经营管理的需要和核算的具体要求，选择适当的计算方法来计算已销商品的进销差价。下面分别对这两种计算法加以说明。

一、差价率计算法

差价率计算法是按存销比例分摊已销商品进销差价的一种计算方法。其具体方法是：先将期末全部商品进销差价除以当期商品总额，求出差价率，再按本期商品营业额乘以差价率，即为本期已销商品应分摊的进销差价。计算公式如下：

综合差价率（含税）＝月末调整前“商品进销差价”账户余额/（月末“库存商品”账户余额＋本月“商品销售收入”账户贷方发生额）×100％

根据经营管理的需要，差价率计算法又分为综合差价率计算法和分柜组或分类差价率计算法。

（一）综合差价率计算法

综合差价率计算法是按全部商品的存销比例分摊商品进销差价的一种方法，可根据“库存商品”、“主营业务收入”、“商品进销差价”总分类账户提供的资料计算。

【例 13-9】某零售商店 6 月 30 日结转已销商品进销差价前有关“库存商品”、“主营业务收入”、“商品进销差价”总分类账户的有关资料见表 13-1。

表 13-1

柜组	主营业务收入	库存商品	商品进销差价
五金组	4 000	1 000	1 500
针织组	7 000	2 000	3 600
百货组	4 000	2 000	2 100
合计	15 000	5 000	7 200

根据上述资料计算本月综合差价率和已销商品进销差价。

本月综合差价率＝7 200/（5 000＋15 000）×100％＝36％

本月已销商品应分摊进销差价=15 000×36%=5 400(元)

根据计算结果,作会计分录如下:

借:商品进销差价　5 400

　贷:主营业务成本　5 400

经过以上计算和结转,商品进销差价余额1 800元(7 200-5 400)就是月末库存商品应保留的进销差价,主营业务成本也由平时的售价调整为已销商品的进价成本9 600元(15 000-5 400),库存商品的进价成本也能确定为3 200元(5 000-1 800)。

综合差价率计算法计算已销商品进销差价,计算简便,账务处理也简单,但由于零售商品构成不同,各类商品进销差价率相差悬殊,商品销售比重高低不同,因此计算结果不够准确,会影响到当期主营业务毛利和库存商品价值的准确性。

综合差价率计算法适用于各类商品进销差价率相近的企业。

(二)分柜组或分类差价率计算法

分柜组(类)差价率计算法是按各柜组(类)商品的存销比例分摊商品进销差价的一种方法。这种方法与综合差价率计算法基本相同,只不过是缩小了计算差价的范围,不是按全部商品而是按柜组或类计算差价率。

【例13-10】仍以【例13-9】为例,计算该商店各柜组差价率,并计算和结转各柜组已销商品应分摊的进销差价。

根据上述资料编制分柜组(类)商品进销差价计算表。详见表13-2。

表13-2　分柜组(类)商品进销差价计算表

营业柜组	本月主营业务收入	月末库存商品余额	月末结转前商品成本差价余额	差价率	已销商品进销差价	库存商品保留差价
	(1)	(2)	(3)	…(4)=(3)/(1)+(2)	(5)=(1)×(4)	(6)=(4)-(5)
五金组	4 000	1 000	1 500	30%	1 200	300
针织组	7 000	2 000	3 600	40%	2 800	800
百货组	4 000	2 000	2 100	35%	1 400	700
合计	15 000	5 000	7 200		5 400	1 800

根据以上计算结果,作会计分录如下:

借:商品进销差价——五金组　1 200

　——针织组　2 800

　——百货组　1 400

　贷:主营业务成本——五金组　1 200

　——针织组　2 800

　——百货组　1 400

分柜组(类)差价率计算法工作量大,手续较烦。但由于计算范围限制在某类商品或营业柜组范围内,各种商品的差价率相近,所以计算结果比较准确。采用分柜组(类)差价率计算法的零售企业较多。

二、实际差价计算法

实际差价计算法是对库存商品进行实地盘点，分别计算出库存商品的进价金额、售价金额，以计算出库存商品的进销差价，然后再倒计出已销商品的进销差价的方法。其计算公式如下：

期末库存商品应保留的进销差价＝期末库存商品售价总金额－期末库存商品进价总金额

已销商品应分摊的进销差价＝月末调整前商品进销差价余额－期末库存商品应保留的进销差价

【例 13-11】某零售商店百货组 5 月 31 日盘点后的有关资料如下：

库存商品进价总额　　29 000 元

库存商品售价总额(同账面相符)　　33 000 元

商品进销差价调整前余额　　11 000 元

计算并结转已销商品的进销差价：

(1) 末库存商品应保留的进销差价＝33 000－29 000＝4 000(元)

(2) 本月已销商品应分摊的进销差价＝11 000－4 000＝7 000(元)

根据以上计算结果，作会计分录如下：

借：商品进销差价——百货组　　7 000

　　贷：主营业务成本——百货组　　7 000

实际差价计算法不受商品销售结构、库存结构和不同进销差价率的影响，计算结果正确，有利于提高核算质量，但计算工作量大。因此，一般只在年终决算前调整商品进销差价误差和核实库存商品价值时采用这种方法。

【课后习题】

一、单选题

1. 某商业企业购进商品一批，其中商品价款 150 000 元，发生的运输费用 5 500 元，增值税额 25 500 元，则该批商品的采购成本为(　　)。

A. 5 500 元　　B. 150 000 元　　C. 155 500 元　　D. 175 500 元

2. 商品销售成本的计算方法中，商品零售企业常采用的是(　　)。

A. 个别计价法　　B. 加权平均法　　C. 毛利率法　　D. 先进先出法

3. 零售商品的流转是流转的(　　)。

A. 起始环节　　B. 销售环节　　C. 中间环节　　D. 最终环节

4. 直运商品销售的突出特点是商品由供货单位直接运达购货单位，在账务处理上不使用(　　)账户。

A. "商品采购"　　B. "库存商品"

C. "销售费用"　　D. "主营业务成本"

5. 期末结存商品金额偏低(　　)。

A. 商品销售成本就会偏高,毛利额就偏低

B. 商品销售成本就会偏高,毛利额也偏高

C. 商品销售成本就会偏低,毛利额就偏高

D. 商品销售成本就会偏低,毛利额也偏低

6. 商品流通企业向生产粮食的农民收购粮食,收购价为58 000元。其应计入增值税进项税额的金额是(　　)元。

A. 4 060　　B. 5 800　　C. 9 860　　D. 7 540

7. 对于同地购进商品的交接方式一般采用(　　)。

A. 发货制　　B. 提货制

C. 送货制　　D. 送货制或提货制

8. 在"数量进价金额核算法"下,"库存商品"的总分类账和明细分类账均按(　　)记账。

A. 售价　　B. 进价　　C. 数量　　D. 可变现净值

9. 在商品购进业务中,采取预付货款方式的,应以(　　)时,作为购进商品的入账时间。

A. 预付货款　　B. 承付货款　　C. 实际收到商品　　D. 签订合同

10. 购进商品发生短缺,查明原因后,是定额内损耗,应(　　)。

A. 列作"销售费用"　　B. 可不作会计处理

C. 列作"营业外支出"　　D. 列作"其他应收款"

11. 在商品先到货款未付的情况下发生因商品品种、质量与合同不符而拒付货款时,购货方在会计上应(　　)。

A. 不作会计账务处理　　B. 冲"应付账款"

C. 冲"销售费用"　　D. 列作"其他应付款"

12. "商品进销差价"账户是资产类账户,它抵减的账户是(　　)。

A. "商品采购"　　B. "库存商品"

C. "主营业务收入"　　D. "受托代销商品"

13. 采用售价金额核算的商业零售企业,其库存商品明细账的设置要求是(　　)。

A. 按商品类别　　B. 按进价批发

C. 按实物负责人　　D. 按商品名称及规格

14. 零售企业购进退补价业务,如只更正购进价格的,在核算上应调整的账户是(　　)。

A. 库存商品　　B. 商品进销差价

C. 主营业务收入　　D. 本年利润

二、多选题

1. "商品采购"明细账可采用的登记方法有(　　)。

A. 三栏式账页登记法　　B. 平行登记法

C. 抽单核对法　　D. 复式登记法

2. 采用售价金额核算,月末需要调整的账户有(　　)。

A. 库存商品　　B. 主营业务成本

C. 商品进销差价　　D. 主营业务收入

3. 商品流通企业商品流转业务主要包括以下几个环节(　　)。

A. 委托加工销售　B. 商品购进　C. 商品销售　D. 商品储存

三、业务题

根据某零售企业某月份发生的经济业务,编制会计分录

1. 1日,从本市盛威服装厂购进男式西装,取得如下凭证:

(1) 增值税专用发票的发票联及抵扣联注明:男式西装300套,单价460元,计138 000元,增值税税额17 940元;

(2) 支票存根,金额为155 940元。

(3) 服装柜转来验收单注:应收男式西装300套,实收300套。每套零售单价600元。

2. 2日,银行转来东莞丽晶针织厂有关结算单据:

(1) 增值税专用发票的发票联及抵扣联上注明:女式防寒内衣:150套,单价65元,计9 750元,增值税额为1 267.50元;男式防寒内衣:130套,单价80元,计10 400元,增值税额为1 352元;

(2) 代垫运费清单和运输部门开具的运费发票注:运输费用150元;

(3) 委托收款单的付款通知联注:托收款项共计22 919.5元;经审核无误,同意承付。

(4) 服装柜转来验收单注:应收女防寒内衣150套,实收150套,售价每套130元;男式防寒内衣应收130套,实收130套,每套售价180元。

3. 向湛江制糖厂购进白砂糖一批,取得如下单据:

(1) 8日,增值税专用发票的发票联及抵扣联上注明:白砂糖1 000千克,单价3.80元,计3 800元,增值税494元;委托收款单的付款通知联注:托收款项共计4 294元,经审核无误,开出1个月期限无息的银行承兑汇票。

(2) 11日,食品柜转来8日向湛江制糖厂购进白砂糖验收单注:应收1 000千克,实收1 000千克。白砂糖零售单价4.50元。

4. 华宇百货商场6月25日销售汇总表,列明各营业柜组的销售情况:服装柜43 730元,家电柜100 000元,鞋帽柜30 000元,食品柜35 000元,化妆品柜35 000元,其中现金和转账支票均已送存银行。

项目十四　小规模餐饮经营业务会计实务

【案例导入】

小李去当地一家酒楼去应聘会计，该酒楼在当地有一定的知名度，营业面积有300平方，生意火爆时座无虚席。老板在对小李面试时提出三个问题让小李回答：

(1) 该酒楼所需食材大部分都是有老板亲自到早市采购，无法取得发票，这些食材如何入账？

(2) 该酒楼属于小规模纳税人，在疫情期间能享受到那些税收优惠？

(3) 该酒楼的收入如何确认？成本如何结转？

假如你是小李请结合本章学习内容回答以上问题。

【技能目标】

1. 餐饮经营业的特征、餐饮销售的环节。
2. 餐饮业材料购进业务成本的组成，账户的设置及核算。
3. 餐饮制品销售账户的设置，及核算。
4. 餐饮费用成本费用的划分及认定。
5. 餐饮企业成本费用的核算。

【知识目标】

1. 了解餐饮业务经营的特点。
2. 掌握材料购进成本的额计算及账务处理。
3. 了解销售确认的时间，掌握销售的账务处理。
4. 掌握餐饮业成本费用的结转。

任务一　餐饮经营业务概述

餐饮业是利用餐饮设备、场所和餐饮产品为社会生活服务的生产经营性服务行业。餐饮业是一个历史悠久的行业。随着社会生产力的高度发展，人们生活水平不断提高，人们在政治、经济、商贸、旅游、科技、文化等方面的交流日益频繁，家务劳动社会化程度日益提高，这些都使得现代餐饮业朝着设备舒适、环境优美、产品风味突出及服务质量优良的方向发展。餐饮业的市场范围十分广泛，国际、国内各行各业的人们都能成为餐饮经营者的接待对象。

与此相适应，餐饮业的经营类型十分复杂，饭店宾馆、社会餐馆、各级各类酒家、餐厅、酒楼、饭庄以及各种类型的招待所等，都从事餐饮经营。餐饮业的经营活动是一个完整的供、产、销过程，食品原材料采购、厨房生产加工和餐厅销售服务融为一体构成一个完整的生产经营全过程。

一、餐饮企业的特征

如果一种餐饮的形态被称为餐饮企业，应具备以下 3 个条件：

(1) 一定的场所和相应的设备、设施。餐饮企业要有一个固定的场所，餐饮企业要提供食品和服务，无论当场消费或外卖，都必须有设备、设施才可以进行生产。

(2) 提供餐饮食品和服务。餐饮企业提供的商品包括餐饮食品和服务两个部分。越是高档次的酒店、餐厅，提供的产品中服务所占的比例越大。

(3) 以产生利润为目的，是一种经营行为。餐饮企业之所以为企业，是因为其行为是一种经营行为，其生产的目的是获得相应的生产利润。

由此可见，餐饮企业是拥有一定的场所和相应的设备、设施，通过为客人提供食品和服务获得利润的经济实体。

二、餐饮产品生产的特点

一般产品生产过程是：原料—加工—贮存—销售，而餐饮产品生产过程是：原料—加工—销售(服务)。餐饮企业既生产有形的实物产品，如各种精美的菜肴、食品；又生产无形的服务，如良好的进餐环境、热情周到的服务等。因此，它与一般的产品生产相比具有以下特点：

1. 产品规格多，批量小

餐饮业为客人提供的食品、饮料的品种多达几十种甚至数百种，而客人在购买餐饮产品时所选择的品种较少，数量较小，而且大多数产品不能批量生产。这就要求餐饮企业一方面要有一定的储存量以防客人点菜后无法提供，同时又要求储存量合理以免过多造成浪费。

2. 产品的生产时间很短

客人进入餐厅点菜，厨房才能为客人准备产品进而生产，而从接受客人点菜到烹饪、服务、消费、结账等一系列活动过程所花费的时间很短，一般来说，仅 1～2 h 左右，有时遇到客人有急事会要求更快。这就要求餐饮生产中的各个环节要通畅顺利、尽量节省时间，在规定时间内为客人提供优质产品和服务。

3. 生产量难以预测

只有客人进入餐厅落座点菜后，厨房才能开始生产餐饮产品，但客人的人数及其消费的食品、饮料都难以预测。因此，餐饮部的生产量的随机性很强，客人人数时多时少，消费量时大时小，因此，其生产量一般很难预测。

4. 产品原材料容易变质

生产餐饮产品的原料既有米、面、杂粮等，又有油、盐、酱、醋、糖、香料、味精等调味品，更有鱼、肉、禽、蛋、蔬菜、豆制品等副食品，其中使用最多的是鲜货原料，其具有时间性和季节性等特点，极容易腐烂变质，用这些原料生产的产品也同样不容易保存。这要求一方面要准确预测需求量、合理采购，另一方面也要有良好的储存环境，合理使用厨房货品。

5. 生产过程环节多，管理难度较大

餐饮部的生产从食品原料的采购到验收、贮存保管、领用、粗加工、精加工、烹饪、销售服务和收款，整个过程中的业务环节很多，任何一环出现差错都会影响产品质量，所以也就带来了管理上的困难。

三、餐饮产品销售的特点

（一）销售量受场所的限制

餐饮销售量受销售场所的限制明显。销售场所的大小决定了餐位的多少，餐位的多少决定了可以服务的客人人数，餐厅满座就很难再提高其销售量。当然可以通过提高座位周转率和客人的人均消费额来提高收入，这要求餐厅采取积极的措施，如提高餐饮质量，树立良好声誉，增加服务项目，提高服务效率和餐厅专业化服务水平，推出特殊风味的产品等，吸引更多的客人来餐厅就餐，从而提高座位周转率及每位客人的人均消费，从而提高餐饮的销售量和经济效益。但人均消费额和座位周转率往往不能同时兼得。

（二）销售量受进餐时间的限制

一般客人一日三餐的进餐时间大致相同。进餐时间一到，餐厅客人盈门，而时间一过，客人随即离去。所以，餐饮企业应提高正常用餐时间以外的销售，如外卖、客房送餐等，延长咖啡厅、酒吧等餐饮设施的营业时间，在三餐之外的时间开展一些吸引客人消费的活动等，只有这样才能提高餐饮的销售量，增加收入。

（三）餐饮销售季节性明显

由于旅游业本身的季节性、客人需求的季节性（冬季牛羊肉需求较高、夏季瓜果蔬菜需求较高）及原料的季节性，致使餐饮销售也体现了明显的季节性。餐饮企业要针对客人需求的季节性、原料供应的季节性等适时适当地推出产品，吸引客人消费。

（四）毛利率较高，资金周转较快

饭店餐饮部的营业收入一般占饭店总收入的30%～40%，其毛利率在50%～80%之间，营业利润较高。而餐饮销售的产品都是现生产、现销售，相当一部分原料都是当天采购，当天生产并销售的，因此，资金周转也较快。经营管理较好的饭店餐饮部或者餐饮企业，其资金周转率每年可达到10次以上。

（五）固定成本高，开支比重较大

餐饮设施营业所必需的固定资金较高，如各种餐厨设施、设备、餐酒具、场地等，而且餐饮业务环节多,产品成本难以控制,所需劳动力成本及水、电、煤等燃料较多,所以各项费用支出也较多。只有尽量减少原材料消耗,降低各项费用指标,提高每位员工的工作效率,才能提高销售额,增加毛利,提高经济效益。

任务二　核算餐饮制品材料

一、原材料的分类及计价

存货核算可按实际成本计价也可按计划成本计价。但餐饮业存货的核算一般都采用按实际成本计价。

(一) 原材料的分类和计价

1. *原材料的分类*

原材料的品种规格繁多,餐饮企业内按经济业务的作用不同,可以分以下三类:

(1) 原料及主要材料。它是指经过加工后构成产品实体的各种原材料和材料。如餐饮业使用的大米、面粉、肉类、蔬菜、水产品和豆制品等;

(2) 燃料。它是指生产加工过程中用来燃烧发热以产生热能的各种物资,如煤炭、焦炭、汽油、柴油、天然气和煤气等。

(3) 物料用品。它是指企业用于经营业务、日常维修、劳动保护方面的材料物资、零配件及日常用品、办公用品、包装物品等。

(二) 涉及餐饮业的税收优惠政策

减税降费是助企纾困解难的最公平、最直接、最有效的举措,党中央、国务院部署实施新的组合式税费支持政策,对稳定市场预期、提振市场信心、助力企业纾困发展具有重要意义。新的组合式税费支持政策,既有阶段性措施,又有制度性安排;既有减免政策,又有缓缴、退税措施;既有普遍适用的减负政策,又有特定领域专项帮扶措施;既有延续性安排,又有新增部署;既有中央统一实施的政策,又有地方依法自主实施的措施,呈现出全面发力、多点突破的特点。2022 年涉及中小企业的部分税收优惠政策如下:

(1)《财政部 税务总局关于对增值税小规模纳税人免征增值税的公告》(2022 年第 15 号)要求自 2022 年 4 月 1 日至 2022 年 12 月 31 日,增值税小规模纳税人适用 3%征收率的应税销售收入,免征增值税;适用 3%预征率的预缴增值税项目,暂停预缴增值税。

(2)《财政部 税务总局关于进一步实施小微企业“六税两费”减免政策的公告》(2022 年第 10 号)自 2022 年 1 月 1 日至 2024 年 12 月 31 日,由省、自治区、直辖市人民政府根据本地区实际情况,以及宏观调控需要确定,对增值税小规模纳税人、小型微利企业和个体工商户可以在 50%的税额幅度内减征资源税、城市维护建设税、房产税、城镇土地使用税、印花税(不含证券交易印花税)、耕地占用税和教育费附加、地方教育附加。

(3)《财政部 税务总局关于进一步实施小微企业所得税优惠政策的公告》(2022 年第 13 号)自 2022 年 1 月 1 日至 2024 年 12 月 31 日,对小型微利企业年应纳税所得额超过 100 万元但不超过 300 万元的部分,减按 25%计入应纳税所得额,按 20%的税率缴纳企业所得税。

(4)《财政部 税务总局关于继续实行农产品批发市场 农贸市场房产税 城镇土地使用税优惠政策的通知》(财税〔2019〕12 号)自 2019 年 1 月 1 日至 2023 年 12 月 31 日,对农产品批发市场、农贸市场(包括自有和承租,下同)专门用于经营农产品的房产、土地,暂免征收房产税和城镇土地使用税。对同时经营其他产品的农产品批发市场和农贸市场使用的房产、土地,按其他产品与农产品交易场地面积的比例确定征免房产税和城镇土地使用税。

(5)《财政部 税务总局关于促进服务业领域困难行业纾困发展有关增值税政策的公告》(2022 年第 11 号)第一条规定

① 自 2019 年 4 月 1 日至 2022 年 12 月 31 日,允许生产、生活性服务业纳税人按照当期可抵扣进项税额加计 10%,抵减应纳税额。

② 2019 年 10 月 1 日至 2022 年 12 月 31 日,允许生活性服务业纳税人按照当期可抵扣进项税额加计 15%,抵减应纳税额。

(三) 小规模餐饮企业原材料的计价

餐饮企业对外购的原材料,应以在采购过程中实际发生的成本为依据,其实际成本应由买价、增值税和采购费用三部分部分组成。

(1) 买价是指购进材料时专用发票上列明的原材料款。

(2) 增值税税款。根据《营业税改征增值税试点实施办法》规定"餐饮行业增值税一般纳税人购进材料能够取得增值税专用发票的,可以计算抵扣;购进农业生产者自产农产品,可以使用国税机关监制的农产品收购发票,按照现行规定计算抵扣进项税额。小规模纳税人无论能否取得专用发票,增值税进项税都不能抵扣。"

(3) 采购费用。由运杂费、运输途中的合理损耗和税金组成。

二、原料及主要材料的核算

(一) 原料及主要材料购进的核算

餐饮业购进原材料,通常有两种方法:一种是以生产部门(厨房、生产加工车间)提出的"原材料请购单"为依据,采购员应提供多家供应商的报价并报经同意后办理采购手续。购进后将原材料直接交生产部门,由其验收签字后,办理出入库手续后连同发票交财会部门入账;另一种是仓库保管员按照定额管理要求提出的"原材料请购单"为依据,采购员采购后交仓库验收,经填写"入库单"后交财会部门入账。企业支付原材料价款和采购费用时,借记"在途物资"科目;贷记"银行存款"科目。原材料运到验收入库时,借记"原材料"科目;贷记"在途物资"科目。

【例 14-1】正保酒店(小规模餐饮企业)向湘南土产品公司采购冬菇 1 000 千克,每千克 30 元，计货款 30 000 元，增值税额为 5 100 元，运杂费为 150 元，采用托收承付结算。

①银行转来湘南土产品公司托收凭证，并附来专用发票联及运杂费凭证，经审核无误后，当即承付，作分录如下：

借：在途物资——冬菇　　35 250

　贷：银行存款　35 250

②上述材料运到，由仓库验收入库，根据仓库送来的入库单，经审核无误后，作分录如下：

借：原材料——原料及主要材料——干货类(冬菇)　　35 250

　贷：在途物资——冬菇　　35 250

“在途物资”是资产类账户，用以核算企业采购的尚未到达及虽已到达但尚未验收入库的在途材料。

但饮食业和服务业的原材料主要是在同城采购的，往往是钱货两清。为了简化核算手续，大多可以直接在“原材料”账户核算。

饮食服务业采购原材料，平时取得的主要是普通发票，普通发票上列示的单价和金额是含税单价和含税金额。

【例 14-2】正保饭店(小规模餐饮企业) 5 月 2 日发生以下业务：

(1) 向庆丰粮店购进面粉和大米取得普通发票，列明大米 1 000 千克，单价 2.00 元，金额 2 000 元；面粉 500 千克，单价 1.5 元，金额 750 元，货款尚未支付。已验收入库，另以现金支付运费 25 元，作分录如下：

借：原材料——原料及主要材料——粮食类　　2 775

　贷：应付账款——庆丰粮店　　2 750

　　库存现金　　25

(2) 购进河虾取得普通发票，列明河虾 20 千克，单价 15 元，金额 300 元；桂花鱼 15 千克、每千克 20 元，金额 300 元，均以现金支付；已由厨房直接领用，作分录如下：

借：原材料——原料及主要材料——水产　　600

　贷：库存现金　　600

借：主营业务成本——餐饮业务　　600

　贷：原材料——原料及主要材料——水产　　600

“原材料”是资产类账户，用以核算企业库存各种原材料的实际成本，当购进原材料验收入库和原材料发生盘盈时，记入借方；当耗用原材料和原材料发生盘亏时，记入贷方；余额在借方，表示企业库存原材料的实际成本。“原材料”账户除按材料类别设置二级账户进行核算以外，还应按品种设置明细账进行明细核算。

(二) 原料及主要材料发出的核算

生产部门(厨房、生产车间)根据生产需要领用原料及主要材料时，应填制领料单据据以领料，如领料单数量较多，可由仓库定期编制填写“领料单汇总表”交财会部门，财会部门据以记账，借记“主营业务成本”科目，贷记“原材料”科目。

【例 14-3】5 月 1 日正保酒店厨房领用大米 150 千克，单价 2.00 元，金额 300 元，作分录如下：

借：主营业务成本——餐饮业务　　300

贷:原材料——原料及主要材料——粮食类　　　　300

如发生原料及主要材料调拨业务,应以仓库保管员填写的“原材料调拨单”作为调出依据。

(三)原料及主要材料存储的核算

这是指对购进原料及主要材料尚未投入生产加工之前仓储阶段进行的核算。原料及主要材料储存是保证生产加工持续进行的重要条件和开展业务经营的物质基础。库存原料及主要材料应分类存放、分档管理、经常检查、妥善保管,对发生的原料及主要材料收发业务应及时记账,一般每月盘点一次。

发生原料及主要材料盘盈、盘亏或毁损时,应由仓库保管员填写“原材料盘点短缺(溢余)报告单”或“原材料报损单”报有关部门,在查明原因前,财会部门据以将原料及主要材料的溢余或毁损金额记入“待处理财产损溢”账户,以做到账实相符。查明原因后,应区别不同情况,结转有关账户。

【例 14-4】5 月 28 日,正保酒店对库存原料及主要材料盘点以后,送交财会部门的原材料盘点短缺(溢余)报告单如下表所示。

品名	计量单位	单价(元)	账存数量	实存数量	短缺		溢余		原因
					数量	金额	数量	金额	
大米	千克	2.00	500	495	5	10			待查
面粉	千克	1.50	200	202			2	3	待查
合计						10		3	

①经财会部门审核无误后,据以调整原料及主要材料账面结存数额,作分录如下:

借:待处理财产损溢——待处理流动资产损溢　　　　10

　　贷:原材料——原料及主要材料——粮食类　　　　10

借:原材料——原料及主要材料——干菜类　　　　3

　　贷:待处理财产损溢——待处理流动资产损溢　　　　3

②今查明盘缺的大米 5 千克系发料过程中的差错,经领导批准予以转账,作会计分录如下:

借:管理费用——存货盘亏及毁损　　　　10

　　贷:待处理财产损溢——待处理流动资产损溢　　　　10

③今查明盘盈的面粉 2 千克系自然升溢,经领导批准,予以转账,作分录如下:

借:待处理财产损溢——待处理流动资产损溢　　　　3

　　贷:管理费用——存货盘亏及毁损　　　　3

任务三　核算餐饮经营业务成本费用

一、餐饮企业成本核算的特点

餐饮行业是个特殊的行业，它的产品是直接入口的食品，并且通过销售和服务直接供应给客人就地消费。这些情况给饮食成本的核算带来以下的特点：

1. 收入的可变性大

餐饮企业虽然毛利率很高，但由于每日的就餐入数和人均消费额不固定，所以其收入的可变性很大，餐饮企业通过各种措施，加强经营管理，突出风味特色，就可扩大销售量，增加收入；通过精打细算，减少原村料消耗，降低饮食成本，也可以增加毛利。所以餐饮企业经济效益有较大的伸缩性，管理核算得好，收入多、毛利多；管理核算得不好，收入少，毛利少。所以，餐饮企业应加强经营管理和饮食成本核算，力求扩大销售量，降低成本，提高经济效益。

2. 在经营过程中，同时执行生产、销售和服务三种职能

餐饮企业的经营管理同其他生产部门不同，餐饮生产的特点是先有买主，后生产，现生产现销售，从客人进入餐厅点菜到烹饪餐饮等给核算带来一定难度：一是其所消费的品名很难预测，随机性强，二是要求餐饮企业做好预测和充足的原材料储存，做为物质保证。

3. 饮食成本的构成范围与生产加工企业成本的内容不同

饮食制品的成本构成，与生产加工企业成本核算的内容是有区别的。生产加工企业的产品成本包括耗用原材料、燃料的和动力、工资、车间经费及应摊的企业管理费。而饮食制品的成本，只包括所耗用的原材料，也就是组成饮食制品的主料、配料、调料三大类。燃料、工资和其他费用等，根据现行会计制度规定列入"营业费用"，不计入饭店制品的成本。

二、餐饮费用成本费用的划分及认定

饭店餐饮的成本费用结构，可分为营业成本和期间费用两个方面。为社会提供各项服务而进行的生产经营过程发生的各种直接支出和耗费属于企业的营业成本，未列入营业成本的各项耗费属于期间费用。

(一) 营业成本的划定、认定

营业成本是指餐饮企业在其饮食加工，经营过程中发生的各种原材料，如鸡、调料和配料的耗费。其中原材料：是制成各种餐饮制品所用的辅助原料，一般以各种蔬菜、干货等为主；调料：是制成各种餐饮制品所用的调味用料，如油、盐、酱等。

根据新制度规定，餐饮企业的人工费用直接计入营业费用，不需摊入营业成本。

（二）期间费用的划分、认定

餐饮业的期间费用包括销售费用、管理费用和财务费用，这些费用直接计入“当期损益”从餐饮业获得的当期营业收入中得以补偿。

1. 管理费用

是指餐饮企业在其经营过程中发生的各项费用开支，根据新制度规定，餐饮业营业费用的内容主要包括以下几个方面：

（1）燃料费：指餐饮业在加工饮食制品过程中所消耗的燃料费用；

（2）水电费：指餐饮业在经营过程中所消耗的水费和电费；

（3）物料消耗：指餐饮企业为管理而领用的办公用品、包装物、日常维修用材料、零配件等；

（4）人员工资及福利费：指餐饮企业工作人员的工资及福利费，包括工资、奖金、津贴、补贴等；

（5）服装费：指餐饮企业按规定为工作人员制作工作服而发生的费用；

（6）税金：指餐饮企业按规定在成本费用中列支的房产税，车船使用税、土地使用税和印花税等

（7）其他与经营有关的费用。

2. 财务费用

是指餐饮企业在生产经营中为解决资金周转等问题在筹集资金是所发生的开支。包括利息（减利息收入）、汇兑损失（减汇兑收益）、金融机构手续费等。

三、餐饮企业成本费用的核算

（一）账户设置

1. 营业成本的核算

餐饮业营业成本的核算通过设置“主营业务成本”账户进行核算。该账户主要核算餐饮业在饮食制品的加工过程中所耗用的原料、调味料、配料等实际成本。核算期每月进行一次，以每月月初至月末为本月的会计计算期间，计算总的营业成本。该账户借方登记发生的营业成本，贷方登记转入“本年利润”的营业成本，结转后该账户无余额。

2. 期间费用的核算

期间费用的核算通过“管理费用”、“财务费用”账“销售费用”等账户核算。

“管理费用”账户核算是餐饮企业在其经营过程中发生的燃料费、水电费、物料消耗、人员工资及福利费等费用。该账户借方登记发生数，期末将发生额从贷方转入“本年利润”账户，结转后该账户无余额。

“财务费用”账户核算餐饮企业在生产经营中为解决资金周转等问题在筹集资金是所发生的开支，该账户借方登记发生数，期末将发生额从贷方转入“本年利润”账户，结转后该账户无余额。

（二）餐饮企业成本费用的核算方法

由于餐饮产品具有种类多和数量零星的特点，因此在实际工作中，如果按每一菜（或

主食品）核算其单位成本，成本计算的工作将十分繁重。为了减轻成本计算的工作量，餐饮产品的成本通常按全部或大类计算。其总成本的计算与结转可分别采用“永续盘存法”和“实地盘存法”。

1. 永续盘存法

永续盘存法是指按厨房实际领用的原材料数额计算与结转已销餐饮产品总成本的一种方法。采用这种方法，计算出已销产品成本时，应借记“主营业务成本”账户，贷记“原材料”账户。

需要注意的是：若当月领用的原材料厨房全部耗用，产品也全部售出，则领用原材料的合计金额（即“主营业务成本”账户的借方发生额）即为本月已销餐饮产品的总成本；若当月领用的原材料在月份内未用完，那么在计算已销餐饮产品的总成本时，必须将未用完的材料成本扣除。在这种情况下，已销餐饮产品的总成本可采用下列公式计算：

已销餐饮产品的总成本＝月初“主营业务成本”＋本月“主营业务成本”账户的发生额－月末厨房剩余原材料的盘存额

按规定，厨房对于当月已领未用的原材料成本可保留在“主营业务成本”账户；对于材料应办理退库手续，但如果下月继续耗用，为了简便起见，可办理“假退料”手续。“

【例 14-5】大都饭店进行餐饮产品生产而领用的各种原材料成本均直接计人“主营业务成本”账户。7 月份“主营业务成本”账户的余额为 5 600 元，本月“主营业务成本”账户的发生额（即所领用各种原材料的成本）为 67 320 元，月末厨房剩余原材料的盘存额为 3 200 元。根据“主营业务成本”账户的记录和“厨房盘存表”，已销餐饮产品的总成本为：

已销餐饮产品的总成本＝5 600＋67 320－3 200＝69 720（元）

月末根据退料单编制凭证：

借：库存商品　　　　3 200

　　贷：主营业务成本　　　　3 200

2. 实地盘存法

实地盘存法是按照实际盘存原材料的数额倒挤本期已销餐饮产品所消耗原材料成本的一种方法。这种方法只适用于小型的餐饮企业。

采用这种方法，平时领用原材料时，不办理领料的核算手续，也不作领料的账务处理。月终，通过盘店库存原材料和厨房已领未用的原材料，计算出月末原材料的实际结存额，然后“以存计销”。计算公式为：

本期已销餐饮产品的总成本＝期初原材料的结存金额＋本期原材料的购进金额－期末原材料的盘存金额

会计部门根据计算出的本期已销餐饮产品所耗用的原材料成本后，应借记“主营业务成本”账户，贷记“原材料”账户。

任务四　核算餐饮制品销售

一、餐饮业务销售货款结算方式

1. 柜台统一售票

顾客在用餐前先到账台购买专用的定额小票，其格式如下表所示。或者购买固定品名的筹码，然后凭筹码或专用定额小票领取食品，也可由服务员根据小票的编号和顾客手中的副联票签对号后送至桌上。定额小票系一次性使用，而筹码可循环使用，因此，要加强回收和领用手续的完善。营业结束后，账台收款员要填制售货日报表，经服务员核对签章后，连同营业款一齐交财会部门。

2022 年 5 月 20 日

品名	数量	金额
青瓜肉片	1 份	11.80 元
蛋花汤	1 份	6.00 元
饭	100 克	0.80 元
合计		18.60 元
收款人：王萌萌		
副联号		

2. 服务员开票收款

服务员服务，先由顾客点菜，再开票、收款，然后由服务员负责账台结算，收款员在小票上签章后，一联由服务员送至厨房领菜，另一联留存。待营业结束后，服务员与收款员分别统计所收的金额，核对无误后，由服务员在收款员的“收款核对表”上签字证明。收款核对表的格式如下表所示。

2022 年 4 月 27 日

工号	服务员姓名	收到金额	服务员签字	备注
1	张春兰	2 200		
3	黄胜华	2 400		
4	王蜀新	1 800		
5	应眉眉	1 400		
7	毛春华	1 720		
8	曾大年	1 480		
9	张根丰	1 800		
合计		12 800		
实收金额(大写)壹万贰仟捌佰元整			收款人：王小萍	

3. 先就餐后结算

顾客入座点菜后，由服务员填写小票一式两联，顾客不立即付款。小票的第一联交厨房作为取菜凭证留存，顾客进餐后，服务员按小票算账，然后凭第二联向顾客收款。营业结束后，收款台、厨房、服务员分别结算销售额和发菜额，三方核对相符共同在汇总表上签字证明。

4. 一手交钱一手交货

顾客直接以货币到柜台购买饮食制品。此法适用于经营品种简单且规格化的产品。这种方式手续简便，但必须进行数量登记，食品交服务员销售时，由产销双方登记数量，业务终了时，由服务员进行盘存核对。其计算公式如下：

销售数量＝上班结存＋本班生产或提货－班末结存

应收回的销售金额＝销售数量×单价

应收回的销售金额应与实收金额进行对比，确定盈亏，编制产销核对表，其格式如下表所示。

2022 年 3 月 25 日

品名	应收钱款(元)	实收钱款(元)	盈(＋)亏(－)	备注
寿桃	2 400.00	2 400.00		
松糕	4 000.00	4 004.00	＋4	
合计	6 400.00	6 404.00	＋4	

生产人员：赵群　　　　销售人员：徐光辉

二、餐饮业务一般销售收入的核算

餐饮业务在当天营业结束后，由收款员根据“收款核对表”“收款登记表”和“产销核对表”等凭证，汇总编制“营业收入日报表”与所收库存现金一并交财会部门。营业收入日报表的格式如下表所示。或由收款人自行填写库存现金解款单存至银行，凭银行解款单回单向财会部门报账。销售收入的库存现金，不得用于列支其他开支，如有长短款，应在“营业收入日报表”中分别填列，不得以长补短。

营业收入日报表

2022 年 3 月 28 日

项目	应收金额(元)	实收金额(元)	溢款(＋)缺款(－)(元)	备注
1. 门市收入	6 360.00	6 360.00	0	
2. 外卖收入	1 144.00	1 142.00	－2	
合计	7 504.00	7 502.00	－2	

【例 14-6】正保大酒店财务部(小规模餐饮企业)依据营业部门报送的“营业收入日报表”，列明应收金额 7 504 元，实收库存现金 7 502 元，库存现金已解存银行，短缺库存现金 2 元，原因待查。

小规模纳税人的营业收入为含税收入，需换算成不含税的收入，并计算应交增值税。

不含税收入＝7 504÷(1＋3％)＝7 285.44 元

应交增值税＝7 285.44×3％＝218.56 元

(1) 根据营业收入日报表，作会计分录如下：

借：库存现金　　7 502

　待处理财产损溢——待处理流动资产损溢　　2

　贷：主营业务收入　　7 285.44

　应交税费——应交增值税　　218.56

(2) 根据解款单回单联，作会计分录如下：

借：银行存款　　7 502

　贷：库存现金　　7 502

(3) 今查明短缺 2 元，系工作中差错，经批准由收款员赔偿，作会计分录如下：

借：其他应收款——××　　2

　贷：待处理财产损溢——待处理流动资产损溢　　2

三、宴会销售收入的核算

餐饮企业承办宴席，先要填制订单，注明时间、人数和桌数，并应附上菜单。订单一式两份，餐厅与顾客双方签字后各执一份。预订宴席一般要预先收取定金，以免顾客取消宴席时，遭受不必要的损失，以维护企业的权益。宴席的销售价格以桌为计算单位，烟、酒、饮料等按实用数量另行收费。

【例 14-7】某餐馆(小规模纳税人)接受客户预订宴席两桌，每桌 2 000 元，计 4 000 元。

(1) 预收订金 400 元，收到转账支票，存入银行，作会计分录如下：

借：银行存款　　400

　贷：预收账款——宴席订金　　400

(2) 宴席结束，两桌宴席价款 4 000 元，外加烟、酒、饮料 800 元，共计 4 800 元，扣除定金后，收到库存现金 4 400 元，作会计分录如下：

不含税收入＝4 800 ÷(1＋3％)＝4 660.19 元

应交增值税＝4 660.19×3％＝139.81 元

借：库存现金　　4 400

　预收账款　　400

　贷：主营业务收入　　4 660.19

　应交税费——应交增值税　　139.81

经营小型餐饮服务业，一般都业务单纯，餐饮店的客人来店就餐、旅店的客人来店住宿……就是主要和全部的业务收入。客人来餐馆就餐，点菜、吃饭、喝酒、喝饮料，这些不分具体消费的内容，全部都是营业收入。取得收入在形式上可能会有所不同，但都构成企业的一种资源——经营收入。在记账时，不用区分收入的形式，而只需把这些收入记录下来即可。

按照《小企业会计准则》的规定，企业发生的收入，按照收入的来源和形式，分为了“主营业务收入”和“其他业务收入”，但对现实中的小型餐饮服务企业而言，所有发生的收入，都是以盈利为目的的,没有再细分的必要。因此可以只设置“主营业务收入”一个账户,来核算企业发生的所有收入,这样设置,既不影响企业纳税的正确性,又可以降低企业核算的难度。

【课后习题】

一、单选题

1. 在旅馆业中,客房业务收入的入账价值为( )。

A. 预收房金　　B. 实际收款

C. 客房的实际出租价　　D. 客房规定的出租价

2. 餐饮业不宜入库管理的原材料是( )。

A. 粮食　　B. 豆油　　C. 调味品　　D. 蔬菜

3. 某餐厅的红烧牛肉每碟耗料成本为 8 元,规定的成本毛利率为 60%,则每碟红烧牛肉的售价为( )元。

A. 15　　B. 16　　C. 12.8　　D. 20

4. 某餐厅的红烧茄子每碟耗料成本为 8 元,规定的销售毛利率为 60%,则每碟红烧茄子的售价为( )元。

A. 15　　B. 16　　C. 18　　D. 20

二、判断题

1. 饮食业采用“永续盘存制”核算材料成本时,因为发出材料时都有账簿记录,则月末不需要盘点。( )

2. 餐饮业的生产成本一般只算总成本,不算单位成本。( )

3. 宾馆主要是以出租客房的使用权为其主营业务的。( )

4. 所有行业的成本费用一般分成两部分:一是直接成本和间接成本构成的成本,二是期间费用。( )

5. 餐饮企业的成本核算一般只需核算原材料总成本,不核算单位成本。( )

三、业务题

1. 某酒楼实行领料制,2022 年 5 月 10 日发料汇总表表明,本日领用情况如下:大米 2 000 元,面粉 2 800 元,鱼、肉共计 20 000 元,蔬菜 6 000 元,调料等 2 000 元,干菜类 12 000 元。

要求:代财务部门作 5 月 10 日的部门会计分录。

2. 城城宾馆推出清蒸甲鱼上等名菜,每个清蒸甲鱼用 0.5 千克的甲鱼一只,其他配料若干。该宾馆采购甲鱼的单价为每千克 250 元,所用配料 30 元。该宾馆规定毛利率为 50%。

要求:计算该菜品的销售价格

3. 3 月 5 日,麦肯餐厅财务部收到收款台报送的当日营业收入日报表,见下表。

营业收入日报表

项目	现金	支票	签单	定金	合计
西餐	3 600	8 000	1 500	500	13 600
中餐	2 000				2 000
快餐	800				800
盒饭	600				600
合计	7 000	8 000	1 500	500	17 000

说明：支票 8 000 元是结算以前欠款，签单 1 500 元为当日赊欠，定金 500 元是预定第二天的酒席。

要求：根据上述资料作出会计处理。

项目十五　小规模旅游经营业务会计实务

【案例导入】

小张是一名刚毕业的会计专业学生，准备到一家旅行社应聘会计，面试官在面试时让小张回答一下几个涉及到旅行行业的问题：

(1) 旅行社的营业收入包括那些？

(2) 旅行社的增值税计算缴纳的？

(3) 旅行社的营业收入在什么时间确认？

假如你是小张，请结合本章学习内容回答以上内容。

【技能目标】

1. 旅行社经营业务的内容及特点。
2. 旅行社主营业务收入、营业成本、管理费用、财务费用的概念及其主要内容。
3. 旅行社主营业务收入、营业成本和期间费用的核算方法。

【知识目标】

1. 了解旅行社经营业务的内容。
2. 掌握旅行社主营业务收入的核算。
3. 掌握旅行社成本费用的核算。

所谓旅游经营业务是指旅行社组织旅游者外出旅游并同时为之提供餐饮、住宿、交通、导游等业务。旅游经营业务的服务对象复杂，层次不一，消费水平差异很大，而且旅游者随着时间的变化对旅游业的要求也不断发生变化。因而，如何提高档次、改善服务质量，以满足旅游者不断变化的需求已成为旅游经营业一个显著的特点。

旅行社是为旅游者提供服务的中介机构，是以盈利为目的从事旅游业务的企业。由于经营旅游业务企业的对象、经营范围、经营内容有着与其他行业不同的特点，因此其具有特殊性。旅行杜按不同的标准可划分为不同的类别。

一、按经营业务范围的不同分类

旅行社按其经营业务范围的不同，可分为国际旅行社和国内旅行社。国际旅行社主要经营入境旅游业务、出境旅游业务。国内旅行社主要经营国内旅游业务。

二、按旅行社经营内容的不同分类

根据各旅行社经营内容的不同，分为组团社和接团社。组团社就是从国内或国外组织旅游团队，为旅游者办理出入境手续、保险，安排游览计划，并选派翻译导游人员随团为旅游者提供服务。组团社通常要向国外旅行社收取一定数量的预付款，而且旅行团入境后，其所需费用必须立即汇到。接团社就是为旅游者在某一地区提供翻译导游，安排旅游者的参观游览日程，并为之订房、订餐及订机票、订车票，为去下一站旅游做好安排。

作为一种经营活动同其他经营活动一样，无论是国内旅行社，还是国际旅行社；无论是组团社还是接团社，在开展旅游业务的过程中，必然与提供旅游产品的旅游服务单位、与招徕旅游者的客源地旅行社、与接待旅游者的目的地旅行社发生费用的结算业务，都要讲求经济效益。

任务一　核算旅游经营业务收入

一、旅行社营业收入的组成

(1) 组团外联收入，是指由组团社自组外联，收取旅游者住房、用餐、旅游交通、翻译导游、文娱活动等的收入。外联组团收入主要采用费用包干方式，即旅游者按照旅游路线和旅行天数向当地旅行社一次交清旅游费用。以后如果没有特殊需要，旅游者不需要再付费用。

(2) 综合服务收入，是指接团社向旅游者(组团社)收取的包括市内交通费、导游服务费、一般景点门票费等在内的包价费用收入。

(3) 零星服务收入，是指各旅行社接待零星旅游者和承办委托事项所得的服务收入。

(4) 劳务收入，是指非组团社为组团社提供境内全程导游翻译人员所得到的收入。

(5) 票务收入，是指旅行社办理代售国际联运客票和国内客票的手续费收入。

(6) 地游及加项收入，是指接团社向旅游者收取的按旅游者要求增加的计划外当地旅游项目的费用。

(7) 其他服务收入，是指不属于以上各项的其他服务收入。

二、旅游业销售价格的类型

旅游经营业务营业收入是旅游企业为旅游者提供服务所取得的收入，制定合理的旅游品种价格是维持企业生存、提高企业竞争能力的关键所在。由于旅游景点、旅游天数、提供的膳食标准、住宿及交通工具的不同，其价格也不同。一般旅行社的销售价格是由购人成本和利润两部分组成，通常根据购入成本乘以外加毛利率来确定。实务中常见的销售价格有以下几种。

1. 组团包价

组团包价是指由组团社根据成团人数、等级、路线、时间和提供服务的质量等制定的价格。一般包括综合服务费、住宿费、餐饮费、车费、保险费、文娱活动费、城市间交通费和专项附加费等。

2. 半包价

半包价是指不包含午餐及晚餐费用的综合包价。

3. 小包价

小包价是指仅包括住宿费、早餐费、保险费、接送服务费、国内城市间交通费及手续费。

4. 单项服务价格

单项服务价格是指旅行社接受旅客的委托，提供单项旅游服务的收费标准，每个单项服务的价格通常根据旅行社的购人成本加毛利（毛利＝购入成本×毛利率）所组成。

5. 特殊形式的旅游收费

特殊形式的旅游收费是指旅行社开展的新婚旅游、生态旅游、森林旅游、体育旅游及学术交流旅游等特殊形式的旅游收费。

三、旅游业应纳税额的计算

营改增对于生活服务业中的旅游业来说是极大的利好消息，营改增后不变的是对旅游收入继续执行差额征税的政策，变化的主要有两点，一是纳税人身份的变化，由营业税纳税人改为增值税纳税人，而增值税纳税人又区分小规模纳税人与一般纳税人，二是税率的变化，由单一的5％的营业税税率变成6％的增值税税率或3％的征收率。

（一）执行差额征税，有哪些支出可作为销售额的扣除项目

营改增后，可从销售额中扣除的项目有住宿费、餐饮费、交通费、签证费、门票费和支付给其他接团旅游企业的旅游费用。相比原政策可扣除的项目多了一项“签证费”

（二）可扣除项目只有取得有效凭证，方可作为扣减因素实现差额征税

有效凭证是指：

（1）支付给境内单位或者个人的款项，以发票为合法有效凭证；

（2）支付给境外单位或者个人的款项，以该单位或者个人的签收单据为合法有效凭证，税务机关对签收单据有疑议的，可以要求其提供境外公证机构的确认证明；（可以以收据入账并抵扣成本）

（3）缴纳的税款，以完税凭证为合法有效凭证；

（4）扣除的政府性基金、行政事业性收费或者向政府支付的土地价款，以省级以上（含省级）财政部门监（印）制的财政票据为合法有效凭证；

（5）国家税务总局规定的其他凭证。

（三）可扣除的项目取得的增值税扣税凭证，其进项税额不得从销项税额中抵扣

如果旅游企业是增值税一般纳税人，在实务操作中由于“有效凭证”中的增值税进项税不得抵扣，因此建议取得的上述发票最好为普通发票。如果取得的是增值税专用发票，则需要认证后作进项税额转出，否则就会导致税务系统出现大量的流失票。

（四）选择上述办法计算销售额的试点纳税人，向旅游服务购买方收取并支付的上述费用，不得开具增值税专用发票，可以开具普通发票

（五）差额征税的计算过程

（1）可扣减成本的计算。如果“有效凭证”中有适用税率分别有3%、6%、17%等不同税率的发票，在差额征税计算可扣除的成本时应以汇总成本金额/(1+6%) * 0.06来扣除。

（2）差额征税额=(不含税收入−可扣减成本)/(1+税率) * 税率−可抵扣的进项税

上述公司中可抵扣的进项税是指取得的日常经营中的办公用品、电话费、固定资产、无形资产、或房屋等增值税专用发票中的税额。

综上分析，由于营改增延续了营业税的差额征税政策，那么对于广大的中小型公司如果选择为小规模纳税人，仅从税率从5%下降至3%这一点来看，税负下降的空间是非常大的。而如果认定为一般纳税人，虽然税率从5%上升到6%，但由于增值税是价外税且可抵扣日常经营过程中所发生的进项税，因此税负较营改增前来讲还是下降的，但与选择作为小规模纳税人的税负相比，税负下降的程度主要取决于是否可取得足够多的可抵扣的增值税专用发票，因此中小型旅游公司一定要选择合适的纳税人身份，做好纳税筹划，以应对本次的营改增。

四、旅行社主营业务收入的确认

（一）营业收入的确认原则

一般情况下，旅游企业的收入是根据与客户签订的旅游合同来确定的，成本的确认也是则是根据旅游实际发生的费用及与目的地接待旅行社签订的合同来确定。旅游过程中遇到由于种种原因造成的给予客人的折扣等则按照实际情况，按照销售折扣来处理。值得注意的是，在实际工作中，为了简化财务核算的工作量，旅游企业一般在期末确认销售收入及销售成本。

（二）会计实务中营业收入的确认方法

依据上述原则，旅游社会计实务中主营业务收入的确认方法如下：

（1）旅行社组团社，组织境外(国内)旅游者到国内(境外或国内)旅游，应以旅游团队离境(返回本地)时确认主营业务收入的实现。

（2）旅行社接团社，接待旅游者在国内旅游以旅游团队结束旅行返回时确认主营业务收入的实现。

五、旅行社营业收入的核算

(一) 主营业务收入账户的设置

为了总括反映旅行社营业收入状况,应设置“主营业务收入”科目,对其进行核算。“主营业务收入”属损益类账户。当旅行社实现营业收入时,应按实际价款,记入该科目的贷方;借记“银行存款”、“应收账款”等科目。期末,将该科目余额转入“本年利润”账户,借记“主营业务收入”,贷记“本年利润”,结转后该科目应无余额。

“主营业务收入”科目应按收入类别设置明细账。例如:可下设“组团外联收入”、“综合服务收入”、“零星服务收入”、“地游及加项收入”、“劳务收入”、“票务收入”、“其他收入”等二级科目。还可根据实际工作需要和各二级科目的性质,在二级科目下设置三级科目。例如,在“综合服务收入”科目下设置“房费收入”、“餐费收入”、“车费收入”、“文杂费收入”、“陪同费收入”、“其他收入”等三级科目。

(二) 组团营业收入的核算

组团业务,一般都是先收款,后支付费用,收款时,借记“库存现金”或“银行存款”科目,贷记“预收账款”科目,当提供旅游服务后,按月根据旅行团明细表进行结算,按所列团费收入金额,借记“预收账款”科目,贷记“主营业务收入”科目。

【例 15-1】青岛某旅行社(小规模纳税人)5 月 20 日组成 30 人的旅行团(*A*)赴西安 7 日游,已收旅行团费用 70 000 元。5 月 27 日该旅行团返回青岛,编制会计分录如下。

(1) 5 月 20 日收取旅行团费时,编制会计分录如下。

借:库存现金(银行存款)　　70 000

　贷:预收账款—— 旅行团(*A*)　　70 000

(2) 5 月 27 日旅行团返回原地,确认营业收入时,编制会计分录如下。

不含税收入=70000÷(1+3%)=67961.17 元

应交增值税=67961.17×3%=2038.83 元

借:预收账款—— 旅行团(*A*)　　70 000

　贷:主营业务收入—— 外联组团收入　　67 961.17

　应交税费——应交增值税　　2 038.83

(三) 接团营业收入的核算

接团业务,一般都是提供服务后再向组团社进行结算,也可以向组团社预收部分定金,按期结算。旅行社因接团而取得的营业收入,应按接待的单团进行结算,借记“应收账款”科目,贷记“主营业务收入”科目。

【例 15-2】6 月 23 日～6 月 28 日青岛某旅行社(小规模纳税人)接北京长城旅行社旅行团(*B*)10 人,该团在青岛参观游览后于 28 日下午离开青岛。根据结算单,全部费用为 20 000 元,其中,综合服务费 12 000 元,增加风味餐 5 次计 5 000 元,风景名胜门票费 3 000 元,编制会计分录如下。

不含税收入=20 000÷(1+3%)=19 417.48 元

应交增值税＝19 417.48×3%＝582.52 元

借：应收账款—长城旅行社—旅行团(B)　20 000

　贷：主营业务收入　19 417.48

　　应交税费——应交增值税　582.52

组团社与境外客商进行核算，一般应以境外客商确认旅行团出发的传真为依据。在旅行团出发的同时，根据有关合同、协议的规定，填写“结算单”或“账单”进行结算，力争在旅行团入境前收到有关费用，并作相应的账务处理。

【例 15-3】青岛某旅行社（小规模纳税人）收到确认某国 *A* 旅行社旅行团（C）出发的传真，销售部门填制“结算单”，应收综合服务费包价为 26 000 元，交财务部审核后编制会计分录如下。

不含税收入＝26 000÷(1＋3%)＝25 242.72 元

应交增值税＝25 242.72×3%＝757.28 元

(1) 确认收入时。

借：应收账款— *A* 旅行社— 旅行团（C）　26 000

　贷：主营业务收入— 综合服务收入— 旅行团（C）　25 242.72

　　应交税费——应交增值税　757.28

(2) 收到全额汇款时。

借：银行存款　26 000

　贷：应收账款　26 000

任务二　核算旅游经营业务成本

一、旅游服务企业营业成本和费用核算的特点

(1) 旅游服务企业经营的项目多，因而会计核算也有不同的内容和方法。经营项目有旅行社、客房，客车出租等服务业务，也有商品经销业务，还有餐饮生产服务性业务。对生产服务性业务，在成本费用核算上有归集成本费用的核算，对商品经营项目要核算经营成本，对旅行社、客房服务，则主要是核算营业费用和管理费用。

(2) 旅游服务企业与工业企业比较，其主要特点在于后者为物质产品生产企业，会计核算的主要对象是生产制造过程，而前者为旅游服务性企业，会计核算的主要对象是商品经销和各项服务过程。因此，旅游服务企业的营业成本和费用核算有其自身的特点。

(3) 旅游服务企业的成本项目和费用主要是按营业成本和营业费用划分的。管理费用和财务费用作为当期费用单独核算，从每期的营业收入中直接扣除。

二、营业成本和费用核算的内容

(一) 旅行社营业成本的内容

(1) 组团外联成本,是指由组团社自组外联接待包价旅游团体或个人按规定开支的房费、餐费、旅游交通费、陪同费、文杂费和其他费用。

(2) 综合服务成本,是指接团社接待包价旅游团体或个人按规定开支的住房费、餐费、旅游交通费、陪同费、文杂费和其他费用。

(3) 零星服务成本,是指接待零星旅游者和受托代办事项而支付的费用。

(4) 劳务成本,是指旅行社派出翻译、导游人员或聘请兼职导游人员参加全程陪同而支付的费用。

(5) 票务成本,是指旅行社办理代售国际联运客票和国内客票而发生的订票手续费、包车费用和退票损失等。

(6) 地游及加项成本,是指接待旅游者计划外增加游览项目和风味餐等时发生的费用。

(7) 其他服务成本,是指不属于以上各项的其他服务成本。

(二) 旅行社期间费用的内容及分类

旅行社营业的期间费用是指间接地为旅游团队提供服务发生的耗费和支出。期间费用从营业收入中得到补偿,并直接计入当期损益。旅行社的期间费用包括管理费用和财务费用。它们在旅行社的经营支出中占有较大比重。因此,加强期间费用的核算,严格控制费用开支,对降低消耗、提高经济效益有非常重要的意义。

1. 管理费用

①职工工资:指部门管理人员和服务人员的工资,根据有关规定计提。

②职工福利费:指按国家规定企业应支付给职工的洗澡费、交通费、独生子女费、奶费、书报费、探亲路费等各项费用。

③工作餐费:指企业按规定为职工提供工作餐而支付的费用。

④物料消耗:包括企业的日常用品、办公用品、日常维修材料、零配件等支出。

⑤折旧费:指企业内部按提供经营服务的固定资产和有关规定计算折旧列入。各部门也可以不计提折旧费,由企业统一计提折旧,列入管理费用。

⑥水电费:指企业内部各部门实际水电费支出。

⑦制服费:指各部门职工的工作服支出。

⑧洗涤费:指企业为洗涤窗帘、桌布、制服等各种织物的开支。

⑨租赁费:指部门向外单位租赁财产支付的费用。包括租赁的固定资产改良和大修理工程的支出。

⑩其他:

2. 财务费用

则是核算企业的利息支出、汇兑损失和金融机构手续等费用开支。

三、旅行社营业成本、费用核算的账户设置

1. “主营业务成本”账户

无论是组团社还是接团社的成本都通过“主营业务成本”科目进行核算。为了便于分析考核，“主营业务成本”科目可按费用的用途划分为：拨付综合服务费、房费、餐费、交通费、陪同费、文杂费、邮电费、票务费等，并按这些明细项目设置二级明细科目分别反映。“主营业务成本”账户属于损益类账户。其核算内容按权责发生制和配比原则要求，旅行社在结转营业收入的同时，按实际成本结转并进行账务处理。对于结转的实际成本，借记“主营业务成本”账户，贷记“银行存款”、“应付账款”账户。

2. 分别设置“管理费用”和“财务费用”总分类账户

各账户下可根据企业明细分类分别设置二级账户。月末应将“管理费用”和“财务费用”账户余额转入“本年利润”账户，结转后各账户应无余额。

四、旅行社经营业务成本的核算

1. 主营业务成本的核算

无论是组团社还是接团社的成本都通过“主营业务成本”科目进行核算。期末，应将“主营业务成本”科目余额转入“本年利润”科目。结转后该科目应无余额。

【例 15-4】组团社成本核算。

(1) 某组团社组织一个华东三市团，分别拨付上海某社、杭州某社、苏州某社综合服务费各 3 000 元，组团社编制会计分录如下。

借：主营业务成本—— 综合服务费—— 上海某社　　3 000
　　——杭州某社　　3 000
　　——苏州某社　　3 000
　贷：银行存款　　9 000

(2) 组团社支付全陪费用 2 000 元，编制会计分录如下。

借：主营业务成本—— 陪同费　　2 000
　贷：库存现金　　2 000

(3) 组团社支付与本团相关的各接团社联系的长途电话费、传真费等 170 元，编制会计分录如下。

借：主营业务成本—— 邮电费　　170
　贷：银行存款　　170

【例 15-5】接团社成本核算。

(1) 上海某社支付某团房费 1 000 元，包空房费 200 元，编制会计分录如下。

借：主营业务成本—— 房费　　1 200
　贷：银行存款　　1 200

(2) 团队客人游览景点，支付门票费 200 元，品尝风味小吃，支付餐费 200 元，支付本

日游程的交通费 300 元，编制会计分录如下。

借：主营业务成本——餐费　　200
　　——交通费　　300
　　——文杂费　　200
　贷：库存现金　　700

(3) 支付游客到杭州的车票费用 500 元，订票费用 50 元，编制会计分录如下。

借：主营业务成本——交通费　　500
　　——票务费　　50
　贷：库存现金　　550

(4) 支付租借旅游服务公司导游员的劳务费 100 元，编制会计分录如下。

借：主营业务成本——陪同费　　100
　贷：库存现金　　100

3. 管理费用的核算

【例 15-6】某旅行社 2022 年 10 月份发生下列管理费用，作会计分录如下：

①分配行政管理人员工资 13 600 元。

借：管理费用——工资　　13 600
　贷：应付职工薪酬　　13 600

②摊销本月应分摊的开办费 8 000 元。

借：管理费用——开办费摊销　　8 000
　贷：长期待摊费用　　8 000

③一次购买印花税票 1800 元

借：管理费用——税金　　1 800
　贷：银行存款　　1 800

④支付仓库租金 2 000 元。

借：管理费用——租赁费　　2 000
　贷：银行存款　　2 000

⑤月末，结转管理费用共计 104 200 元。

借：本年利润　　104 200
　贷：管理费用　　104 200

【课后习题】

一、单选题

1. 南宁天天旅行社期末总账“应付账款”借方余额 10 万元，明细账中“应付账款—甲”借方余额 5 万元，“应付账款—乙”贷方余额 11 万元，“应付账款—丙”借方余额 16 万元，资产负债中的“应付账款”项目应填列(　　)万元。

A. 10　　B. 11　　C. 21　　D. 31

2. 旅游企业预收的旅游业务收入，要通过(　　)账户核算

A. 预收账款　B. 应收账款　C. 应付账款　D. 预付账款

3. 旅游经营业务的营业成本不包括(　　)

A. 导游费　B. 宣传费　C. 票务费　D. 住宿费　E. 导游的回扣

二、业务题

珠江旅行社是一个组团社,于 2022 年 3 月组织一包价旅游团一行 30 人旅游,发生下列经济业务:

(1) 收取综合服务费 30 000 元存入银行,其中住宿费 15 000 元,餐费 6 000 元,交通费 3 000 元,陪同费 6 000 元。

(2) 旅游过程中,应游客要求增加旅游项目,每人加收费用 300 元。

(3) 代旅游团预定回程车票 30 张,每张收取手续费 30 元。

要求:根据上述资料为珠江旅行社对上述业务进行会计处理。

项目十六　小规模服务业会计实务

【案例导入】

小李是一名刚刚大学毕业参加工作的会计专业学生，他的好朋友小王想开一家美容院，就咨询小李开美容院的成本产出大概怎么算？

小李就从几个方面算了成本：

店面租金和装修、美容院产品和设备采购、工资的支出及估算员工节日福制以及店内公共物品的损害。

这些成本怎么进行会计核算？

【技能目标】

1. 旅馆业经营业务的特点、收入核算程序、账户的设置及核算。
2. 娱乐经营业务收入的核算。
3. 洗染经营业务的范围、收入、成本的核算。
4. 理发美容经营业务收款方式及核算。

【知识目标】

1. 了解旅馆业收款方式，掌握收入的账务处理。
2. 了解娱乐业经营业务的范围、掌握收入的账务处理。
3. 掌握洗染业收入、成本的账务处理。

服务业同旅游业、餐饮业同属于第三产业，是国民经济中不可缺少的一个行业，一般是指利用一定的场所、设备和工具提供服务劳动的行业。它的经营方式多样，服务项目繁多，包括住宿、美容、沐浴、照相、洗染、娱乐和修理等。

发展服务业对于满足人民群众日常的生活需要、推动家务劳动逐步社会化、减轻家庭劳动负担、丰富美化人民生活、扩大就业、提高人民生活水平都有重要的意义。现代社会日益发达，人们日常工作也逐步紧张起来，所以大部分人在工作之后都需要很好地休息一下，而摆脱一些日常繁杂的劳动便成了迫切的需要。与此同时，服务业便可以很好地解决这个问题，从而使人们减轻家庭劳动负担并以很好的状态投入明日的工作，为企业创造更多、更好的效益。

任务一 核算旅馆经营业务

一、旅馆经营业的特点

旅馆经营业务是指以提供住房、生活设施的使用和服务，来满足旅客需要而收取一定费用的服务业务。旅馆的主要经营业务是客房服务。客房业务具有三个特点。

第一，客房是一种特殊的商品，不出售所有权，即将同一件产品的使用权在不同时期内反复销售，客人买到的仅是某一时期的使用客房的住宿权。客房可以出租但不能储存，如在规定时间内不出租，其效用就自然消失，销售就无法实现。

第二，由于客房出租率的高低主要受到旅游季节变换的影响，旅游旺季，客房供不应求，而旅游淡季，客房供过于求，从而使客房的出租价格有很大的弹性。

第三，旅馆业务的服务过程和消费过程在时间上和空间上都是统一的。

二、旅店客房业务的办理程序

客房业务程序主要包含以下几方面内容，且以总服务台为中心来完成。

1. 旅馆的住宿登记

当旅客需要住宿时，便会先选定一家旅馆，再到选定旅馆的总服务台填写“旅客住宿登记单”。旅馆便会由此安排旅客的住宿房间或床位等一系列工作。

2. 房金结算

对于房金结算方式一般分为两种情况：一种是旅客先付款后住房；另一种是旅客先住房后付款。这两种方式的选取一般由旅馆决定其取舍。

3. 编制营业日报表

当每日营业终了后，整个旅馆的各楼层服务台应编制各楼层日报表，除留存一联备查外，应将各楼层日报表送给总服务台，以便汇总编制整个旅馆的“营业日报表”。这样便可送交财务部门进行账务核算。

三、客房业务收入的核算

客房业务收入是通过出租客房而取得的收入，因此，客房一经出租，不论房租收到与否，都作为已销售处理，即客房销售入账时间以客房实际出租时间为入账时间。

由于客房的出租有旺季与淡季之分，因此客房的出租价格往往随着供求关系的变化而上下波动。通常客房的出租价格有：标准房价、旺季价、淡季价、团队价、合同价、优惠价等多种，而客房实际出租的价格才是客房出租收入的入账价格。

客房租金收入通常按天数分时段计算，自旅客人住客房之日起，至次日中午12时止，收取一天租金；至次日中午12时以后，傍晚6时以前止，加收半天租金；至次日早晨6时以后，则加收一天租金。酒店的客房业务是由总台办理的。总台通常设在酒店的大堂内，负责办理客房的预订、接待、入住登记、查询、退房、结账及营业日记簿的登记等工作。酒店的收款方式有先收款后住店以及先住店、定期或离店时结算收款两种方式，无论采用哪种方式收款两种方式，无论采用哪种方式收款，旅客住店，首先在总台登记“旅客住宿登记表”，第一联留存总台，第二联交服务员安排客房。

1. 先收款后住店结算方式的核算

采用先收款后住店的结算方式核算客房收入，可采取相应的“营业日记簿”和“营业收入日报表”对旅客住店、离店进行记录，以此提高客房利用率。营业日记簿和营业收入日报表的格式分别如下表所示。

“营业日记簿”中“本日营业收入合计”栏中的数额，应与“预收房金”中“本日应收”栏的数额相等；“上日结存”栏中的数额为旅店截止至上日的结余预交款数额；“本日结存”＝“上日结存”＋“本日交付”－“本日应收”。

总台应在每日业务终了时，将“营业日记簿”（如下表16-1）各栏加计“本日合计数”。将收进库存现金和房金收据的存根与“本日交付”栏内数额相核对，并编制“营业收入日报表”（如下表16-2），连同库存现金送交会计部门入账。

表16-1　营业日记簿

202×年5月7日

房号	姓名	住店日期		已住天数	本日营业收入					预收房金				备注
		月	日		房金	床	饮料	食品	合计	上日结存	本日应收	本日交付	本日结存	
101	马芳	5	5	2	200		6	5	206	400	206		194	
102	周江	5	6	1	200		3		208	600	208		392	
201	吴杰	5	4	3	250				250	750	250	1 000	500	
202	徐峰	5	7										1 000	
301	张铭	5	5	2	150		5	3	158	300	158		142	
302	王云	5	6	1	150		5		155	600	155		445	
合计					22 000		300	200	22 000	52 000	22 500	20 400	49 900	

出租客房间数：110间　　空置客房间数：6间　记账：刘小度　　审核：陈君

表 16-2 营业收入日报

202×年 5 月 7 日

营业收入					预收房金	备注
	单人房	标准房	套房	合计		
房金	3 600	12 4000	6 000	22 000	上日结存 52 000	
加床					本日应收 22 500	
	72	184	44	300	本日交付 20 400	
饮料	48	116	36	200	其中:现金 16 400 信用卡签购单 4 000	
食品						
其他						
合计	3 720	12 700	6 080	22 500	本日结存 49 900	
出租客房间数:110 间 空置客房间数: 6 间					长款: 短款:	

收款人:朱文　　交款人:陈君　　制表:刘小芳

【例 16-1】正保酒店(小规模纳税人)采用先收款后住宿的核算方式,收到总台交来库存现金等有关结算单据,并交来“营业收入日报表”仍以上表为例。

(1) 根据“营业收入日报表”中“营业收入”栏的数额,作分录如下:

不含税收入=22 000÷(1+3%)=21 359.22 元

应交增值税=21 359.22×3%=640.78 元

借:预收账款——预收房金　　22 500

　贷:主营业务收入 ——房金　　21 359.22

　——饮料　　291.26

　——食品　　194.17

　应交税费——应交增值税 640.78

(2) 信用卡结算手续费率为 3‰,根据“营业收入日报表”预收房金栏“本日交付”中各项目的数额,以及信用卡签购单、计汇单回单和进账单回单。作会计分录如下:

借:库存现金　　16 400

　贷:预收账款——预收房金 16 400

借:银行存款　　3 988

　财务费用　　12

　贷:预收账款——预收房金 4 000

“预收账款”是负债类账户,用以核算按规定向客户预收的款项。预收时,记入贷方;收入实现时,记入借方;余额在贷方,表示企业已经预收,而尚未为客户提供服务的款项。

2. 先住店后结算方式的核算

采用先住店后结算的方式核算客房收入,可采用相应的“营业日记簿”,其格式(202×年 6 月 10 日)如下表 16-3 所示。

表 16-3　营业日记簿

202×年 6 月 10 日

房号	姓名	住店日期		已住天数	本日营业收入					结欠房金			
		月	日		房金	加床	饮料	食品	合计	上日结欠	本日应收	本日交付	本日结欠
101	徐芳	6	7	3	180		5		185	370	185		555
12	王萍	6	8	2	180			10	190	180	190		370
201	张铭	6	9	1	250		10		250		250		250
202	李杰	6	5	5	250				260	1 025	260	1 285	0
301	张云	6	8	2	300			5	305	300	305		605
302	白青	6	9	1	300		10		310		310		310
合计				35 100			600	400	36 100		36 100	37 620	84 920

出租客房间数:144 间　　空置客房间数:12 间　　记账:刘小芳　　审核:陈君

从上表中可看出与前表的不同之处在于:"上日结欠"代替"上日结存","上日结欠"栏中数额为截止到上日累计结欠房金的数额;"本日结欠"代替"本日结存","本日结欠"="上日结欠"+"本日应收"-"本日交付"。当天总台根据"营业日记簿"填列"营业收入日报表"与库存现金一并送交会计部门入账。

【例 16-2】正保酒店(小规模纳税人)采用先住店后结算方式,客房 202×年 6 月 10 日营业情况如上表所示,总台交来库存现金等有关结算单据,并报来"营业收入日报表"如下表 16-4 所示。

表 16-4　营业收入日报表

202×年 6 月 10 日

营业收入					预收房金	备注
	单人房	标准房	套房	合计		
房金 加床	5 400	22 500	7 200	35 100	上日结存 86 440 本日应收 36 100 本日交付 37 620	
饮料 食品 其他	80 70	400 250	120 80	600 400	其中:现金 31 620 信用卡签购单 支票　6 000	
合计	5 550	23 150	7 400	36 100	本日结存　84 920	
出租客房间数:144 间 空置客房间数:12 间					长款: 短款:	

收款人:李兴　　交款人:洪江　　制表:王君君

(1) 根据"营业收入日报表"中"营业收入"栏的数额,作分录如下:

不含税收入=36 100÷(1+3%)=35 048.54 元

应交增值税＝35 048.54×3%＝1 051.47 元

借：应收账款 36 100

贷：主营业务收入——房金 34 077.67

——饮料 582.52

——食品 388.35

应交税费——应交增值税 1 051.46

(2) 根据“营业收入日报表”中旅客“结欠房金”栏的“本日交付”各项目中的数额和进账单回单，作分录如下：

借：库存现金 31 620

贷：应收账款 31 620

借：银行存款 6 000

贷：应收账款 6 000

“应收账款”是资产类账户，用以核算企业销售商品、提供劳务等业务，应向消费者收取的款项。企业经营收入发生应收款项时，记入借方；企业收回应收账项及发生坏账损失时，记入贷方；余额在借方，表示企业尚未收回款项的数额。

任务二 核算娱乐经营业务

娱乐业主要是利用其拥有的固定资产、低值易耗品等为广大消费者提供娱乐场所，为丰富人民的精神文化生活服务，它包括音乐茶座、弹子房、舞厅、游泳池、乒乓房、游戏机房、溜冰场和高尔夫球场、保龄球场和网球场等。娱乐业在满足消费者娱乐需求的同时，又要有适当的赢利，这就必须加强经营管理和核算。

一、娱乐经营业务服务价格制定

娱乐业内容丰富，项目很多，其价格制定：一是以费用、成本开支为依据；二是兼顾一定的毛利率和消费者能承受的消费能力。

娱乐业的成本首先主要是固定资产、低值易耗品等服务设施的设置和维修费用，要在一定时期内收回；其次是服务的直接费用，如歌舞厅的饮料原料成本和乐队、歌手的工资等。

娱乐业的毛利率根据不同的服务项目有高有低，高的可达 80%，低的也在 40%左右。其收费价格一般可按以下公式：

$$收费价格=\left(\frac{固定资产月折旧额+月间接费用}{月接待能力\times 上客率}+每次服务的直接费用\right)\div(1-毛利率)$$

二、娱乐业收入核算

娱乐业必须指定专人售票.一种方式是出售门票时一手给票，一手给钱。到营业终了，售票员要根据售出门票数及现金填制一式两联营业日报表。另一种方式是开出一式两联的收款收据，一联交顾客凭据入场，另一联留底，营业终了据以汇总填制营业日报表。无论是一手票、一手钱的售票方式，还是开出收据的售票方式，营业员都应于当晚将现金和营业日报表送交财会部门。

消费者凭票入场，部门服务员收票接待，各部门服务人员根据门票编制服务日报表。报表一式两联，一联交财会部门，一联留底。财会部门将营业日报表与交来现金核对无误后，借记“库存现金”账户，贷记“主营业务收入”账户。

三、会员卡业务核算

会员卡在娱乐业中使用非常广泛，在会员卡上可以印刷公司的标志或者图案，为公司形象作宣传，是公司进行广告宣传的理想载体。同时发行会员卡还能起到吸引新顾客，留住老顾客，增强顾客忠诚度的作用，还能实现打折、积分、客户管理等功能，是一种确实可行的增加效益的途径。提高顾客对企业忠诚度。很多的服务行业都采取这样的服务模式，由于《企业会计准则》对此类销售业务的会计处理未作具体规定，实务操作不统一，通常采用以下处理方法：

在充值时：

借：库存现金　　　　　（实收金额）

　　销售费用　　　　（折扣或赠送）

　　贷：预收账款　　　　（购物卡面值）

在持卡人消费时：

借：预收账款　　　　　　　　（消费金额）

　　贷：主营业务收入（不含税收入）

　　应交税费——应交增值税

任务三　核算洗染经营业务

洗染业是从事服装、被褥及纺织品的洗烫、染色、织补、干洗、印字和去渍等业务的服务行业。它可以为广大群众洗染衣物，同时，也为旅店、餐厅、医院、铁路以及机关团体等单位洗涤被套、床单和台布等物。

一、洗染业收入的核算

洗染业的营业收款办法一般是先服务、后收款。营业员在接受来件时，填写一式三联的“取衣凭单”，凭单上注明衣物的品名、颜色、质地、数量，送件人的姓名、地址，送取件日期等。该凭单一联交顾客作取件凭证，另一联由业务部门保存并据以登记“营业日记簿”。“营业日记簿”是由营业员根据“取衣凭单”存根逐笔序时登记，计算出逐日营业额和累计营业额的簿籍。根据它可以检查到期衣服是否完工，记载取件及收款日期，并作为月终盘点衣物的主要依据。每日营业终了，营业员根据营业日记簿和取表凭单存根编制“营业收入日报表”，一式两联，一联留底，一联连同现金送财会部门。

进行账务处理时，财会人员可根据营业收入日报表，借记“应收账款”账户，贷记“主营业务收入”账户。

【例 16-3】丁洗染中心 10 日发生的业务有：干洗收入 5 000 元，水洗收入 3 000 元，织补收入 500 元，皮装上光 200 元。

不含税收入＝8 700÷(1＋3%)＝8 446.6 元

应交增值税＝8 446.6×3%＝253.4 元

借：应收账款　　8 700

　贷：主营业务收入——干洗收入　　4 854.37

　——水洗收入　　2 912.62

　——织补收入　　485.44

　——皮装上光　　194.17

　应交税费——应交增值税　　253.40

二、洗染业的成本核算

洗染业的原材料主要有染料、助染药剂、各种洗涤剂和织补材料等。

原材料的购进与领用要分别填制“收料单”与“领料单”，以方便财会部门进行账务处理。领用原材料时，借记“主营业务成本”账户，贷记“原材料”账户。

加工车间每月终了，对未加工的衣物，应记作企业“主营业务成本”，其尚未耗用原材料会影响主营业务成本的核算。应该估算月终未加工衣物本应消耗的原材料成本，从盘存的实际材料中减去该估算部分，其差额作“假退料”处理，或由加工车间出具“领料单”，注明“未加工应领材料”字样。财会部门在月末时借记“主营业务成本”账户，贷记“原材料”账户。

三、衣物损坏赔偿的核算

洗染业有时由于管理上和技术操作上的缺点，发生衣物损坏或差错需要作减免收费的或作价赔偿的，应在收衣凭单上注明原因，请顾客签字证明。需要减免收费的由负责人审批签字后在当日“营业收入日报表”抵减当天收入数，需要作价赔偿的，应由负责人签字后列入“营业外支出”账户。洗坏、丢失衣物赔偿损失时，一般不向顾客收取洗染费，因此，企业实际的损失是赔偿金额加洗染费的合计数。会计应在处理损失时，冲减洗染费用，赔偿的损失在“管理费用”中列出。

【例 16-4】丁洗染中心 3 月 10 日丢失洗染物一件，赔偿损失 260 元，以现金支付，且洗染费 18 元免收。

赔偿损失等：

借：待处理财产损溢——待处理流动资产损溢　　278

　　贷：库存现金　　260

　　　　应收账款　　18

任务四　核算理发美容经营业务

美容业经营业务是指通过服务人员使用美容设备与工具，为满足消费者美容需要而收取一定费用的服务业务。其服务项目主要有脸部护理、文眼线、文眉、修指甲、剪发、修面、吹风、烫发、按摩等。。美容业由于规模、等级和管理形式的不同，通常有先服务后收款和先收款后服务两种收款方式。

一、先收款后服务

一般大、中型的美容厅均设有统一收款台，由收款员专门负责收款。顾客来厅美容时，先到收款台按自己要求服务的项目交款，收款员收款后，发给小票（小牌），顾客凭票（牌）顺序美容，也可按顾客意愿挑选服务人员进行美容。营业终了，收款员应将收到的库存现金与各个服务人员收到的票（牌）核对无误后，填制“营业收入日报表”。其格式如下表所示。营业收入日报表一般一式两份，一份留底，一份连同库存现金送交财会部门记账。

项目	服务人次	单价	金额	备注
美容部收入			10 560	
其中：脸部护理	84	100	8 400	
纹眼线	6	160	960	
修指甲	30	40	1 200	
理发部收入			11 940	
其中：剪发	200	22	4 400	
吹风	56	10	560	
烫发	32	100	3 200	
焗油	18	110	1 980	
发质护理	20	90	1 800	
营业收入合计			22 500	
实收现金人民币贰万贰仟伍佰元整		长款：		短款：

收款人：徐文文　　　　交款人：李岚

二、先服务后收款

有的中小型美容厅不专设收款台，而由美容服务人员先为顾客服务，服务完毕后再根据服务项目按标准收费。采用这种收款方式，服务人员收费后应及时登记“营业收入台账”，分别登记每一服务人员服务项目的收费数。每日营业终了，由专人负责根据台账统计每一服务人员服务的人次及收入金额，经与库存现金核对无误后，填制“营业收入日报表”。不论采用哪种收款方式，财会部门根据营业部门交来的“营业收入日报表”入账。

【例 16-5】某美容厅当日收到库存现金和“营业收入日报表”如上表所示。经审核无误后，作会计分录如下：

不含税收入＝22 500÷(1＋3%)＝21 844.66 元

应交增值税＝21 844.66×3%＝655.34 元

借：库存现金　　　　　　22 500

　贷：主营业务收入——美容部收入 10 252.43

　——理发部收入 11 592.23

　应交税费——应交增值税　　　655.34

美容业的核算与旅店业务核算一样，不核算成本，只核算期间费用。

【课后习题】

一、判断题

1. 宾馆主要是以出租客房的使用权为其主营业务的。(　　)

2. 与其他行业比较，旅游、饮食服务业的营业成本构成较为简单。(　　)

二、业务题

1. 宁海饭店收到总服务台交来营业收入日报表如图所示。

营业收入日报表

202×年 4 月 1 日

营业收入					预收房费	备注
项目房型	单人房	标准房	套房	合计		
房费	2 280	7 200	4 000	13 480	上日结存　56 780	
加床					本日预收　16 810	
餐饮费	200	1 750	390	2 340	其中：现金　7 930	
小酒柜	15	140	55	210	信用卡签购单　7 000	
其他					转账支票　1 880	
合计	2 495	9 090	4 445	16 030	本日应收　16 030	
出租客房间数：55 间					本日结存　57 560	
空置客房间数：8 间						

(1) 4 月 1 日，营业收入日报表经审核无误，根据该表中“营业收入”栏中的数额入账

(2) 4 月 1 日，收到总服务台交来现金、信用卡签购单和转账支票，已全部解存银行，信用卡手续费率为 9‰。

要求：编制会计分录。